文学が教育にできること

―「読むこと」の秘鑰《ひやく》―

田中実＋須貝千里 編

教育出版

〈第三項〉と〈語り〉、ここから始まる。
——「まえがき」として——

須貝《すがい》 千里《せんり》

唐突に思われるかもしれないことから、書き始めます。

二〇一一年三月一一日に起こった地震、津波、そして原発事故は〈世界〉が〈私に見えている世界〉、〈私たちに見えている世界〉に他ならないことを教えました。地震国であり、唯一の被爆国であるわたくしたちの慢心をついたのです。しかし、その慢心はわたくしたちの生きるための、切実な選択とともにありました。それゆえに、三月一一日のこと、それはわたくしたちの生のあり方が根底的に問い直された出来事であったのです。復旧への、切実な取り組みが進められています。それはなしとげられるでしょうが、いや、そうでなければなりません。しかし、と同時に、こう言わなければなりません。そうした〈世界〉選択の在りようをいかに囲み返すことができるのかが問われているのではないか、と。

しかし、これは難問です。

〈世界〉そのものは了解不能だからです。しかし、放置したままにしておくことはできません。そうであるからこそ、〈世界〉はその外側からの眼差しに晒されることが求められているのではないでしょうか。この脳が溶けるほどの難問に挑むことが求められているのです。そのことによって、「ポストモダン」が問われ、「モダン」が問われ、そして両者の混濁の坩堝と向き合い、「ポスト・ポストモダン」の展望がひらかれるのです。それが死者を弔うことであり、生者に課せられていることなのではないでしょうか。

〈第三項〉と〈語り〉の問題の探究は、こうした難問に挑むことであります。

この読者の〈いのち〉と文学の〈いのち〉をめぐる探究は、ポスト3・11を切りひらいていく課題の探究に通じているのです。本書『文学が教育にできること――「読むこと」の秘鑰《ひやく》――』は、あの日の出来事以前に進行していた企画ではありますが、期せずしてこうしたことを我がこととするために世に送り出された、と言うことができます。

「KOKORONOKAMAEHITOTSU」とは、故池田晶子氏の言葉です。「言葉には、万物を創造する力がある。言葉は魔法の杖なのだ。人は、魔法の杖を使って、どんな人生を創ることもできる。それは、その杖をもつ人の、この自分自身の、心の構え一つなのだ。」と、氏は書かれました。これは、ある中学校国語教科書、わたくしが編集にかかわっている教育出版の中学校国語教科書（三年）の教材、『言葉の力』の結末の段落です。氏は、この言葉を残して二〇〇七年二月二三日、病によって亡くなりました。しかし、この提起は「ポストモダン」の時代との向き合い方の試金石として、今も生き続けています。この言葉に激しく反発した、ある有名な（？）近代文学の研究者もおられます。しかし、わたくしたちは、少なくとも田中実とわたくしはこの言葉に向き合い、より深く受け止めることを選択しています。池田氏の提起は、わたくしたちの歩みと響き合い、ますます自覚的に「ポスト・ポストモダン」という課題と向き合わせ、文学教育の課題を顕現させるのです。そのことによって、「ポスト・ポストモダン」の時代が切りひらかれていきます。

池田氏は、「思う」ことと「考える」ことの違いにこだわり、「言葉」を「思う」ことの対象とせず、「考える」ことの対象とすることのかけがえのなさを主張しています。こうした選択が「心の構え一つ」ということになります。それは「あたりまえ」にあるものとして「言葉」をとらえるのではなく、「あたりまえ」にあるものとはしないで「言葉」をとらえることです。このことは「言葉」によって〈世界〉ができていることとともに問題にされなければなりません。氏は「言葉の意味は、私たちが生まれるよりも前から、人間が生まれるよりも前から、そして、実は、地球や宇宙が生まれるよりも前から、どういうわけだか存在している」という立場に立っています。「人間が言葉を話しているのではない。言葉が人間によって話しているのだ」と言うのです。このようにして、氏は「言語論的転回」という事態に対して、「逆転した視点」でもって向き合おうとしています。とすると、「言葉」の選択が問われ続けることになります。「言葉」によって何事も決定されてしまうのですから。それゆえに、選択の根拠として「言葉の意味」が了解不能の《他者》として問題にされなければならなくなります。氏は、このことを「言葉はどのようにしてできたのか、言葉なんてものがどうしてあるのか、そのことは、日々こうして言葉を使って生きているにもかかわらず、人間には絶対にわからない謎なのだ。／絶対にわからないもののことを、『神』という名で呼ぶのは、その意味ではまちがっていない。事実、その言葉の意味が存在するからこそ、その物やその事が存在するのだから、言葉とは万物を創造する神様に似たものと言っていい。言葉の力とは、まさしく、創造する力なのだ」と言っています。このようにして、氏は「ポストモダン」の徹底的なアナーキーという事態を超えようとしたのです。この世界観認識は〈いのち〉に根拠を付与するものであります。池田氏はポスト3・11を生きています。

この本を手に取られた方、あなたは氏の理路にどのように向き合いますか。

この教材は難解な教材であるとされています。大きな困惑と反発を教室に巻き起こしました。それは、国語科教育が「言語論的転回」と正対していない事態の故であり、仮に正対したとすると、「ポストモダン」のアナーキーを超えんとする提起がなされているが、それが言語実体主義のように見えてしまうが故であります。この二重の混迷、そうした事態には、教育の、国語科教育研究の、そして文学研究の現況が端的に示されています。それゆえに、わたくしは、教科書に池田氏の文章を入れたことはまさに意義あることであったと自負しております。「あたりまえ」のことを「あたりまえ」としていないのですから。そして、わたくしたちにとっては、池田氏の提起を受け止めることとは文学作品をめぐる〈第三項〉と〈語り〉の問題に展開していきます。そのことは、氏の「言葉の意味」の超越性の提起を〈第三項〉の〈影〉の提起としてつかみ直すことになっていくのです。

田中実と相談の上、本書を文学研究と国語科教育研究の現場に送り出すために、編者として執筆者の方々へ編集趣意書をお送りしました。「読むこと」の共通認識の場を求めて、でありますここで、この本を手に取られた方のために、その趣意書を基にしつつ、刊行の経緯と課題を提示しておきます。

わたくしたちは編著者として、この一〇年余りの間に次のような書籍を刊行してきました。

○『新しい〈作品論〉へ、新しい〈教材論〉へ』高校　小説編　全六巻　（右文書院　一九九九年）
○『文学の力×教材の力』小・中学校　物語・小説編　全一〇巻　（教育出版　二〇〇一年）
○『新しい〈作品論〉へ、新しい〈教材論〉へ』高校　評論・古典編　全八巻　（右文書院　二〇〇三年）
○『「これからの文学教育」のゆくえ』　（右文書院　二〇〇五年）
○『国文学　解釈と鑑賞』二〇〇八年七月号　特集〈原文〉と〈語り〉をめぐって
——文学作品を読む　（至文堂　二〇〇八年）
○『国文学　解釈と鑑賞』二〇一一年七月号　特集〈原文〉と〈語り〉をめぐってⅡ
——ポスト・ポストモダンの課題　（ぎょうせい／編集至文堂　二〇一一年）

これらは文学研究と文学教育研究の相互乗り入れを図り、それぞれが抱えている問題の原理的な転回を図ることを目指し、個別の作品論／教材論を展開する取り組みでありました。そのことによって、「夢の読者共同体」の生成をめざしてきました。こうした経緯の中で、わたくしたちは、文学が教育にできることに焦点化して、本書を企画したのです。そうすることが、両者をともに生かし、教育と研究の再生を図るために求められていることであると考えたからです。

ロラン・バルトのテクスト理論が日本に導入されてから三〇年余り、この間、「言語論的転回」によって読みのアナーキーがもたらされ、文学の記号学の地平がひらかれてきましたが、これは同時に文学の〈いのち〉を抹殺することでもありました。文学研究と文学教育研究は依然として、この文学の〈いのち〉が見失われた「ポストモダン」の混迷の中にあります。その混迷は、「ポストモダン」の非実体主義、それゆえの正解到達主義批判と「モダン」の実体主義、それゆえの正解到達主義とを曖昧な形で共存させる自他未分の日本の風土によって、ますます拍車がかけられてきました。こうしたナンデモアリに対する自意識を欠落させてしまっている事態は、この三〇年余りの教育、国語科教育の現場においても軌を一にしています。すでに、新しい学習指導要領が実施されつつありますが、その改訂も事態を抜本的に転換することに向かっているとは言い難いものであります。わたくしたちは、各自の研究と実践によって、また先にあげた本書に至る書籍刊行の取り組みによって、「ポストモダン」の混迷からの脱却を求め、「読むこと」の原理の問題に立ち戻って自らの考えを醸成してきました。そのことによって、「ポスト・ポストモダン」の扉を押し開けようとしてきたのです。

その概略は次のようになります。

「読むこと」とは、対象そのものが読まれているのではありません。対象そのものの〈影〉が読み手に働いているものを読んでいるのです。すなわち読み手のとらえているものは読み手自身に現象したものであって、対象そのものでは決してありません。対象そのものは到達不可能です。了解不能の《他者》であります。その上で、わたくしたちは、「読むこと」には主体と主体が捉えた客体と客体そのものの三項が必要であり、この客体そのものを「〈原文〉という第三項」と呼び、その〈影〉の働きによって読み手に〈形〉となって生成する、事後的な現象を〈本文〉と呼んでいます。このように問題をとらえることによって、「読むこと」の根拠と倫理の問題に正対し、「ポスト・ポストモダン」の時代を切りひらいていくことができる、と考えているのです。

それだけではありません。

こうした探究は、〈語り〉論を〈語り手の自己表出〉を掘り起こしていくことによって、〈機能としての語り〉の働きを顕現させることに展開していきます。このことは、〈物語の語り〉と〈小説の語り〉の違いという問題に向かい、伝統的「物語」とは異なる「小説」というジャンルを新たに捉え直していく道を切りひらいていくことになります。それはまた「近代の物語」と「近代小説」の違いを問うことにもなっていきます。「読むこと」の根拠と「小説」の根拠は同一の問題を内在しているからです。それは語ること＝認識することの虚偽をめぐる問題ということになります。このことは文学作品の教材価値とその活かし方にとってもかけがえのない問題提起になっていきます。

しかし、こうした田中実によって切りひらかれてきた地平は、「あたりまえ」の力の前では、常識の牢獄の中に幽閉されてしまっています。それどころか神懸った主張として軽蔑されもしているでしょう。恐れられているかもわかりません。これが文学研究と国語科教育研究の現状であります。八百万の神々は「ポストモダン」を言葉のブームとして終わらせてしまい、それが切りひらいた事態、虚無との対峙を回避してきたのです。これが慢心と切実さの坩堝であります。わたくしたちはこの事態を知的退廃であるとし、対峙することを選択します。世界観認識の問い直しを提起します。であるからこそ、わたくしたちはそうした事態に抗し、「ポスト・ポストモダン」と文学教育の課題に焦点をあて、「読むこと」の共通認識の場を求めて本書を企画したのです。それは文学が教育にできることの解明に向かっていきます。

　眼差しを上げて、四方を見渡してみてください。と言っても、「かんじんなことは、目には見えない」（『星の王子さま』）でしょう。この事態が《他者》問題です。しかし、わたくしたちは《他者》の〈影〉に取り囲まれているのではないでしょうか。そうでなければ、教育と研究の倫理は地に堕ちてしまいます。とするならば、この取り組みは決して孤立した取り組みではありません。「あたりまえ」の力の側にこそ、未来はないのです。〈言葉〉の向こう側から〈言葉〉を照らしかえしてみましょう。対象そのものの〈影〉が問われることになります。そこに「読むこと」の秘鑰《ひやく》は存するのです。

　本書においては、原理的な探究に遡及しながら、具体的な作品の〈読み〉と教材としての価値、その活かし方を提起することを企図しています。そのために、いわゆる「定番教材」

と言われているものを意図的に取り上げています。「定番教材」という事態の中に、わたくしたちの問題提起を依然として囲い込み、自らにとって無縁のものにしてしまう「あたりまえ」の力が潜んでいるからです。わたくしたちは、〈原文〉の〈影〉と格闘し、「あたりまえ」の力を暴き出し、〈宿命の発見〉に向かい、〈宿命の創造〉の道を切りひらいていくことによって、「ポスト・ポストモダン」の扉をひらいていこうと考えています。そのことが新たな作品の価値、教材の価値を掘り起こしていくことになっていくからです。こうしたことが、今日、文学研究にとっても、国語科教育の実践の場にとっても、抜き差しならない課題なのです。（ただし、必要に応じて「定番教材」とは言えないものも取り上げていることをお断りしておきます。）

問題の焦点は〈第三項〉と〈語り〉をめぐっての、探究にあります。

これは、近代文学研究者田中実の提起に向き合う国語教育研究者須貝千里の「ＫＯＫＯＲＯＮＯＫＡＭＡＥＨＩＴＯＴＳＵ」です。文学研究と文学教育研究の相互乗り入れという事業にともに取り組む、わたくしの側からの応答であります。もちろん、この応答は、本書の各執筆者の方々からの応答を願って発せられています。

以上、この本を手に取られた方々に、ともに、と願いつつ、「まえがき」の言葉とします。

二〇一一年の終わりに

目次

〈鈴木三重吉の呪い〉を超えて
——童話『蜘蛛の糸』の誕生

◉芥川龍之介『蜘蛛の糸』

〈鈴木三重吉の呪い〉を超えて
——童話『蜘蛛の糸』の誕生

須貝《すがい》 千里《せんり》

或日《あるひ》の事、御釋迦様は極樂の蓮池のふちを「ぶらぶら御歩《おある》きになつていらつしやいました」。蓮の白い花の「金色《きんいろ》の蕊《ずゐ》」からは「何《なん》とも云《い》へない好《よ》い匂《にほひ》」が溢れて居ります。「極樂は丁度朝《ちやうどあさ》なのでございませう」。蓮池の下が地獄の底だったので、「丁度覗《ちやうどのぞ》き眼鏡《めがね》を見るやうに、はつきりと」地獄の様子が見えるのでございます。すると、地獄の底に、外《ほか》の罪人とともに大泥坊《おおどろぼう》の犍陀多《かんだた》が蠢《うごめ》いているのが御眼《おめ》に止《とま》りました。その犍陀多には蜘蛛を踏み殺さずに助けた事があるという、一つだけ善《よ》い事をした覚えがございます。御釋迦様はそのことを御思い出しになり、犍陀多の頭上に蜘蛛の糸を御下《おろ》しなさいました。(一)

犍陀多はこれを見ると、その糸をのぼって行けば極樂にいけるのではないかと思い、のぼり始めました。ところが、その中途で下を見ると、數限《かずかぎり》もない罪人がよじのぼってきていることに気がつきました。そこで「こら、罪人ども。この蜘蛛《くも》の糸《いと》は己《おれ》のものだぞ。お前《まえ》たちは一體誰《いったいだれ》に尋《き》いて、のぼつて來《き》た。下《お》りろ。下《お》りろ。」と喚《わめ》きました。すると、糸は斷《き》れてしまい、犍陀多も、外《ほか》の罪人も暗《やみ》の底に落ちてしまいました。(二)

御釋迦様は極樂の蓮池のふちで一部始終を見ていらっしゃいましたが、やがて「悲《かな》しさうな」顔で、「又《また》ぶらぶら御歩《おある》きになり始《はじ》めました」。極樂の蓮池の蓮は「少《すこ》しもそんな事には頓着《とんぢやく》」しないで、白い花の「金色《きんいろ》の蕊《ずゐ》」からは「何《なん》とも云《い》へない好《よ》い匂《にほひ》」が溢れています。「極樂ももう午《ひる》に近《ちか》くなつたのでございませう」。（三）

これは四〇〇字詰め原稿用紙で七枚半、三部に分けられている物語の概略であるが、こうした内容が語り手によって敬体で語られている。この、大正七（一九一八）年七月一日発行の『赤い鳥』第一巻第一号に、「（創作童話）」として掲載されている芥川龍之介作『蜘蛛の糸』は、同誌の編輯兼発行者であった鈴木三重吉による手が入っている。いわゆる「筆削」問題である。[注1] 本稿が問題にすることは、この周知の事実が提示していることは何かについての問い直しということになる。

なお、特に断りのない限り、本稿における『蜘蛛の糸』の引用は、『芥川龍之介全集』第二巻（岩波書店、一九七七年九月）に収録されているものによる。また、その他の芥川の文章の引用も、特に断りのない限り同全集収録のものによる。（ルビは適宜、削除・加筆している。漢字は旧字体を新字体に直した箇所がある。他の引用においても同様である。）

1　芥川の初稿版と『赤い鳥』初出版の間で

（注）

1　章末注（51ページ）を参照。

鈴木三重吉による「筆削」とはどのようなものであったのか。

このことについては、浅野洋氏が「第一の『筆削』は表記の問題、とりわけ不要な漢字表記を読みやすい仮名に改めることだった」、「第二の『筆削』は改行である。原稿にあった十ヵ所の改行（各章の文頭は除く）に加え、新たに二十五ヵ所が改行された」、「第三の『筆削』は長いセンテンスの分割である」、「第四の『筆削』は文末表現の改稿、とくに時制の変化である」というように、簡潔に事態を指摘している。[注2]

こうした「筆削」の実態については、今日、『芥川龍之介「蜘蛛の糸」直筆原稿複製』（県立神奈川近代文学館、財団法人神奈川文学振興会、二〇〇四年四月）によって誰でも確認することができる。同複製の別冊『芥川龍之介「蜘蛛の糸」原稿について』の「注記」（無署名）によると、『赤い鳥』の「掲載にあたって、三重吉はこの『蜘蛛の糸』原稿に赤色インクで加筆添削を行いました。大小あわせて七十五箇所に上ります。さらに『赤い鳥』誌上での校正段階の修正と思われるものが四十五箇所あります。これらの手入れは、三重吉なりの子供に向けての文字遣いの直しが主体で、表記上のものにとどまっており、作品の本質を変えるものではない、といわれています。（中略）雑誌掲載後は、芥川生前では『傀儡師』『沙羅の花』『芥川龍之介集』に収録され、原稿通りに戻されたのは、芥川没年の一九二七年十一月から刊行開始となった『芥川龍之介全集』（全八巻）です」と解説されている。

本稿で問題として考えていきたいのは、この「注記」に記されている「これらの手入れは、三重吉なりの子供に向けての文字遣いの直しが主体で、表記上のものにとどまっており、作品の本質を変えるものではない、といわれています」（傍点・引用者）という事態に関して、である。確かに、芥川の小島政二郎宛ての何通かの書簡によると、鈴木三重吉の「筆削」を許容していること、掲載誌にも目を通しており、

「御伽噺には弱りましたあれで精ぎり一杯なんです但自信は更にありませんまづい所は遠慮なく筆削して貰ふやうに鈴木さんにも頼んで置きました」(小島政二郎宛書簡　大正七年五月一六日)、「鈴木さんのは仮名と漢字の使ひ方ばかりでなくすべてがうまいやうです　とてもああは行きません」(同書簡　大正七年六月二三日)というように、そのことに対する不満は抱いていないようである。それどころか、三重吉の「筆削」の巧みさに感心すらしている。このことを以ってして、関口安義氏は「外交辞令ではなく、龍之介は本気で三重吉の文章技法に感心し、その添削を積極的に受け入れていた」(注3)と述べている。しかし、そのように問題を収束させてよいのか。芥川が何も述べていないにしても、そうした事態を超えて、初稿版と『赤い鳥』初出版との間で起こっている「筆削」にかかわる問題は予想を超えて深く、大きな問題なのではないか。(注4)本稿で問題にするのはこうしたことである。

それは、先の浅野氏が「筆削」問題について言及した上で、「とすれば、『時制』の改変を含む三重吉の『筆削』も、単なる童話的表現のむずかしさを物語るだけではない。それは物語における語り手の『発話態度』という物語の重要な問題を暗示するとともに、現在形を軸とする芥川の原文が『説明の時制』の優勢な文体(それは『理屈』を許容する)であるという事実をも浮き彫りにする」(注5)と指摘している、「語り手」

(注)

2　浅野洋「『蜘蛛の糸』――〈筆削〉の意味――」(『国文学　解釈と鑑賞』至文堂、一九九九年一一月)

3　関口安義「芥川龍之介『蜘蛛の糸』」(『児童文学世界』中教出版、一九九一年六月)、のちに関口安義編『芥川龍之介作品論集成第五巻』(翰林書房、一九九九年)に収録。引用は後者による。

4　章末注(52ページ)を参照。

5　注2に同じ。

の問題ということになる。しかし、この問題は、今日、田中実氏が提起する「第三項」論（読むことの対象の非実体性と対象の〈影〉を問題とすることの根拠）の問題、とりわけ〈語り手の自己表出〉、〈機能としての語り手〉、〈機能としての作者〉の問題として受け止め直すことが求められている。(注6) このことが問題を〈物語〉と〈小説〉の違いというレベルに押し上げていくことになるのである。

なお、「童話」における〈物語〉と〈小説〉の問題について、新美南吉は、かつて一九四一（昭和一六）年一一月二六日の『早稲田大学新聞』紙上に「童話に於ける物語性の喪失」を発表し、文字が商品とされる時代になると、「童話」も「文章をひきのばす努力のため、簡潔と明快と生氣がまづ失はれ、文章は冗漫になり、或ひはくどくなり、或ひは難解にして無意味な言葉の羅列になつた。同時に内容の方では興味が失はれ、ダルになり煩瑣になつてしまつた。これらをひつくるめて物語性の喪失と私はいひたい」（傍点・引用者）と提起している。南吉は「口で語られる童話」＝〈物語〉を文字によって書き記すことを自覚的に選択した作家であり、この提起は語り手を後退させ、「文章をひきのばす努力」をした鈴木三重吉の〈小説〉意識に対する批判ともなっていたと想起することができる。南吉自身、『赤い鳥』に「権狐」を発表するにあたって三重吉によって手が入れられて、その作品は〈物語〉から〈小説〉に改変された。いや、〈小説〉みたいなものに改変されたのである。南吉においては、〈物語〉とは今は失われたものに対する郷愁としての愛を書き記すことであったにもかかわらず、である。

2　芥川龍之介全集まで戻って

本題に入る前に、どうでもいいことから記していく。

先に引用した浅野氏の指摘に一箇所、正しておかなければならない箇所がある。それは、氏が「原稿にあった十ヵ所の改行（各章の文頭は除く）に加え、新たに二十五ヵ所が改行された」と指摘している点に関してである。この指摘は「原稿にあった十一ヵ所の改行（各章の文頭は除く）に加え、新たに二十五ヵ所が改行された」と改めなければならない。このことは『芥川龍之介「蜘蛛の糸」直筆原稿複製』によって確認した。おそらく数え間違ったか、誤植なのであろう。こうしたことをわざわざ指摘するのは、同様の、もっと不可解な事態が最新の『芥川龍之介全集』にみられるからである。

では、不可解な事態とは何か。

このことに気が付いたのは、わたくしが関係している中学校用の国語教科書に『蜘蛛の糸』を教材として採録するために教科書編集者から相談を受けて、教材文を何にするかの検討のために諸本を比較対照しているときのことであった。問題を焦点化するならば、一九七七年九月一九日に岩波書店から発行された『芥川龍之介全集』第二巻収録版と一九九六年一月一〇日に発行された『芥川龍之介全集』第三巻収録版（なお、後者に関しては、参照したのは二〇〇七年三月八日に発行された第二刷であったが）、両者を参照しているうちに、その事態に遭遇した。前者は芥川の初稿版を収録した、一九三四年から三五年にかけて発行された『芥川龍之介全集』（普及版）の『蜘蛛の糸』を底本とし、後者は『赤い鳥』初出版を収録した、一九一九（大正八）年一月一五日に新潮社から発行された『傀儡師』の『蜘蛛の糸』を底本にしている。ここではそうした二つの全集の編集方針についての意見は述べないが、後者の全集には教科書編集者

（注）

6　章末注（52ページ）を参照。

であり、かつ国語教育研究を専門とする者を当惑させる事態が隠れていたのである。

どういうことか。

問題の箇所は、以下に引用する石割透氏の署名による「後記」(四一七頁から四一九頁まで)に潜んでいた。

　原稿で「御釈迦様」「御歩きに」「御目」「所が」「暗」などとある箇所を、鈴木三重吉がそれぞれ、「お釈迦様」「お歩きに」「お目」「ところが」「闇」などに朱筆で訂正、また、二〇箇所に改行を指示（このうち「赤い鳥」掲載にあたって、一九箇所がそれに基づいている）した跡が見られるが、校異では、それらについては一々注記しない。（以下、「蜘蛛の糸」の原稿で、芥川によって記されていたと推測される本文は〔原〕の略称を用いた。）

二〇八6　溢れて居りました。　〔原〕溢れて居ります。

二〇八7　朝でございました。　〔原〕朝なのでございませう。

二〇八11　まるで覗き眼鏡を　〔原、初〕丁度覗き眼鏡を

二〇九4　善い事をした　〔原〕善い事を致した

二〇九8　助けてやりました。　〔原〕助けてやつたからでございます。

二〇九11　御覧になりますと、　〔原〕見ますと、

二〇九12　かけてをりました。　〔原〕かけてをります。

二〇九13　お取りになりました。さうしてそれを、玉のやうな　〔原〕御取りになつて、玉のやうな

二〇九14　まつすぐにお下し　〈原〉まつすぐにそれを御下し
二一〇6　静まり返つてゐて、　〈原〉静まり返つて、
二一〇9　ございました。　〈原〉ございませう。
二一〇13　天の上から、　〈原〉天上から、
二一一8　隔つてゐるものですから、　〈原〉ございますから、
二一一14　かくれて居りました。　〈原〉かくれて居ります。
二一一14　光つてゐた　〈原〉光つてゐる
二一三1　誰の許を受けて、のぼつて来た？　〈原、初〉誰に尋いて、のぼつて来た。
二一四3　ゆら〳〵と蕚を動かしてをります。／そのたんびに、まん中にある　〈原〉ゆら〳〵蕚を動かして、そのまん中にある
二一四6　極楽ももうお午に近くなりました。　〈原〉極楽ももう午に近くなつたのでございませう。
二一四7　――大正七年四月――　原稿、初出には「(七・四・十六)」とある。『芥川龍之介集』にはなし。

何が問題なのか。

当該全集の紙面に基づくならば、頁と行数との対応は次のようになる。「二〇八6→6」、「二〇八7→

7」、「二〇八11↓11」となり、ここまではよい。問題はここからである。「二〇九4↓3」、「二〇九8↓7」、「二〇九11↓10」、「二〇九12↓11」、「二〇九13↓12」、「二〇九14↓13」、「二一〇6↓4」、「二一〇9↓7」、「二一〇13↓11」、「二一一8↓5」、「二一一14↓11」、「二一一14↓11」、「二一三1↓二一二14」、「二一四3↓二一三16」、「二一四6↓3」、「二一四7↓4」となるのである。改めた頁と行数の表記は、この本の一頁が一六行で組まれているので、章番号の箇所は前と後の空白の行を含めて二行分としてカウントしたものに基づいている。しかし、この基準を立てたがゆえに、おかしな事態が起こっているわけではない。題名まで含めて印字されている部分のみを行としても、章番号の箇所を前と後の空白の行を含めて三行分としてカウントしても、おかしな事態はなくならないのである。

花田俊典氏の署名の、同書の『蜘蛛の糸』の「注解」(三五五頁から三五六頁まで)の部分にもおかしな行数の表記がある。それは「二〇八3　お釈迦様」、「二〇八3　極楽」、「二〇八3　蓮池」、「二〇八5　蕋」、「二〇八10　地獄」、「二〇八11　針の山」、「二〇八11　覗き眼鏡」、「二〇八12　犍陀多」、「二〇九15　血の池」、「二一三11　自分ばかり地獄からぬけ出さうとする、犍陀多の無慈悲な心が」の一〇箇所である。すでに指摘しているように、この本の一頁が一六行で組まれていることを前提にし、章番号の前と後の空白の行を含めて二行分としてカウントするならば、「二〇八3↓3　お釈迦様」、「二〇八3↓3　極楽」、「二〇八3↓3　蓮池」、「二〇八5↓5　蕋」、「二〇八10↓10　地獄」、「二〇八11↓11　針の山」、「二〇八11↓11　覗き眼鏡」、「二〇八12↓12　犍陀多」、「二〇九15↓16　血の池」、「二一三11↓12　自分ばかり地獄からぬけ出さうとする、犍陀多の無慈悲な心が」となる。花田氏、そして岩波書店の編集者は「二〇八3　お釈迦様」、「二〇八3　極楽」、「二〇八3　蓮池」、「二〇八5　蕋」、「二〇八10　地獄」、

「二〇八11　覗き眼鏡」、「二〇八12　犍陀多」の部分は、章番号の後の空白の行を含めて二行分としてカウントし、「二〇九15　血の池」、「二一三11　自分ばかり地獄からぬけ出さうとする、犍陀多の無慈悲な心が」の部分は、印字されている部分のみを行としてカウントしている。基準が二つあるのはおかしい。どういうことか。題名まで含めて印字されている部分のみを行としてカウントしているのである。とすれば、花田氏の行数表記はおかしくはない。ややっこしいがこうなる。

しかし、すでに確認しているように、この基準でも石割氏の方までは説明できない。したがって、花田氏の基準を基本として問題を解決することはできないのである。石割氏の「後記」に表れている混乱は、なぜ、起こったのか。なぜ、全集担当編集者がこうした混乱の是正を、第一刷から一〇年以上も経過した第二刷発行時にしなかったのか、わたくしには分からない。現在、どうなっているのかの確認はしていない。

なお、前回の、一九七七年発行の全集においても、第二巻の「後記」（無署名　四九七頁から四九八頁まで）において、「二二八頁15行」、「二三一頁12―13行」、「二三一頁14行」という箇所に行数カウントの基準の不統一を見出すことができる。章番号の前と後の空白の行を含めて二行分としてカウントするならば、「二二八頁15行→16行」、「二三一頁12―13行→13―14行」、「二三一頁14行→15行」となる。ただし、題名まで含めて印字されている部分のみを行とするならば、基準の不統一はなくなる。この全集もこれを原則にして行数表記がされているようである。

素人をこのように振り回すとは、どのような本の作り方をしているのであろうか。少なくとも石割氏は、そして岩波書店の編集者はこの事態には責任がある。それとも、責任を取らなくてもよいのか。なお、この全集における他の作品の「後記」や「注解」における行数表記がどうなっているのかも気になるが、このことについては、わたくしは調査していない。現時点ではその気もない。

もちろんこうしたことが〈鈴木三重吉の呪い〉ということで問題にしたいことではない。しかし、三重吉が芥川の原稿に手を入れることがなかったならば、こうした事態はなかったわけで、「呪い」問題と全く無縁ではない。石割氏の行数表記の粗雑さの根には、『芥川龍之介「蜘蛛の糸」直筆原稿複製』の「注記」で「作品の本質を変えるものではない」（傍点・引用者）というように言われている事態、それゆえの慢心を見出すことができるのではなかろうか。しかし、この事態は全集全体に及んでいる問題かもしれない。だとしたら、「それゆえの慢心」という言い方は適当ではない。別の意味で事態はもっと深刻である。このことの調査は石割氏と岩波書店の仕事である。現時点では、近代文学研究の専門家ではないわたくしとしては、全集本がこれでは困ると言うしかない。分かりやすく、校異の提示にあたっては行数表示ぐらいは基準を統一して、正しく提示していただきたい、と言うしかないのである。

3　ジャングルジムの鬼ごっこ

いよいよ本題に入る。

『蜘蛛の糸』の〈読み〉の研究史は二つの〈読み〉に囲い込まれている、とわたくしは判断している。それは古田足日と三好行雄のものである。

1　「説話」と「蓮池の蓮の花」

まず、一九五七（昭和三二）年に発表された古田足日のものから取り上げる。古田の「『くもの糸』

は名作か」は『小さい仲間』（一九五七年四月）に発表され、『日本児童文学』（日本児童文学者協会、一九五七年十月）に再掲載されたものである。再掲載の際に、古田の『小さい仲間』誌の問題提起を検討の対象とした瀬田貞二の「『くもの糸は名作か』再論」がともに掲載されている。

古田は「大正七年『赤い鳥』の創刊号に発表されたこの作品は、一般に名作として評価されている」が、「ぼくは、『くもの糸』は名作ではなく、『珠玉の佳篇』でもなく、二流の読物だと思う」と言う。その理由は、この作品が「近代小説の方法である『描写』が、ほとんど見られない。『説話的』であり、「説話的」というのは「この作品の主要なテーマ」が「芥川の意図の如何にかかわらず、勧善懲悪、既成のモラルを鼓吹するものでしかな」いことであり、それゆえに「描写」がないのであると言うのである。そして「『くもの糸』は、説話のなかに描写を持ちこみ、説話を変質させようとした動きの、ひとつの記念碑として見ることができよう」、こう評価する。

それは次のようなことであった。

最初の蓮池描写と、結びに近い蓮池描写とでは、また質がちがっている。最初の描写は、たしかに技巧にすぎない。結びに出てくるほうがほんものである。なぜかといえば、ここには描写を支える思想があるからだ。／その思想は、人間の無力さ、とでもいおうか。カンダタはやみの底へ、まっさかさまに落ちていった。「後には唯極楽のくもの糸がきらきらと細く光りながら、月も星もない空の中途に、短く垂れているばかりでございます。」そこで、釈迦は「悲しそうな顔」をする。／しかし、極楽の蓮池の蓮は、すこしもそんな事には頓着しないのである。蓮は、ただ、「ゆらゆらとうてなを動かしている」ばかりなのだ。お釈迦様はカンダタを救おうとした。しかし、お釈迦様も無力であった。釈迦も、「悪」をどうすることもできなかったのである。カンダタ、お釈迦様、彼らの悲しみには関係なく、時はうつり、自然の運行は続いている。極楽に、朝があり、昼があるということは、極楽さえも支配するものがあるということだ。

このようにして氏は、『くもの糸』の「もっとも文学的な部分はこのようにアンチ・ヒューマニズムの思想によって支えられた。そして、こうした考え方は子どもとは無縁のものではなかろうか」、「思想だけではなく、説話の変質においても芥川は敗れたのである」という結論を下した。

こうした古田の提起に対して、瀬田貞二は「説話」の価値を対置した。物語の価値を対置したのである。氏は「勧善懲悪は近代文学としていけないかどうか。ぼくはいけないと思えない」、「勧善懲悪そのものは、永遠のモチーフではあるまいか。昔話のなかのプロットが因果関係をかたく守っているのを、陳腐だといいすてては、それこそお話にならない」と言う。こう言った上で、氏は「『くもの糸』には弱いところがある。それは文章の上でも感じられる。しかし根本的にいえば、芥川の考えたような『人間の救いのなさ』というネガティブな姿勢が、子どもに読ませてよいものかどうかという疑問を生むのである。ぼくは勧善懲悪の線で作品の評価を低く見ない。描写の弱さに反映している内面的な弱さに於てこそ、薄《（ママ）》川の作品は子どもたちに対して一流たりえないのではないか、と思う」と言うのである。

このように瀬田の主張をみていくと、氏が『蜘蛛の糸』の初稿版を読んでいるのか、初出版を読んでいるのかは分からないが、古田の主張に対して、物語を前提にして対置し、それゆえに、「描写はむしろ単純でありたい。筋をもっと重視して、その筋を感動にまで高めるうえに、描写を働かせていくのが本筋である」と言っていることになる。したがって、古田との原理的対立は、「近代小説」としての「童話」か、近代物語としての「童話」か、という点にあったことになる。しかし、古田の「近代小説」としての「童話」は、実質的には近代物語としての「童話」であった。それに対して、瀬田には「近代小説」と近代物語を区分しようとする問題意識はなかった。それゆえに、その提起は「勧善懲悪」に対する評価を異にはしているが、「結果として、古田さんの結論に近づくことなった」のである。

古田の提起には、坪内逍遥の『小説神髄』の機械的な受け売りであるなどと誰かが言っていたが、そのように言って一笑に付して済ますことができない様々な問題が本人の意図を超えて含まれている。古田が〈読み〉の対象にしたのも、芥川の初稿版なのか、『赤い鳥』初出版なのかは不明であるが、語られている「思想」を問題にし、「描写」を重視している点では、鈴木三重吉の文末表現を現在形から過去形に変えたり、改行を増やしたりすることに現れている「筆削」意識と共鳴している。

どういうことか。

初稿版の作品の冒頭部分の形式段落を初出版の該当部分と対置してみよう。

或日の事でございます。御釋迦様は極樂の蓮池のふちを、獨りでぶらぶら御歩きになつていらつしやいました。池の中に咲いてゐる蓮の花は、みんな玉のやうにまつ白で、そのまん中にある金色の蕊からは、何とも云へない好い匂が、絶間なくあたりへ溢れて居ります。極樂は丁度朝なのでございませう。

（初稿版　一九七七年九月発行の『全集』）

或日のことでございます。お釈迦様は極楽の蓮池のふちを、独りでぶら〳〵お歩きになつていらつしやいました。

池の中に咲いてゐる蓮の花は、みんな玉のやうにまつ白で、そのまん中にある金色の蕋からは、何とも言へない好い匂が、絶間なくあたりへ溢れて居りました。

極楽は丁度朝でございました。

（初出版　一九九六年一月発行の『全集』）


この箇所だけの比較でもわかるように、すでに浅野洋氏が指摘していることであるが、初稿版では語り手の声の中に語られている内容が包み込まれているが、初出版では語られている内容が分かりやすくなるように改行されたり、長い文が短い文として再構成されたり、漢字が平仮名に直されたりしている。また、文末の「ございませう」は「ございました」と言うように、現在形が過去形に直されてもいる。「描写」の前景化である。こうしたことが語り手の声の消去となる。このことは三重吉の「近代小説」意識の現れである。しかし、そうした本人の意図とは別に、このことは『蜘蛛の糸』を近代物語に改変することになってしまっている。「語ること」の虚偽を問い直すことは消去されてしまっているからである。リアリズムに対する信頼があるからである。語られている内容を分かり易くすることとはそうしたことだったのである。「説話」を排除しようとする古田も「近代小説」のノイズは語り手の声であり、その強さゆえに『蜘蛛の糸』を「二流の読物」とした。「近代小説」を問題にしながら、実は近代物語を問題にしてしまったのである。これが両者に共通する「近代小説」意識である。

つまり、三重吉の「筆削」によって、「犍陀多」、「御釈迦様」、「蓮の花」の、三者の深層の相関性は分断され、出来事の表層の相関性のみが浮かび上がってくるようにされたのである。これが分かり易さである。同様に、古田の〈読み〉は三者の深層の相関性を内的に構造化することができなかった。これが「描写」の弱さという評価となるのである。三重吉は〈語り〉と語られている内容の分断の努力をし、古田は〈語り〉を「近代小説」のノイズとして排除しようとした。この点では瀬田も異存がないはずである。このようにして、「近代小説」としての「童話」、『蜘蛛の糸』は壊されたのである。この事態の、見えざる支配力のことを〈鈴木三重吉の呪い〉というように、言っていいだろう。

　こうした三重吉と古田、両者の癒着は、それゆえの「近代小説」を近代物語としてしまう事態は、古田足日ら、かつての、「少年文學の旗の下に！」（『少年文学』一九五三年九月）という声明（日付一九五三年六月四日）を発して登場した早稲田大学童話会の青年たち（この声明は、鳥越信、古田足日、山中恒、鈴木実、神宮輝夫の五人の共同執筆である）の戦後児童文学に対する夢想に孕まれている問題が一体何だったのかをも照らし出していよう。古田らは、「我々は『メルヘン』を克服する」、「我々は『生活童話』を克服する」、「我々は『無国籍童話』を克服する」、「我々は『少年少女読物』を克服する」と言い、「従つて我々の進むべき道も、真に日本の近代革命をめざす変革の論理に立つ以外にはなく、その論理に裏付けられた創作方法が、少年小説を主流にしたものでなくてはならぬことも、また自明の理である。我々が、従来の『童話精神』によつて立つ『児童文学』ではなくて、近代的『小説精神』を中核とする『少年文学』の道を選んだゆえんも実にそこにある」と断じた。しかし、この事態が、実は依然として『赤い鳥』の、子どもの「純性」（「赤い鳥」の標榜語《モットー》）路線の中にあったというように、である。このことの虚偽を批評することは妨げられてしまっていた。「少年文学」とはもう一つの「純性」の提起だったのである。これが彼らの戦後児童文学だった。このことは暴論に聞こえるだろう。ご当人たちも納得されないかも知れない。しかし、このことを暴論にしてしまうのも〈鈴木三重吉の呪い〉であったのだ。この見えざる事態が戦後、一九五〇年代の革命運動の中での、彼らのそれぞれの軌跡となっていったととらえることができる。正しさの時代に正しさが人の数だけあった。この、リアリズムの虚偽という事態に彼らは翻弄されていくことになったのである。それは《他者》をめぐる問題である、と今日ふりかえってみることができよう。三重吉も古田らも了解不能の《他者》を〈わたしのなかの他者〉としてしか問題にできなかった。「さようなら、未明」を提唱した古田は「さようなら、三重吉」とはいかなかった。その代わりに、「さようなら、龍之介」をしてしまった。こうした古田らの路線は戦後の復興と革命運動の歩みとともにあり、一九八〇年代の「ポストモダン」の時代の到来とともに、決定的な崩壊を余儀なくされたのである。既有の現実に対置した、目指すべき現実の正しさは、徹底的に相対化されてしまったからである。このことの詳細については別稿で論ずることとするが、この「ポストモダン」によって明瞭にされた事態は、「近代小説」とは何か、近代物語とは何か、という問題を、あらためてわたくしたちに喚起している。(注7)

論が展開しすぎてしまった。

古田の論に戻る。その優れている点が「蓮の花」の描写に注目している点にあることに、である。さすがである。しかし、それゆえに、氏は『蜘蛛の糸』は「二流の読物」であるという評価と「蓮池の描写のすばらしさ」という評価の分裂に遭遇し、引き裂かれてしまった。この事態に対して、古田は「アンチ・ヒューマニズムの思想」は「子どもとは無縁」という、氏の児童文学観を持ち出すことによって、その矛盾を抑え込もうとした。そのために、氏の「蓮池の描写のすばらしさ」という〈読み〉は自身によって過小に評価され、「極楽さえも支配するもの」があるという〈読み〉の発見は「勧善懲悪、既成のモラルを鼓吹するもの」と同義のこととされてしまったのである。しかし、「極楽さえも支配するもの」があるという〈読み〉の発見はこの作品における了解不能の《他者》の発見であり、それは「近代小説」としての「童話」の道をひらくものであったのだが、氏はその道に進み出ることはできなかった。

なぜか。

「蓮池の描写のすばらしさ」は、〈語り手〉問題を《他者》問題としてとらえ直されなければならないという事態をひらいていくのだが、このことが古田の〈読み〉においては、埒外にされてしまっていたからである。この事態にはすでにナンデモアリの萌芽を見出すことができる。

2 無明の闇にただよう〈虚無〉の象徴

次に、古田・瀬田論争から二〇年後、一九七七（昭和五二）年に発表された三好行雄のものを取り上げる。三好の「芥川龍之介解説」は『日本児童文学大系』第一一巻（ほるぷ出版、昭和五二年）のために執筆されたものである。この本に収録されているのは初稿版の『蜘蛛の糸』であった。三好は「童話の埒外にはみだすものをもっていた」が、「『蜘蛛の糸』は芥川龍之介のモチーフと方法（技法といいかえてもよい）がほぼストレートに、童話という、龍之介にとって未知の領域に適応されて成功した処女作である」というように、古田とは真反対の作品評価をしている。それは次のようなことであった。

（注）

7 章末注（53ページ）を参照。

> 蜘蛛の糸がなぜ切れたか、それがなにを意味するか、原話の説く思想は明瞭であろう。かぼそい糸は人間の〈信心の一念〉にほかならず、だから〈無辺の衆上〉をことごとく〈正道の本地〉にはこぶ大乗の力をそなえていた。蜘蛛の糸の断滅はそれ自体が、救済の在ることの明証である。／龍之介の童話はここで説かれているような信仰の本義を捨てた。宗教性の捨象による文学性の純化、という作品の効果にかかわる作為とだけ見すごすわけにはゆかない。蜘蛛の糸のいわば能動的な意味が消えたことで、それははじめて、無明の闇にただよう〈虚無〉の象徴にまで収斂されえたからである。／（中略）救済者としての仏陀と人間の業を負う犍陀多とは、可逆関係の断たれた対立のままに放置され、そして仏陀の恣意に似た慈悲を、人間がまさに人間であるゆえに拒むという構図のなかに、童話『蜘蛛の糸』に（おそらく無意識に）流露した芥川龍之介固有の主題が読みとれるのである。

先の古田の〈読み〉と比較すると、三好は『蜘蛛の糸』に「無明の闇にただよう〈虚無〉の象徴」を読み、古田は『蜘蛛の糸』に「人間の無力さ」、「お釈迦様も無力」ということを読んだ。こうした点では両者の〈読み〉は重なり合っている。また、三好はそのことが「童話の埒外にはみだすもの」であると言い、結果として、古田と同様のことを述べている。しかし、三好は、『蜘蛛の糸』は「信仰の本義を捨てた」ものとして読み、古田は「勧善懲悪、既成のモラルを鼓吹するもの」として読み、こうした点では大きく異なっている。これはこの作品の統括機能の評価にかかわる相違であるが、両者が語られている「思想」に焦点をあてて論じている点では共通している。

このように見てくると、三好も、先に触れた三重吉の小説意識を超えてはいないと言わざるをえない。三好も〈鈴木三重吉の呪い〉に縛られていたのである。氏は『蜘蛛の糸』は「無明の闇にただよう〈虚無〉の象徴にまで収斂されえた」（傍点・引用者）という〈読み〉を提起しているが、それは「語ること」が直面している虚偽＝〈虚無〉の問題にまでは及んでいない。かわりに、「芥川龍之介」が実体として持ち出される。それゆえに、「近代小説」を近代物語の枠の中で読んでしまうのである。コインにたとえて言うならば、『蜘蛛の糸』を前にして古田と三好の〈読み〉はどちらも表の面は「近代小説」であったが、裏の面の近代物語が気がつかないうちに表の面に入れ替わってしまっている、となる。

3　古田と三好の幅の中で

今日でも、こうした事態は多くの『蜘蛛の糸』の〈読み〉において共有されている。両者の表層の幅の中に〈読み〉を異にする『蜘蛛の糸』論を配置することができるが、両者の深層の癒着と同様の事態を、一見、〈読み〉を異にするように見える、多くの『蜘蛛の糸』論に見出すことができるのである。

たとえば、篠崎美生子氏の、『蜘蛛の糸』において「人を殺す犍陀多を気まぐれに助ける御釈迦様と、虫を殺す蜘蛛を気まぐれに助ける犍陀多は、相似形を呈していると言えるだろう」、それゆえに、それは「決して単純な教訓的な小説ではない」とし、「この小説はむしろ、善因善果・悪因悪果の法則に基づく二律背反の世界を語りつつ、同時にそのような世界の前提を自ら崩している小説なのである」(注8)という〈読み〉

（注）

8　注４に提示した篠崎氏の論文と同じ。

は三好の〈読み〉を前提にしている。なぜならば、「そのような世界の前提を自ら崩している小説」とは三好の「無明の闇にただよう〈虚無〉の象徴」という〈読み〉につながっていくからである。古田は「蓮池の描写のすばらしさ」に「思想」の弱さを見出し、篠崎氏は「地獄」に根を生やす事態を見出し、無化した。こうした「蓮の花」の問題の仕方は古田と篠崎氏とが共通した地点に立っていることを示している。違うのは価値づけのレベルである。篠崎氏の価値づけは三好の立場からなされているのである。

また、戸松泉氏の「一見没交渉のような両世界も、語り手に即して見ていくと根のところでは通底していることがわかる。というよりも、語り手が（一）で起こったことに対して期待も信頼も持っていなかった通りのことが、まさに（二）で顕現されていくという形になっている。『御釈迦様』の力を信頼しない語り手はひたすら犍陀多の身になって生への衝動を強めていく。しかし、結果犍陀多は空しく挫折するほかない。何者の力をもってしても救いがたい人間の『浅間し』さゆえにである。語り手は誰よりもそのことの必然を知っていた。知っていながらも、人間自身による己れの超克に望みをつながないではいられなかった。極楽の世界をも相対化せざるを得ない語り手だからである」と言い、「か細い糸の背後にどこまでも続く広漠とした暗やみをじっと見つめている語り手の虚無的な視線だけが、この小説のなかで前景化してくる」ことを見出している(注9)〈読み〉にも、三好の〈読み〉の影を見ることができる。三好は「芥川龍之介」と言い、戸松氏は「語り手」と言っているが、それらが実体的に問題にされているという点は共通している。そうであるならば、氏の〈読み〉は「蓮池の描写のすばらしさ」に注目した古田の〈読み〉とも遠く共鳴し、しかし、それを三好と同様に「御釈迦様」の無力さの象徴として把握しているのである。

確かに、三好、篠崎、戸松の三氏は作品の統括機能を問題にしている。しかし、古田も「極楽さえも文配するもの」ということを問題にし、それを「勧善懲悪、既成のモラル」としている。とすると、三氏も古田の問いの中にいることになる。しかし、三氏は「勧善懲悪、既成のモラル」というような〈読み〉を超える提起をしているのであると言われるだろう。その言い分は理解できる。しかし、三氏は『蜘蛛の糸』を近代物語として読んでいるために、実体としての「語り手」と〈機能としての語り手〉を重層的に問題にすることができなかった。この事態を「古田の問いの中にいる」と評したのである。であるならば、両氏にも〈鈴木三重吉の呪い〉は及んでいることになる。また、篠崎氏は『蜘蛛の糸』の「童話」としての評価には触れず、戸松氏は「『蜘蛛の糸』が童話として成功しているか否かを議論するのは不毛な気がする」と言っているが、この点に関しても〈語り手〉問題が鍵となっている。しかし、三好が「作者」を実体として論じているように、二氏も「語り手」を実体として論じてしまっているのである。

これらのことは『蜘蛛の糸』と同時期に執筆していた『地獄変』における「日向の説明」と「陰の説明」が絡み合う「ナレエシヨン」、「この二つの説明はあのナレエシヨンを組み上げる上に於てお互にアクテユエエトし合ふ性質のものだからどつちも差し抜きがつきません」という問題（小島政次《ママ》郎宛書簡　大正七年六月一八日）の解明にかかわる問題である。〈語り手〉問題はこのレベルで問われなければならないのである。この道をひらいていくためには、まずは〈語り手の自己表出〉の問題の掘り起こしが求められている。そのための前提である「第三項」論の立場に立つことが求められている。このことをわたくしたち

（注）

9　注4に提示した戸松氏の論文と同じ。なお、この論文の初出稿は『芥川龍之介』第3号（洋々社、一九九四年二月）に掲載されている。

の課題としなければならない。ジャングルジムの鬼ごっこを超えていくためには、である。そのことによって、「近代小説」と近代物語が峻別されていくのである。

4　全国学力・学習状況調査と呪い

『蜘蛛の糸』は第一回の「全国学力・学習状況調査」の「中学国語」の「B」問題に出題された。この調査自体に関する検討は省略させていただくが、この作品は「活用に関する問題」として出題されたのである。問題文の出典は『芥川龍之介全集』第二巻（岩波書店、一九七七年九月）であった。この調査が実施されたのは二〇〇七（平成一九）年四月二四日のことであった。

問題文には『蜘蛛の糸』全編が引用され、次のような問題が出されていた。問題番号は②である。

一　この文章の内容や表現について説明する場合、どのように説明したらよいですか。次の1から4のうち、最も適切なものを一つ選びなさい。

1　地獄にいた犍陀多は、蜘蛛を殺さずに助けたことの報いに、お釈迦様が極楽から垂らした細い蜘蛛の糸をよじのぼって、無事に地獄から抜け出すことができます。このような内容が、現在、過去、未来の表現を複雑にからませ、時間的な広がりをもつように書かれています。

2　地獄にいた犍陀多は、蜘蛛を殺さずに助けたことの報いに、お釈迦様が救い出そうとしたにもかかわらず、自分だけ抜け出そうとしたため、再び地獄に落ちます。このような内容が、敬体を主としたていねいな文末表現で、読者に語りかけるように書かれています。

3　お釈迦様は、蜘蛛を殺さずに助けたことの報いに、地獄にいた犍陀多を救い出そうとしますが、犍陀多が優柔不断であったため失敗します。このような内容が、作品全体にわたって、お釈迦様の目を通して見ているように書かれています。

4　お釈迦様は、蜘蛛を殺さずに助けたことの報いに、地獄にいた犍陀多を何とかして救い出そうと懸命に働きかけます。このような内容が、お釈迦様の悲しみと苦しみを際立《きわだ》たせるように、視覚や聴覚などに訴える豊かな比喩《ひゆ》を用いて書かれています。

二　次は「二」の場面の一部です。この部分を朗読する場合の工夫について、あとの問いに答えなさい。
（①から⑥は、文の番号を表す。）

①すると、一生懸命にのぼったかいがあって、さっきまで自分がいた血の池は、今ではもうやみの底にいつの間にかかくれております。
②それからあのぼんやり光っている恐ろしい針の山も、足の下になってしまいました。
③この分でのぼって行けば、地獄からぬけ出すのも、存外わけがないかもしれません。
④犍陀多は両手を蜘蛛の糸にからみながら、ここへ来てから何年にも出したことのない声で、「しめた。しめた。」と笑いました。
⑤ところがふと気がつきますと、蜘蛛の糸の下の方には、数限りもない罪人たちが、自分ののぼった後をつけて、まるで蟻の行列のように、やはり上へ上へ一心によじのぼって来るではござ

いませんか。

⑥犍陀多はこれを見ると、驚いたのと恐ろしいのとで、しばらくはただ、大きな口を開いたまま、眼ばかり動かしておりました。

ア　この部分を話の展開に沿って大きく二つに分けるとすれば、どこで分けますか。（選択肢略）

イ　アで答えたところで二つに分けて朗読する場合、前と後ろとをどのように読み分けますか。（選択肢略）

三　中学生の中山さんと木村さんは、以前に読んだ「蜘蛛の糸」は、「三」の場面が省略されていたことを思い出しました。そして、次のような会話を交わしました。

中山さん　私はこの「三」はないほうがいいと思うな。
木村さん　いや、この作品には「三」があったほうがいいと思うよ。

あなたは、中山さん、木村さんのどちらの考えに賛成しますか。（以下略）

「正答例」は、文部科学省管轄の「国立教育政策研究所　教育課程研究センター」の発表によると、次のようになっている。

一　2
二　ア　4
イ　3
三（例1）私は中山さんの考えに賛成します。「三」の場面がないと蜘蛛の糸が「短く垂れているばかり」で終わるため、話が印象的で余韻が残るし、どうして蜘蛛の糸が切れて犍陀多が地獄に落ちてしまったのか、自分で考えてみることができるからです。
（例2）私は木村さんの考えに賛成です。「二」で終わると、犍陀多が地獄へまっさかさまに落ちてしまった場面で終わり、地獄から抜け出す機会を与えたお釈迦様の話に戻らないため、話が途中で切れてしまうように感じるからです。

「一」の正答は2とされているが、「内容」のまとめ方が不十分である。誤ったことは書かれていないが、構成に即して内容が把握されておらず、作品の三章の部分がまとめから抜け落ちている。このことに無頓着なまとめである。それは主たる人物の言動、心情のみが〈読み〉の対象にされている事態である。構成や表現の仕方に対する目配りが不十分である。「二」の「ア」の正答は「4　④と⑤の間で分ける。」、「イ」の正答は「3　前は、希望をもっている様子が表れるように読み、後ろは、予想外の展開に驚いている様子が表れるように読む。」であるが、この問題は「朗読」という仕掛けを導入することによって、文脈が切断され、登場人物が〈読み〉の対象とされ、〈語り〉を読むことが消去されてしまうような出題になっている。「三」の正答は問題を具体的に読み深めることが回避され、正答の「例1」では「余韻が残る」（傍点・引用者）というように、「例2」では「話が途中で切れてしまう」（傍点・引用者）というように、既有の判断基準で思考が停止してしまっている。これでは読んで答えたことにはならない。また、『蜘蛛の糸』の「三」の部分をカットすることの暴力性に対する自覚がないままに問題がつくられていることも問題である。こうした「ポストモダン」的なナンデモアリの問題作成は授業に際してもあたりまえのこととして浸透している。具体的には例をあげないが、今日、教材文をわざと悪く直して元の文章と良し悪しを比較させるというようなことが、あたりまえのこととしてなされているのである。この事態は、「比べ読み」が学習指導要領の指導事項とされて以降、蔓延しており、第一回の「全国学力・学習状況調査」の『蜘蛛の糸』の設問、特に「三」はその走りであった。問題化される必要がある。

『蜘蛛の糸』の設問では、既有の判断基準を「活用」し、「思考力・判断力・表現力」を駆使し、文脈を掘り起こしているかどうかを問うことはできない。そうした力を問うているはずなのに、そうはなっていないのである。このことは、こうした調査の結果を課題の発見として押し進められていった学習指導要領の空洞化している側面を語ることになってしまっている。この事態は「ポストモダン」の時代における教育の混迷を見事に写し取っている。この混迷はＰＩＳＡ型「読解力」問題にも通じていくのである。

しかし、問題はそれだけではない。本稿に直接かかわる問題はこれからである。

それは何か。

この出題は〈鈴木三重吉の呪い〉が現前した出来事であった、ということである。これは『蜘蛛の糸』の「筆削」問題の根の深さである。

どういうことか。

すでに指摘していることであるが、三重吉の『蜘蛛の糸』の「筆削」は「文末表現を現在形から過去形に変えたり、改行を増やしたり」し、「『犍陀多』、『御釈迦様』、『蓮の花』の、三者の深層の相関性を分断」した。このことによって、氏は「語り手の声の消去」を図り、『蜘蛛の糸』を「近代小説」としての「童話」に改変すべく「筆削」をなしたが、本人の意図とは別に『蜘蛛の糸』を近代物語に改変してしまった。近代物語の特質は、それまでの口承の物語や伝統的「物語」とは違って、語り手が姿を消し、「描写」が前面に出される。それがリアリズムであり、「近代小説」であると考えていたからである。そのことによって、出来事が〈読み〉の対象とされる。古田も、である。三好も、である。しかし、「近代小説」には〈語り手〉が必要であった。さらに、その〈語り手〉が問われることが必要であった。それが〈機能としての語り手〉の領域である。そのためには、〈語り手〉の外部に、了解不能の《他者》の領域が想定されなければならなかった。そうは考えず、近代物語を「近代小説」とする、この暗黙の力が〈鈴木三重吉の呪い〉である。それは日本の近代文学にかけられている呪いであり、自他未分の日本の文化の力であると言ってもよい。この力が芥川龍之介作『蜘蛛の糸』という「近代小説」としての「童話」を壊してしまったのである。それが「世俗的な下卑た子供の讀みものを排除して、子供の純性を保全開發する」（「赤い鳥」の標榜語《モットー》『赤い鳥』第一巻第一号巻頭）ことの内実だった。三重吉には、「純性」とはあるものではなく、その虚偽性に対する問いの問題であるとは考えられなかった。『蜘蛛の糸』に対する「筆削」は「作品の本質を変えるものではない」などというようなことではなかったのである。こうした問題が「全国学力・学習状況調査」の『蜘蛛の糸』の設問においても再現されている。それゆえに、「〈鈴木三重吉の呪い〉が現前した出来事であった」と評したのである。

問題の始まりに返って、「近代小説」とは何か、近代物語とは何か、という入門の問いに返って、問い直されなければならない。このことを抜きにして、「全国学力・学習状況調査」の『蜘蛛の糸』に現れた事態に向き合うことはできない。それは〈鈴木三重吉の呪い〉から解き放たれるために、全集に現れている事態に向き合うことから始め、ジャングルジムの鬼ごっこを超えて、という課題に挑むことである。芥川の問題に戻るなら、それは「日向の説明」と「陰の説明」が絡み合う「ナレエシヨン」の問題を考えることになる。教育の現場においても、学習指導要領の「言語活動例」で「ア　物語や小説などを読んで批評すること」（中学校三年）が問われている時代である。問題の焦点は一字、並列の助詞の「や」をいかに超えられるか、である。

5　「頓着」問題への注目の仕方、〈物語〉と〈小説〉の問題へ

最後に、第一回の「全国学力・学習状況調査」に『蜘蛛の糸』が出題された、その二、三年前に、自由の森学園高等学校の高校一年生を対象として同校の教諭、齋藤知也氏によってなされた授業を取り上げる。しかし、この授業とそのための教材としての研究は出題に当たってまったく参照されなかったようである。その存在も知られていなかったのであろう。この取り組みが論文として発表されたのは、二〇〇五年七月、『〈語り〉を読む』ことと『自己を問う』こと――芥川龍之介『蜘蛛の糸』の教材価値を再検討する――」（田中実・須貝千里編著『「これからの文学教育」のゆくえ』右文書院、二〇〇五年）であり、調査問題作成にあたって参照可能であったにもかかわらず、である。手前味噌のように思われる方もおられようが、誠に残念なことである。問題の質は、常に誰から何を言われるかわからない予測不可能な事態の中にあるこ

とに向き合い続ける、このことによって担保されている。自分の常識をあたりまえのこととして問題を作るな、である。あらゆる呪いは感知されることなく忍び寄ってくるからである。

さて、齋藤氏は、この論文で何を提起しているのか。

氏は『蜘蛛の糸』の〈語り〉について次のように言っている。

表層のレベルにおいては、「頓着する御釈迦様」と「頓着しない蓮の花」の対比のように見えるが、その実、深層においては、「浅ましく思召され」ているように見えてしまう御釈迦様を批評することによって必然的に、実は自分自身も「頓着」してしまっていることになる〈語り手〉と「蓮の花」との対比にもなると思う。批評するということは、ある意味では「頓着」していることでもあるのだ。（中略）このことは〈語り手〉が蓮の花のようになりたいと感じているなどということでもない。〈語り手〉にとって、蓮の花が「頓着」しない存在として見えてくるということが、犍陀多や御釈迦様とは異なり、批評が自らの問題に向かっていくことを表すものとして読めるのではないかということなのである。（注10）

この引用が示していることは、齋藤氏の教材『蜘蛛の糸』の作品としての研究と授業づくりは〈鈴木三

（注）

10　引用は齋藤氏の著書『教室でひらかれる〈語り〉――文学教育の根拠を求めて』（教育出版、二〇〇九年）の「第1章　『〈語り〉を読む』ことと『自己を問う』こと――芥川龍之介『蜘蛛の糸』の教材価値を再検討する――」による。なお、氏は、授業にあたって新潮文庫収録の『蜘蛛の糸』を用いている。これは初稿版によっている。

重吉の呪い〉問題と対峙した成果の一つである、ということである。氏の〈読み〉と授業づくりの成果は「頓着」する「御釈迦様」、「犍陀多」、「頓着」しない「蓮の花」のそれぞれの〈物語〉にこだわり、〈語り手の自己表出〉を掘り起こしていったことにある。そのことによって、それぞれのこだわりを明らかにし、「御釈迦様」と「犍陀多」に相通じる問題を見つけ出していった。〈読み〉の問題としては、ここまでのことは、それぞれの角度から三好も、篠崎氏も戸松氏も問題にしていることであるが、それを齋藤氏は授業の問題として顕現させたのである。しかし、それだけでなく、齋藤氏は、一章と三章に出てくる「蓮の花」の照応関係に「頓着」しない事態を見出し、「御釈迦様」、「犍陀多」との相関関係を見つけ出していった。「蓮の花」の存在が、「御釈迦様」、「犍陀多」を「批評」している関係になっているというように、〈語り手の自己表出〉を掘り起こしていったのである。こうしたことも授業において生徒たちによって問題にされていることが、その記録によって確認することができる。さらに、氏はこのことが〈語り手〉の「自己批評」に反転していくことを掘り起こしていった。「批評」することも「頓着」することだからであるというように、である。ただし、こうした点は、授業においては生徒たちによって充分には問題にされていない。齋藤氏によって説明されていることを記録によって確認することができる。このことは今後の『蜘蛛の糸』の授業づくりの課題であると言えよう。そのためには、氏の〈機能としての語り〉の掘り起こし方が問い直されなければならないのである。

授業づくりについては問題にされていないのであるが、齋藤氏の『蜘蛛の糸』の〈読み〉に対しては、池上貴子氏によって次のような批判がなされている。

「語り手」が〈蓮〉の世界から自らの位置を問うたとしても、その語る言葉もまた〈頓着〉しない世界、すなわち意味を無化する世界に包含されるとはいえないか。その状態は、虚無とも名づけられず、ただ〈絶え間なくあたりに溢れて〉いるものとして語られるのみであろう。〈蓮〉は、虚無という意味さえも〈頓着しない〉ほどのレベルで語られる世界として、〈御釈迦様〉や〈犍陀多〉の世界を覆っている。『蜘蛛の糸』の「語り手」が〈犍陀多〉や〈御釈迦様〉の「物語」を失わせ、その果てに〈蓮〉の「物語」を語ろうとするのは、この徹底的な存在の閉塞感を「読み手」に感じ取らせるためであろう。(注11)

この批判に対して、齋藤氏は「これまでの研究史を『物語』批判という位相において徹底的に相対化した池上の〈読み〉には、深い共感も覚えた」と受け止めた上で、「しかし、わたしが論じようとしたことは、〈語り手〉という『一個の人格の問題』にはとどまらない。この〈頓着しない〉蓮に気づく〈語り手〉が照らし出すのはおそらく、批評するという行為そのものにつきまとう罪の意識である。わたしたちは生きているかぎり、世界を批評する。その批評行為から逃れられない。しかしその、批評が同時に自己批評に反転せずにはいられないという自意識を、この〈語り手〉の立つ位置は示しているのではないだろうか」

(注)

11　池上貴子「『蜘蛛の糸』を読む」(『日本文学』二〇〇七年八月)。池上氏が〈読み〉の対象としているのは初稿版である。氏が検討の対象とした齋藤論文は「『〈語り〉を読む』ことと『自己を問う』こと――芥川龍之介『蜘蛛の糸』の教材価値を再検討する――」(田中実・須貝千里編著『「これからの文学教育」のゆくえ』右文書院、二〇〇五年)であり、これは教材論部分を中心にまとめられている。この論文を基にして、池上氏の批判に応える形で実践報告の部も補って執筆されたのが、注10の齋藤氏の論考である。

というように応答している。（注12）池上氏の「『語り手』が〈蓮〉の世界から自らの位置を問うたとしても、その語る言葉もまた〈頓着〉しない世界、すなわち意味を無化する世界に包含されるとはいえないか」という提起は齋藤論の、ある問題点を突いているとわたくしは受け止める。おそらく池上氏が引っ掛かったのは、齋藤氏の「語り手にとって（中略）批評が自らの問題に向かっていく」（傍点・引用者）という言い回しに対してであろう。ここで齋藤氏によって持ち出されているのは「語り手」＝実体論であるというように、である。であるならば、それに対しての齋藤氏の応答、「批評するという行為そのものにつきまとう罪の意識」、「この〈語り手〉の立つ位置」という対置は池上氏には答えたことにはなっていない。同じことの繰り返しであり、やはり、「一個の人格の問題」として答えてしまっていると言われても仕方がない。「自意識」と〈語り手〉のかかわり方、「この〈語り手〉」とは何か、こうしたことを齋藤氏は池上氏に説明する必要があったにもかかわらず、そのことがなされなかったからである。問題の焦点は「自己批評」（傍点・引用者）という言い方が適当であるかどうかにある。

では、池上氏の方には問題はないか。

「徹底的な存在の閉塞感を『読み手』に感じ取らせるため」、この言い回しがわたくしには気になる。ここにも実体論が隠れている。「閉塞感を『読み手』に感じ取らせるため」（傍点・引用者）、この言い回しの主語は「語り手」である。したがって、この点を究明しないと、実体論が隠れているだけでなく、〈語り手〉論の混乱を放置することになる。氏は齋藤氏の〈語り手〉が「自らの位置を問う」ことを認めながら、同時に、その〈語り手〉が「意味を無化する世界に包含されている」とも言っている、というようにである。ということで、両氏は同様の壁に直面しているのではないか。

この壁を超える〈読み〉の論理が求められている。それは、〈読み〉の倫理にかかわる、了解不能の《他者》の問題である。「〈語り手〉にとって」、「批評が自らの問題に向かっていく」（齋藤）、しかし、「〈蓮〉は、虚無という意味さえも〈頓着しない〉ほどのレベルで語られる世界として、〈御釈迦様〉や〈犍陀多〉の世界を覆っている」（池上）のである。この時、両者が問題にしている〈語り手〉あるいは「語り手」は実体として想定しうる「語り手」と、〈機能としての語り手〉が分けて問題にされなければならなかった。〈語り手〉論をめぐる、こうしたことに対する不充分な言い回しは、授業において生徒たちが直面していた〈読み〉の壁が何なのかをも示している。したがって、齋藤氏は説明しなければならないと判断したのである。しかし、その説明は不充分な説明になってしまった。『蜘蛛の糸』の言葉の仕組みがぼんやり説明されている。[注13]それゆえに、齋藤氏は池上氏から批判されたのである。しかし、池上氏においても、〈語り手の自己表出〉の掘り起こしがなされているのにもかかわらず、同様に「語り手」と〈機能としての語り手〉の領域が癒着し、実体化から自由ではない。したがって、氏の〈読み〉は三好の臍の緒を断ち切っていない、ということになる。篠崎氏、戸松氏の〈読み〉とも通じ合っている、ということになる。これでは、池上氏の徹底的な「ポストモダン」は「モダン」に引き戻されてしまうのである。

ここにも〈鈴木三重吉の呪い〉は生きている。日本の近代文学にかけられている呪いは生きているのである。

（注）
12 注10に同じ。
13 章末注（53ページ）を参照。

〈語り手の自己表出〉によって浮上する〈機能としての語り手〉によって、実体として想定しうる「語り手」の〈物語〉は「批評」されている。それが「御釈迦様」と「犍陀多」の等価性、ともに「頓着」していることの発見にとどまらず、さらなる発見に読者を導いていく。それが「語ること」自体の虚偽という、実体として想定しうる「語り手」に対する「批評」である。しかし、それは〈語り手〉の「自己批評」ではない。『蜘蛛の糸』は〈機能としての語り手〉のレベルにおいて、「語り手」にかかわる二重の「批評」を顕現させていくのである。とするならば、〈機能としての作者〉を事態の統括者として想定することができる。こうした〈読み〉の動的過程の総体の掘り起こしは〈作家〉芥川龍之介の領域を問題にしていくことになる。このことは童話『蜘蛛の糸』を「近代小説」として把握することになる。このようにして、読者は近代日本児童文学における、最初の〈小説〉の誕生に立ち会うことになる。さらに、『蜘蛛の糸』を三重吉の子ども＝「純性」論（傍点・引用者）を批評している作品として把握し、近代日本児童文学観の転回を果たしていくことになるのである。こうした『蜘蛛の糸』との出会いは〈物語〉と〈小説〉との違いをめぐる、近代日本文学研究の現況の再点検とともに進められていく。しかし、『蜘蛛の糸』の読書史は、こうした読みが〈鈴木三重吉の呪い〉によって抑え込まれてきた歴史だった。「アンチ・ヒューマニズム」とは表層の「語り手」の〈物語〉に対する反応であり、それが問題なのではなく、このことを批評する深層の〈機能としての語り手〉の領域をひらいていかなければならなかったのもかかわらず……。それゆえに、小説童話としての『蜘蛛の糸』の発見は決して小さな発見ではない。そのことによって、「子どもとは無縁」の「二流の読物」（古田）とか、「童話の埒外にはみだすもの」（三好）とかの評言に向き合う地点に立つことができるからである。

こう言って本稿を終えよう。

齋藤氏の教材『蜘蛛の糸』の作品研究と授業づくりが切りひらいた地平、池上氏の齋藤氏に対する批評が切りひらいた地平に立ち、その交差している地点に見出される課題を自覚することが、これからの文学教育の地平を切りひらいていくスタート・ラインである。それはこれからの国語科教育の地平を切りひらいていくスタート・ラインでもある。このことは文学研究と文学教育研究の相互乗り入れの、見逃すことのできない成果であり、その取り組みは「ポスト・ポストモダン」の時代を切りひらいていくための課題と向き合っている。

このことに正対することによって、文学が教育にできること、その扉がひらかれていくのである。

《章末注》

1　『芥川龍之介全集月報』第二号（岩波書店、一九二七年十二月）に掲載されている小島政二郎の「校正を了へて」において「『蜘蛛の糸』は、これまで単行本にはひつてゐるものとは大分文章、行の変へ方、文字などが変つてをります。元来この話は、私が『赤い鳥』の編輯を手伝つてゐた時に書いて貰つた原稿で、全部鈴木三重吉氏が『赤い鳥』流の文字遣ひに直したついでに、――雑誌と云ふ奴、挿絵を入れて頁一杯に収まるやうにしたがるもので、原文よりも余計にパラグラフを拵へたのだつたと覚えてゐます。しかし、それだけなら私も芥川さんにすぐ打ち明けて話が出来たのですが、文章にまで手がはひつてゐるので、とう〳〵亡くなられるまで、私は芥川さんにこのことを話さずにしまひました。申訳ない次第で。――幸ひ原稿が手許に保存してあったので、原稿通り素へ戻しました。」と記されている。

4 〈読み〉の対象の選択に関して、篠崎美生子氏は「二項対立図式への疑問——『蜘蛛の糸』の試み——」（『文藝と批評』一九九七年五月）の「補」で「……犍陀多の出来事を過去のものとして叙述する三重吉版の『蜘蛛の糸』は、より堅固な教訓性を備えていることになるだろう。むしろ私は『蜘蛛の糸』を、教訓性を自ら崩すテクストとして評価したいので、初稿に従った」と述べ、戸松泉氏は「『蜘蛛の糸』の〈語り手〉」（『小説の〈かたち〉・〈物語〉の揺らぎ——日本近代小説「構造分析」の試み』翰林書房、二〇〇二年）の「注記七」で「周知のように、『蜘蛛の糸』は鈴木三重吉の依頼に応えて『赤い鳥』の創刊号に掲載された。その時、三重吉の手が入ったのだが、その本文は、本稿で見てきたような〈語り手〉の存在を、極力後退させるような語り方のものであった」と述べている。

6 田中実「文学教育研究の伝統と再建——第三項理論」（『月刊国語教育』（東京法令出版、二〇一一年三月）、同「〈原文〉と〈語り〉再考——村上春樹『神の子どもたちはみな踊る』の深層批評——」（『国文学　解釈と鑑賞』至文堂、二〇一一年七月）ほかを参照のこと。わたくしは、氏の提起を「語られている対象のレベルと語っている語り手のレベルは読み分けられていかなければならない。前者は〈物語〉のレベルの把握となり、後者は〈語り手の自己表出〉のレベルの掘り起こしに向かい、〈機能としての語り〉のレベルに収斂していくことになる。さらに、その到達地点を踏まえて、〈読み〉は〈機能としての作者〉のレベルに集約され、〈作家〉のレベルの探究に向かっていく。この過程は読書主体がとらえた客体に対応しているのではなく、客体そののレベルい、もの（＝了解不能の《他者》）の〈影〉に対応している。このことが〈語り〉問題の神髄である。それは、〈本文〉の成立は〈原文〉の〈影〉の働きの中にある、ということである」（拙稿「離婚の事情――『パン屋再襲撃』における『空気』と希望――」（『〈教室〉の中の村上春樹』ひつじ書房、二〇一一年）というように受け止めている。

7 この問題については、田中実「『小説』論ノート――小説の『特権』性」（鷺只雄・田中実・阿毛久芳・新保祐司・牛山恵編著『文学研究のたのしみ』鼎書房、二〇〇二年）を参照のこと。氏は、『広辞苑』の第二版と第五版の「小説」の説明を比較し、「はたして日本の『小説』とは『散文体の物語』か。それとも『語り手が物語るという形式からも自由になった』『叙事文学』と捉えるのが妥当か。いや、近年の近代文学の〈語り手〉の研究にそもそも問題があるのか」と問い、「『物語』の限界性とは、人から神を見た世界を語ることはできても、神から人を見るまなざし、神のまなざしを描くことはできないことである」、「『物語』を内包しながら、『物語』を超える『小説』の急所とは、口早に言えば、読み手の了解を超えた地平にある了解不能の《他者》と向き合う仕掛けにある」と述べている。しかし、こうした問題のとらえ方は近代日本文学研究の常識ではない。この事態は〈鈴木三重吉の呪い〉問題と軌を一にしている。

13 注10の論文で、齋藤氏の『蜘蛛の糸』の実践が徹底的に学習者の関心を〈語り〉に向けていることが分かる。こうした授業づくりのあり方に対する分析自体に大きな意味があるが、本稿では充分に果たせなかった。別稿にての課題としたい。

『おにたのぼうし』の〈語り〉とプロット
——ポストモダンの入口と出口

『ごんぎつね』試論
——「物語」による共生

「父」のいない楽土
——寓話として『一つの花』を読む

鏡のような物語／「紙くづのやうになつた」顔の語り手
——宮澤賢治『注文の多い料理店』論

◉あまんきみこ『おにたのぼうし』

『おにたのぼうし』の〈語り〉とプロット
——ポストモダンの入口と出口

服部《はっとり》 康喜《やすき》

1 発信者としての「語り手」

小説を〈読む〉とはどういうことなのか。私たちは何を〈読む〉べきなのか。この問いに今、あらためて身をさらす時、迂遠だが〈読み〉の歴史を概括しておくことから始めたいと思う。その作業の中から、ポストモダンの意義とそれを超える可能性が見えてくるはずだからである。そのことを望見する視界は言語の伝達モデルに範を置く発信者（語り手・作者・差出人）——受信者（聞き手・読者・名宛人）という枠組みから始まっていた。通常、受信者の使命は発信者の意図を正確に解読することにある。このことがまずもって要請されるのは、言語における記号表現（シニフィアン）と記号内容（シニフィエ）の「恣意性」が前提とされているからである。その「恣意性」を正確な解読による発信者の意図の理解へと導くのは、発信者と受信者が共通に持ち合うコードの存在が必要であることが出発点となる。私たちはこの共通コードの規制によって、言語（記号表現）と意味（記号内容）の「恣意性」から遁れ、発信者の意図に遡って理解することが可能となる。しかし一方で、共通コードの規制を壊し、それから自由になったあらたな創造の世界へと参入する可能性を示したのがポストモダンの功績でもあった。共通コードの規制による逸脱を回避した〈読み〉――発信者の正確な意図の理解――と、一方でコードの規制から自由になった創造的世界への参入――受信者の創造的な理解――。この二つの可能性の共通の源泉は既に言及した言語（記号表現）と意味（記号内容）の「恣意性」にあった。このことを概括して池上嘉彦氏は次のように述べていた。(注1)

記号表現と記号内容の間の「恣意性」ということから生まれてくるのは、（すでに見た通り）一方では新しい「意味作用」の創造性（なぜなら「恣意性」の原則は何らそれを妨げないから）であり、他方では正確な「伝達」の前提となるコードの拘束性（なぜなら、そう規定されているということだけがそのコード性の保証であるから）である。こうして記号現象に見られる二つの重要な側面は「恣意性」ということに鮮かに集約されるわけであり、その「恣意性」の原則に立って無限の記号現象を生成する可能性を自らにはらんで機能する「言語」こそ、コードを予想するものもしないものも含めて、あらゆる記号現象のモデルとなりうるものであるとソシュールは考えたものと思われる。

この「意味作用の創造性」を「規則（コード）を変える創造性」として捉え、「テクストを生成すると同時に自らも生成したテクストによって変えられるコード――つまり、『体系』と『過程』の相互作用的な弁証法的発展――そして、それを単なる『発信者兼受信者』の役割を越えた『主体』の働きとして捉え

（注）

1　池上嘉彦「第四章　言語学から記号論へ」（『詩学と文化記号論』筑摩書房、一九八三年）

ようとする理論」の担い手の一人としてロラン・バルトを想定している。いわば彼の功績はソシュールの「恣意性」を原則として、テクストを発信者（語り手・作者・差出人）――受信者（聞き手・読者・名宛人）のみの閉じた関係から、開かれた関係へと連れ出したと言える。したがって、テクストはもはや発信者の所有ではなく、それゆえそこに発信者の正確な意図を読み取る必然性はなく、ただ受信者のみが存在する何か、なのである。そのためのバルトの方法は、発信者（語り手・作者・差出人）を徹底的に消去することだった。(注2)

物語の送り手とは誰か？　これまでのところ、三つの考え方が表明されているように思われる。第一の考え方は、物語が一個の（完全に心理学的な意味での）人格によって発信されるものと見なす。この人格は名前をもつ。つまり作者である。作者の内部では、定期的にペンをとってある物語内容《イストワール》を書く、完全に身元のわかった一個人の《個性》と芸術とが、たえず交換される。この場合、物語（とりわけ小説）は、物語の外部にいるわたしの表現にすぎなくなる。第二の考え方によれば、語り手は、見たところ非人格的な、一種の完全無欠な意識であって、これが優越した視点、「神」の視点から物語《イスト》内容《ワール》を発信する。この語り手は、登場人物たちの内部にいる（というのも、彼らの内面で起こることをすべて知っているからである）。と同時に、外部にもいる（というのも、とくに一人の人物と同一化することは決してないからである）。第三のもっとも新しい考え方（ヘンリ・ジェームズ、サルトル）が命じるところによれば、語り手は、登場人物が観察しうること、知りうることだけにかぎって物語らなければならない。つまり、各登場人物が交互に物語の発信者となるかのように、万事がおこなわれるのである。この三つの考え方は、同じように具合が悪い。三つとも、語り手と登場人物を現実の《生きた》人間とみなす（この文学的神話の衰えを知らぬ力は周知のとおりである）ように思われるからである。（中略）ところで、少なくともわれわれの観点から見れば、語り手と登場人物は、本質的に《紙の存在》である。ある物語の（生身の）作者は、その物語の語り手といかなる点でも混同しえない。（中略）（物語のなかで）語っている者は、（実人生において）書いている者ではなく、書いている者は、存在する者ではないのだ。

引用が長くなったが、それはここにおいてバルトが一挙に発信者（語り手・作者・差出人）を消去しようとしている個所だからである。ここでは「語り手」と「作者」を区別するものの、両者の実在性を一挙に徹底的に否定するのだ。したがって、後に残るのは受信者（聞き手・読者・名宛人）のみとなる。テクストは発信者を持たない受信者（聞き手・読者・名宛人）の多様で独断的な解釈の場となる。(注3)われわれは今や知っているが、テクストとは、一列に並んだ語から成り立ち、唯一のいわば神学的な意味（つまり、「作者＝神」の《メッセージ》ということになろう）を出現させるものではない。テクストとは多次元の空間であって、そこではさまざまなエクリチュールが、結びつき、異議をとなえあい、そのどれもが起源となることはない。テクストとは、無数にある文化の中心からやって来た引用の織物である。（中略）ひとたび「作者」が遠ざけられると、テクストを《解読する》という意図は、まったく無用になる。（中略）しかし、この多元性が収斂する場がある。その場とは（中略）作者で

（注）

2　ロラン・バルト「物語の構造分析序説」（花輪光訳『物語の構造分析』みすず書房、一九七九年）

3　ロラン・バルト「作者の死」（出典は注2に同じ）

はなく、読者である。読者とは、あるエクリチュールを構成するあらゆる引用が、一つも失われることなく記入される空間にほかならない。あるテクストの統一性は、テクストの起源ではなく、テクストの宛て先にある。しかし、この宛て先は、もはや個人的なものではありえない。読者とは、歴史も、伝記も、心理ももたない人間である。彼はただ、書かれたものを構成している痕跡のすべてを、同じ一つの場に集めておく、あの誰かにすぎない。

先ほど、敢えて受信者（聞き手・読者・名宛人）を多様で独断的な解釈者と規定したが、バルトにとってそうではないのは、読者は「歴史も、伝記も、心理ももたない」無色透明な記録の収集者であるからである。テクストとは確かに起源（作者）を持たないエクリチュール、差出人のない手紙に譬えられようが、バルトのそうした規定の仕方は言語の伝達モデル（発信者―受信者）を超えるためであったことをあらためて確認しておこう。それはコードの拘束性を超えてコード自体の改変を促す創造性を記号表現（言語）の可能性の中に見ようとしたためだった。しかしそのために、無色透明な読者という虚構（フィクション）を抱え込まなければならなくなったことは皮肉と言うべきだろう。私たち読者もコードの拘束の内にある存在であって、決して自由な存在ではない。と同時に、性急な発信者（語り手・作者・差出人）の消去に関して、ある保留をしなければならないことを付け加えておこう。それはバルトが「作者」と共に消去した「語り手」の存在に関してなのである。それは確かに、「作者」とはいかなる関係も持たない、いわば〈生身〉の存在ではない。だが、私たち読者がどうしても消去できないのは「語り手」の発信力なのである。

このことに関連して、あらためて田中実氏が小説の概念を「物語＋〈語り手〉の自己表出」と定義していたことを想起しよう。[注4] この場合、「物語」（ストーリー）とは時間軸に沿って並べられた出来事の継起のことであり、氏の定義によれば「語り手」は「物語」（ストーリー）を〈語る〉と同時に、「物語」（ストーリー）に対してある関係を維持している存在なのである。そうであればこそ「語り手」は「物語」（ストーリー）に対して中立的な無色透明な存在ではない。バルトの読者概念を敷衍して言えば「語り手」は「歴史も、伝記も、心理ももたない」虚構（フィクション）的存在ではない。「語り手」は個性と人格さえ持ち合わせている「あの誰か」なのである。そうであればこそ彼は執拗な発信力を読者に行使する。その現場が出来事の継起を扱う「物語」（ストーリー）においてではなく、意味の単位であるプロットにおいて露出するのだ。この場合、プロットとは「物語」（ストーリー）を「語り手」において統括している意味、あるいは意図、もしくは出来事の因果関係全体のことなのである。これはかつてバルトが消去した発信者（語り手・作者・差出人）の意図の復活なのだろうか。たとえば、ポストモダンを経由した識者の一人は次のように、あらためて記すことになる。(注5)

テクストのさまざまな部分（詩句、センテンスなど）がひとまとまりを成すと考えることじたい、テクストが意図的行動を示しているという前提に立つことになる。作品を解釈するとは、作品がなんらかの意図に対応していること、作品が人間の言語行為の産物であることを前提にしている。それはわれわれの仕事は作品の意図を探し求めることにつきるという結論になるのではなく、テクストの意味

（注）

4　たとえば田中実「『小説』論ノート――小説の『特権』性」（鷺只雄他編『文学研究のたのしみ』鼎書房、二〇〇二年）および「『読むことのモラリティー』再論」（『国文学』特集・もっと面白い国文学　学燈社、二〇〇七年五月）

5　アントワーヌ・コンパニョン「第二章　作者」（中地義和／古川一義訳『文学をめぐる理論と常識』岩波書店、二〇〇七年）

は作者の意図と関連している、あるいはテクストの意味は作者の意図であるという結論になるのだ。（中略）したがって首尾一貫性と複雑さがテクスト解釈の基準となるのは、作者の意図を前提とするかぎりにおいてである。

だが、にもかかわらず私たちはこの意図を「作者」ではなく、「語り手」とすることに躊躇しない。ロラン・バルトが消去した言語の伝達モデルの一方の項である「発信者」（語り手・作者・差出人）のすべてを一挙に否定するのではなく、その中の「語り手」の存在に注目すべきなのである。それは〈生身〉の「作者」とは違ったプロットを語る「語り手」なのである。

2 「語り手」の〈語り〉

今や、私たちは読者の前に現れてくる「語り手」の発信力に注目しなければならないのだが、それにしてもこのような「語り手」はいつ登場してきたのだろうか。このことに関してすでに亀井秀雄氏は、近代初頭の漢文体による風俗表現から二葉亭の『浮雲』への展開の中で「語り手」の登場を次のように指摘していた。（注6）

眼前の光景に対して自分の位置を定めることから、対象への眼のつけ方の意識的な選択や、おなじ状況を生きざるをえない自分のとらえ方が派生して来、そればかりでなく、読者の関心や感性への架け橋として、作品に内在的な無人称の語り手が作者から分離されていった。

別の箇所ではこの「語り手」を「読者と共通の感性を背負って、作品の空間を生き、作中人物にとっては透明な存在であったけれども、それでもやはり作品空間に自分の位置を選び、みずから選んだ位置に拘束されざるをえない一個の語り手だったのである」と論じている。敢えて氏の指摘を重ねたのは、そこに繰り返される自らの「位置」に関わる「語り手」の存在である。この後、伝統的な「会話文」と「地の文」との統合を目指した結果としての近代表現への過程を解析した小森陽一氏はこの「語り手」に関して次のように指摘するようになる。(注7)

　異なる発信源をもつ多様な他者の言葉の集積、起源としての発信者から切り離された言葉の引用の集積を、〈作品〉という限定されたテクストの背後から統括するのが〈作家〉であるとするなら、〈作品〉としての言説を、読者に向けて発信しているかのように立ちあらわれてくる虚構の言表主体、テクストの前面にあらわれ、小説の地の文を統一している主体を一方で定立しておかねばならない。この虚構の言表主体による言葉《パロール》の運用、その運用の中に引用される作中人物たちの言葉の鎖列によってのみ、〈作家〉の側もまた読者の側もテクストを織ることができるのである。地の文を統一する〈表現主体〉は、印刷された活字の文字面に〈幻前〉し、〈作家〉と読者の間を架橋する虚構の言表装置として機能しているといえよう。

ここには近代小説の概念と共に近代的表現主体＝「語り手」の有り様が同時に語られている。「語り手」とは作家と読者の間を架橋し、発信を含めて機能する存在であること、そしてテクストの「地の文」を統

（注）

6　亀井秀雄「第一章　消し去られた無人称」（『感性の変革』講談社、一九八三年）
7　小森陽一「小説言説の生成」（『構造としての語り』新曜社、一九八八年）

一する主体であること、がそれである。

これまでの指摘を踏まえてみれば、「語り手」とはテクストにおいて選択的にある位置を確定して機能する主体＝地の文を統一する〈表現主体〉のことなのである。しかし、ここで語られていない主体概念＝「物語」（ストーリー）に対して機能する主体（田中実）としての「語り手」の存在をあらためて考慮しなければならないのだ。そのためには、まずもってテクストにおける「語り手」の位置と統一主体であることの意味を見ていかなければならない。その先駆的な論をここで引用しよう。まず、明治の表現変革が二葉亭の翻訳『あひびき』をもって開始されたことの意味を次のように語る。[注8] あの名高い冒頭の個所である。

> ここには小雨、晴れ間、日かげ、雲、雲間、蒼空という微妙な変化が、そういう瞬間々々が何気なくとらえられている。（中略）その瞬間々々の変化の表現は、「自分がさる樺の林の中に座してゐた」「蒼空がのぞかれた」「自分は坐して、四顧して……」という表現する自己の位置、ここというものがはっきりしているということによって始めて可能となったものである。すべての外界はその位置から表現されており、そのことによっていまというものの表現が可能になっている。言と文の一致、譬喩や修辞の排除、模写という主張のもとに獲得されたものはこの表現位置というものであったろうと思う。

ここで語られていることは、近代的表現は「ここ」と「いま」の発見によって可能となったという事実である。そのことを敷衍すれば「ここ」という位置が含意する空間とその多様性の発見――「語り手」の視界に入った自然と恋人――と、そして「いま」という時が含意する過去、現在、未来という時間の発見が近代的表現の確立にとって決定的な事象であったということなのである。さらにこの「ここ」と「いま」の発見は近代的主体（自我）と科学の発見という事象をも含意していた。それらは近代の斬新な構想としてきわめて魅力的だったに違いない。こうしてあらたな空間と時間の結節点としての「語り手」の登場は、近代の可能性そのものの出会いでもあったのだ。いうなればそれはあらたな時代に向けての定点――比喩的に言えば固定カメラ――の確保を意味していた。しかし同時にそのことは「語り手」の限界をも含意していたのだった。全能でない「語り手」、もはや「神」ではない「語り手」の登場。そのことはまた全能の認識に向けての旅立ち、その方法的可能性への模索の始まりでもあった。このことの故に「語り手」は自らの語る「物語」(ストーリー)に対して相対的な関係を構築すること、「物語」(ストーリー)からの離脱や倒壊をも可能性として確保する道を選び取ることができたのだった。「ここ」と「いま」という定点はまったく新しい多次元空間と時間の温床となりえるのだ。その可能性をここで確認しておこう。

3 『おにたのぼうし』の〈語り〉

これまで述べてきたことを確認すれば、「語り手」は「物語」(ストーリー)に対して機能主体として意味的に関わると同時に強い発信力を持ち得ていること、そして〈語り〉の足場として「ここ」と「いま」(それは必ずしも現在であることを意味しない)を確保することにより、空間的な多様性と出来事の継起としての時間性を実現する役割を持つ、ということである。これらの現象は意味の単位としてのプロットにおいて確認できるに違いない。あらためて言えばプロットとは「物語+〈語り手〉の自己表出」(田中実)

(注)

8 杉山康彦「第三章 表現位置、『いま』『ここ』の発見」(『ことばの藝術』大修館書店、一九七六年)

を具体的に現象へと成就する意味単位と考えていいのである。これらの事柄を確認した上で、あまんきみこの『おにたのぼうし』を考察してみよう。

まず、『おにたのぼうし』を便宜的に三つのプロットから構成されているテクストとして定義してみよう。まず第一のプロットはテクストの冒頭に置かれている「まこと君」に関わるプロットである。それは日本の伝統的な習俗――隠れた背後の体系またはコード――の内にあって無邪気に遊ぶ子どもが描かれているが、意味の単位として「語り手」が強力に発信するのは次の個所である。

「人間っておかしいな。おには悪いって、決めているんだから。おににも、いろいろあるのにな。」

これは「まこと君」が住む世界にも異類（おに）が住んでいる、ということを示唆する。それはこの世界の多様性のことを含意する。と同時にその異類（おに）の中での多様性のことをも含意する。通常、私たちの日常生活上のコードにおいては「おに」は〈鬼〉と表記されるが、そのこと自体が私たちが共有するコードの排除性・差別性を意味する。明らかに「語り手」は「おに」と表記することの中に、コードの変更を発信しているのだ。そのことは「まこと君」が住む世界――それはなによりも私たちが住む世界のことである――の多様性を承認することと同義なのだ。この第一のプロットは、第三のプロットと発信の形式と意味において接続する。

次に第二、第三のプロットを考察してみよう。敢えてこの二つのプロットを「女の子」のプロットと、「おにた」のプロットとに分けて考えてみよう。まず、「女の子」のプロットについて観察できる事柄は、彼女が私たちと同様の伝統的な習俗――背後の文化的なコード――の中で生活し、発想しているということである。病気の母を抱える彼女にとって、もちろん母の病気がよくなることが一番の願いである。この彼女の願いが習俗（コード）と結びつく時、「おにた」にとっては致命的な言葉となって彼女の口から発せられる。

女の子がはしを持ったまま、ふっと何か考えこんでいます。

「どうしたの？」

おにたが心配になってきくと、

「もう、みんな、豆まきすんだかな、と思ったの。」

と答えました。

「あたしも、豆まき、したいなあ。」

「なんだって？」

おにたはとび上がりました。

「だって、おにが来れば、きっと、お母さんの病気が悪くなるわ。」

私たち読者は、この「女の子」の言葉を非難できるだろうか。「おににも、いろいろあるのにな」という「まこと君」のプロットからの言葉は読者に届きはしても、「女の子」に届きはしない。彼女は伝統的な習俗に従って発想するだけなのだ。そのコードの拘束から自由ではない。だから「女の子」は不可解なものがコードに侵入すると、やはり今までのコードに従って解読するしか方法を持たない。結局、「女の子」は「おにた」の善意――彼女にとっては奇跡である出来事――を次のように表現する以外ないのだ。それは不可解な出来事を「神」という超越的な存在に帰すという、古来からの民衆の知恵にもとづいた方法であった。いわばそれは一種の判断停止だ。このことによって他者は彼女の中で消去される。

「さっきの子は、きっと神様だわ。そうよ、神様よ……。」

この「女の子」を誰が非難できようか。

それではもう一つの「おにた」のプロットは何を語っているのだろうか。特徴的なことは「語り手」が「おにた」の内言（心内語）を読者に向けて強力に発信しているという点である。最終的に「おにた」のプロットは冒頭に置かれた「まこと君」のプロットと接続する。

「おにだって、いろいろあるのに。おにだって……。」

こうして三つのプロットの内、二つは接続し、一つは遮断される。遮断されるのは「おにた」のプロットと「女の子」のプロットだ。そのことは異類（おに）と人間の間に共通のコード（背後の体系）が存在しないということによって決定される。しかし、より正確に言うならば、「おにた」と「女の子」の間には強力な共通コード（習俗）が存在していると指摘することは可能なのである。にもかかわらずプロットが遮断されているのは、その共通コードが強力な排除の規制力を持っているからなのである。そのコード内では「おにた」（鬼）は人間界からは排除される存在なのだ。コードを共有することによって、逆説的に心の交流が遮断される例がここにはある。

それればかりではない。「おにた」は透明な存在として状況に対して自由に出入りできるにもかかわらず、心の中に直接的に侵入できない、という限界性を持っている。「おにた」が「女の子」の心を理解するのは、彼女の状況から類推したからにすぎないのだ。その意味で、食事を現前（奇跡）させる「おにた」の全能性には限界がある。「おにた」は異能の持ち主ではあっても、「神」ではない。彼は他者を屈服させる力を持ち合わせてはいないのだ。したがって「おにた」を理解するには、全能ではない人間の地平からのみ、また人間的な努力によってのみ可能なのである。しかし、理解の条件であるコード（背後の体系）は食い違っている。最終的に「おにた」と「女の子」の間にコミュニケーションは遮断している。プロットの断絶（遮断）――どこにもつながらない――の意味は、コミュニケーションの断絶のことなのである。

この悲劇的な結末に対して田中実氏に次の指摘がある。（注9）

「おにた」の生の領域と女の子のそれとがいかに重ならないか、その他者性の深さ、その悲しみの深さがこの〈作品の意志〉である。

これは新美南吉『ごんぎつね』との比較の上で指摘されたものだが、プロットの構成においてもこのことは確かめられるだろう。『ごんぎつね』は確かに「ごん」の悲劇で終わるが、「ごん」のプロットと「兵十」のプロットとは最終的につながっている。それは彼らのコミュニケーションが最終的に成立したことを意味しているのである。その結果、『ごんぎつね』というテクストは完結し、「物語」（ストーリー）として破綻はない。おそらく「語り手」は安定して公平に眺められる位置にいる。しかし、『おにたのぼうし』はプロットが切れている。「おにた」のプロットと「女の子」のプロットは、繰り返し言うようだがつながらない。これを「他者性の深さ」と表現することはきわめて妥当なのだ。しかし、その一方で遮断されたまま放置されたプロットそのものの意味、その〈語り〉の意味を別な側面から考えることは可能なのである。

（注）

9　田中実「メタプロットを探る『読み方・読まれ方』」（田中実・須貝千里編『文学の力×教材の力　小学校編3年』教育出版、二〇〇一年）

同様なプロットの断絶は『白いぼうし』においても見られるだろう。最終的に「松井さん」のプロットと「男の子（たけのたけお）」のプロットは遮断したままだ。その結果、「松井さん」の善意は宙吊りになったまま、「男の子」に理解されることはない。しかし、そのこと自体において、どこにもつながらない無方向な善意が私たちの世界に存在し、またこの世界を支えているとしたならばどうだろうか。むしろ断絶こそが希望となりうる。プロットがつながらないことは理解されないこと（コミュニケーションの不成立）ではなく、別の可能性への扉となることを示唆するのだ。おそらくこのことが可能なのは、「語り手」が自らの〈語り〉の限界を認識しているからにほかならないからだ。

あらためてテクストに戻るならば、この「語り手」の最大の関心事は共通コード（背後の体系）にある。しかしそれは決して固定したものではないことを「語り手」は告げているかに見える。たとえば第一のプロットである「まこと君」においては豆まきは明らかに人間の幸福を妨害するものの排除に力点が置かれていた。しかし第二のプロットである「女の子」においては、豆まきは母の眠りを妨げないように行われている。すなわち、邪悪なものの排除より、人間の幸福への祈念に力点が置かれていることに注目しよう。敢えて言えば「豆まきにもいろいろある」。この多様性へのまなざしを「語り手」は手放さないのだ。

敢えて、遮断されたプロットが浸透しあう場所と言おう。そこに〈語り〉が消え、またよみがえる空間が形成される。『おにたのぼうし』に戻るならば、「おにだって、いろいろあるのに」という「おにた」の届かない言葉が向けられる空間に、「ぱら　ぱら　ぱら　ぱら」と「とてもしずかな豆まき」をする「女の子」が二重写しになる時、「おにた」が残した「ぼうし」もまた二重写しになるに違いない。その重なりと語りえないものの彼方に、「了解不能の他者」とその善意もまたよみがえるに違いない。敢えて遮断すること、それは境界《しきい》を作ることだ。しかしこの境界《しきい》は仕切られたものたちを対立させるのではなく、絶えざる交換と浸透を促すものでもある。そこに多様な〈文脈〉が生成する可能性があることを確認したい。そして私たちのコード（背後の体系）の改変もそこにおいて成就するはずなのである。

＊『おにたのぼうし』の本文は『ひろがる言葉　小学国語3下』（教育出版、二〇一一年版）に拠る。

『ごんぎつね』試論
――「物語」による共生

馬場《ばば》 重行《しげゆき》

1 「物語」か「小説」か

府川源一郎はかつて、『ごんぎつね』(注1)について「テキスト『権狐』は民俗学的な昔話に近く、テキスト『ごん狐』は近代小説に近いといえるかもしれない」と述べた。(注2)これに応じて鈴木啓子は、「『ごん狐』は『物語』と『小説』の間で〝引き裂かれた存在〟としてある」「『物語』『小説』という評価は、草稿と定本の比較によって生じる偏差の値だということであり、テクストのどこを前景化するかによって、読みはどちらにでも傾きうる」という意見を提示した。(注3)田中実はこれらに対して、「この作品の醍醐味はむしろプロットの後にある」と指摘、「ごんは死んで、兵十の心の中、思いのなかでようやく安らかに生きるのである。母を亡くした兵十とひとりぼっちのごんとはその寂しさの内なる形は相似だった。言わば、二人はその点で分身関係であって、他者化されてはいかない永遠の夢がこの〈作品の意志〉であり、その意味でこの童話は」「『権狐』(草稿)であるべきであったのである」と述べ、(注4)『ごんぎつね』を「物語」とする必然性を「他者化されてはいかない永遠の夢」に見出す見解を示した。だが鈴木は、「兵十は再び他者に思いをかける勇気を回復し、今度はおそらく肉親への愛を超えた、開かれた愛を生き始めるのではないだろうか」とする続稿を発表、(注5)田中はこれについても、「語り継いできた話者は死んだごんに成り変わり、ごんを視点として語っているのであって、氏（引用者注—前掲鈴木）の言う『他者』は〈わたしのなかの他者〉、『わたし』の延長でしかない」と批判した。(注6)「他者性とは逆、亡き母を恋う〈物語の力〉こそ『ごんぎつね』の価値を支えていたと筆者なら考える」と述べる田中によれば、この作品は「作中人物の出来事、そのストーリーをそのまま作品全てとして読んでいくことが出来るのである。ごんや兵十という人物の外部空間は作品内には実質的に機能していない。ここには了解不能の《他者》の問題が拓かれていくのでも、描かれるのでもない。兵十に映ったごんによって開かれていく『他者』との相関は、〈わたしのなかの他者〉の物語に安息しているし、〈わたしのなかの他者〉を呼び寄せ、一体化している。近代の理念にさらされることなく……。いや、今日、さらされることで逆にいっそう鮮やかに読み手に『他者化されていかない永

（注）

1 以下、作品題名の表記は、本文の引用に使用した『ひろがる言葉 小学国語4下』（教育出版、二〇一一年）に拠る。
2 府川源一郎『「ごんぎつね」をめぐる謎』（教育出版、二〇〇〇年）
3 鈴木啓子「『ごんぎつね』の引き裂かれた在りよう——語りの転位を視座として——」（田中実・須貝千里編『文学の力×教材の力 小学校編4年』教育出版、二〇〇一年）
4 田中実「メタプロットを探る『読み方・読まれ方』——『おにたのぼうし』を『ごんぎつね』と対照しながら——」（田中実・須貝千里編『文学の力×教材の力 小学校編3年』教育出版、二〇〇一年）
5 鈴木啓子「『ごんぎつね』をどう読むか」（『日本文学』二〇〇四年八月）
6 田中実「『これからの文学教育』はいかにして可能か—『白いぼうし』・『ごんぎつね』・『おにたのぼうし』の〈読み方〉の問題——」（田中実・須貝千里編『「これからの文学教育」のゆくえ』右文書院、二〇〇五年）

遠の夢』、母恋いの寂しさによる友情の物語が浮かび上がり、この作品の『物語』の仕組みが、人の心を撃つのである。その点でこの作品にある種の永遠性があると信じている。そこに教材価値があると筆者には見える[注7]」とされる。ごんと兵十が死の問題を媒介として互いを自己化するなかに、「母恋いの寂しさ」「友情の物語」を浮かび上がらせる「物語」というこの理解は、『ごんぎつね』の「お話」が長く広く人々に愛される所以を的確に解き明かしている。

こうした鈴木と田中の応答に対して鶴田清司は、「『ごんぎつね』は、『物語』か『小説』かという二元論的な発想を超えて、両方の要素を内在させていると理解すべきだろう。そして、これこそが『ごんぎつね』の最大の文学的価値ではないだろうか」と述べて「二元論」を超越した作品という位置づけを試みた。[注8]だが、これもまた田中から、「論の基本から容認できない。『ごんぎつね』の生身の語り手の登場が可能なのは、死んだごんの思いが兵十に、そして村人に伝わり、伝承としてこの村落共同体に生きているからである。そこに他者性はない。あるのはごんの死を以ってしか伝えられない悲しさである。この〈作品の意志〉は亡き母への母恋に向かうところにあり、これは『児童物語』であって、断固『小説』ではない」と厳しく批判された。[注9]

鶴田は、「物語」と「小説」の区分けを単なるジャンルの問題としているようだが、この両者の相関とは、相互が抱え持つ文学的な価値を問うものである。こうした論点を突き詰めない限り「物語」も「小説」も、その「読み」の根底に横たわる問題に到達できない。〈本文〉とは何かを問い、「読み」の原理を考察するための、これは重要な関門の一つなのであり、読書行為や読者主体を改めて問い直すことに通じている。「何が語られているかを読むだけなく、いかに語られているかを読むということである。今後の授業では、田中（引用者注—田中実）の言う『機能としての語り』ないしは『メタプロット』を読むという観点から、作品の『ことばの仕組み』を考えていくことが学習課題とされるべきである[注10]と、一見真っ当と思える提言を行う鶴田だが、「機能としての語り」は、「『メタプロット』を読む」ことによって発掘される現象であって、両者を「ないしは」という形で接続させることはできない。それらは「観点」なのではなく、「読み」の動的過程に生じるものである。「観点」といった固定的な〈本文実体主義〉を超えようとするところに「機能としての語り」を問う地平は拓かれるのであって、鶴田のように本文を実体として捉え、その「解釈」や「分析」の道具としてこれを用いるという姿勢は本末転倒というしかない。鶴田はまた、小学校での『ごんぎつね』実践を分析した論[注11]で「C子」という子どもの「読み」について、「相互理解の難しさを感じとっている」と評価、「この作品を『他者性の深さ』という形で捉えていると言えよう」と述べて、田中論に通底するものと捉えたが、誤解であろう。「他者性の深さ」とは、前掲（注4参照）の田中論にある言説だが、田中は『おにたのぼうし』に対して「その他者性の深さ」を評価したのであって、『ごんぎつね』にそうした「他者性」がいかに希薄かを述べていたのである。いくら同じ用語を用いて論の共

（注）

7　注6に同じ。
8　鶴田清司「児童文学が教科書教材に変わるということ——『ごんぎつね』はなぜ国民的教材になったのか——」（『日本文学』二〇〇七年一月）
9　田中実「断想Ⅳ——第三項という根拠——」（『日本文学』二〇〇八年三月）
10　鶴田清司「新美南吉『ごんぎつね』の授業実践史」（浜本純逸監修『文学の授業づくりハンドブック　第2巻』溪水社、二〇一〇年）
11　鶴田清司『〈解釈〉と〈分析〉の統合をめざす文学教育——新しい解釈学理論を手がかりに——』（学文社、二〇一〇年）

通項を得ようとしても、肝心の用語がその根底に抱える意味を了解しないままでは、却って混迷が増すばかりであろう。

主体や〈文脈〉、あるいは〈本文〉の問題を置き去りにしたまま、任意の切断によって文学作品を解体させていくようなあり方に対する異議申し立ての立場は、作品個々の価値を問う営みから生じてくる。「教室」のなかに、「読み」の根拠を問う姿勢を回復させ、読者主体を育てる〈文脈〉の掘り起こしを持ち込まなくてはならない。「物語」は読み手をひと時異世界へと誘い、生の課題に向き合わせ、お話を楽しませるものである。それに対し「小説」は、読者の生の基盤を揺るがし、世界を作り変える超越性を秘め、田中論が指摘する「了解不能の《他者》」という「絶対」の領域を思考させる力を持つ。両者の優劣を競うことは無意味であり、各々の特性を可能な限り追究し、双方に内在する価値を発見していく手立てを講じることが肝要である。

その意味で、「物語」/「小説」双方の〈文脈〉を正面から問う姿勢を示し、田中論の用語を援用して、『ごんぎつね』には「〈機能としての語り〉の発現する領域は存在しない」と的確な裁断を下す成田信子の論[注12]の目指す方向性には共感できるし強く支持したい。だが、「〈語り手〉は次々にプロットを繰り出していくことで生の可能性を探っていく」「現在〈語り手〉とわたしがたどり着いた、兵十、反転してごんの『一人ぼっち』の生のかたちの前でたたずむしかないのではないか」とする作品理解には異議を申し立てたい。成田がここで言う〈語り手〉とは、「物語」におけるそれであるはずだが、他方、引用箇所の後では「〈機能としての語り〉によって〈物語〉の外部を抱え込んだ〈小説〉においては、〈プロット化〉された〈物語〉の意味内容に出会いながらも、〈プロット化〉されない、現前にはない生の可能性に向かう」と述べており、「物語」と「小説」の語り手が共に同じく「生の可能性」を志向するという矛盾を孕んでしまっている。こうした混同の故に、「『一人ぼっち』の生のかたちの前でたたずむ」という解釈が生じていると思われる。『ごんぎつね』の「〈物語〉は終わらない」とかつて正しく指摘していた成田[注13]が、ここでは「物語」の末尾に止まり、作品の円環を「たたずむ」形で閉じてしまっている。「わたし」はいざ知らず、「〈語り手〉」「がたどり着いた」「『一人ぼっち』の生のかたち」から正に『ごんぎつね』の「物語」は始動するのであり、本来、語り得ない〈他者〉であるはずのごんを、〈わたしのなかの他者〉として自らに取り込み、語り得てしまうところに「物語」生成の基点が存している。論の方向性は妥当なのに、結局成田論は、〈末尾から始まる物語〉という『ごんぎつね』の基本構造を踏み違えてしまっていると言わざるを得ない。

「物語」か「小説」かという観点から『ごんぎつね』を捉えてみた場合、「了解不能の《他者》」、いわば「絶対」を問題化するところに「(近代)小説」の生成基盤を見ようとする視点からは、この作品を「小説」と理解することは不可能であることが明らかになってくる。

これに対して横山信幸は、二〇一〇年八月七日に二松学舎大学で開催された第62回日本文学協会国語教育部会夏期研究集会の「基調報告」で、「この作品の外部にあり、この作品を支えているものは何か。敢えて言うなら、それは、『青い煙』を見るがごとく、すべての出来事を遠くへと突き放そうとする『眼』

(注)

12 成田信子「〈物語〉の〈文脈〉、〈小説〉の〈文脈〉――小学校四年『白いぼうし』・『ごんぎつね』を読む――」(『日本文学』二〇〇九年八月)

13 成田信子「共同体の物語」(『日文協国語教育』二〇〇六年八月)

そのものであると言えるのではないでしょうか」と述べたうえで、「もちろん、その『眼』あるいはそのような『ものの見方』は、あくまでも読み手が『ことばの仕組み』を手がかりに出現させようとするものであって、実体として措定できるものではありません。それゆえ、それは『了解不能の〈他者〉』として機能しているという他ありません。『ごん狐』において〈他者〉は作品内部ではなく、外部にある。そういう意味で『赤い鳥』版『ごん狐』は、スパルタノート版『権狐』よりも、小説に近づいた物語として読めるのではないか」との理解を表明した。(注14)「小説に近づいた物語」という言い方は微妙だが、理解の位相としては前掲の府川論とほぼ同様であろう。

この横山論で問題とすべきは、「作品の外部」という考え方である。「外部」というからには「内部」が当然想定されている訳だが、これは、〈本文〉を実体とする思考からしか生まれない捉え方である。「読み」は、読み手の捉えた〈本文《ほんもん》〉によって事後的に現象する一過性のものであり、だからこそ読み手は、自らが生じさせた〈わたしに固有の本文〉との格闘＝葛藤を経験する。仮に「外部」とか「内部」を想定したとしても、それは〈わたしのなか〉の現象であり、作品の〈本文〉が「外」と「内」とに二分されるのではない。この基本を踏み外しているからこそ、「作品の外部」に存在する「眼」といった曖昧な抽象概念が安易に持ち出されてしまうのである。横山はここで、あるいは作品全体を統括する「作者」といった概念を想定しているのかもしれないが、作品の署名者としての「作者」もまた、作品「内」に存在する。横山が力説する「眼」とか「ものの見方」とかは、横山自身が現象させたある種の「読み」の角度に過ぎず、それもまた〈わたしのなか〉の出来事であり、決して「『了解不能の〈他者〉』として機能している」ものではない。むしろその逆、こうした理解こそが〈わたしのなかの他者〉そのものなのである。横山は、『ごんぎつね』を「小説」として読もうとしながらも、「読み」の対象となる〈本文〉の理解が混迷した結果、「物語」として捉えているのだ。横山が「ごんを撃ち殺した兵十の『悲しみ』は語られることなく」と述べているのは、(注15)『ごんぎつね』をまさに「物語」として受け止めているからに他なるまい。「兵十の『悲しみ』」は直接語られていなくても、そこを起点として語り手のことばが起動しているからこそ、この作品の〈本文〉は生成されているはずである。

『ごんぎつね』を「物語」として受け止めることが問題なのでは、もちろんない。その理説の立て方が問われなくてはならないことを問題にしたいのである。『ごんぎつね』の〈本文〉が、「物語」としていかに豊かに語られているかという、〈文脈〉の掘り起こし抜きには、教材価値の本当の発掘は進展しない。

2 〈本文〉の不確定さ

文末に「一九三一・一〇・四」とある「スパルタ日記」所収の『権狐「赤い鳥に投ず」』は、その括弧書きのことば通り『赤い鳥』に投稿され、新美南吉の童話作品としては三作目となる掲載を一九三二年一月号の同誌において果たした。掲載時に鈴木三重吉による手入れを多く受けたと思われるこの作品は『ごん狐』として世に登場し、その後、一九五六年に初めて教科書教材に採択されて以来、現在まで収録され続

（注）

14 横山信幸「日本文学協会国語教育部会第62回夏期研究集会基調報告　閉ざされた未来から子どもたちを解放するために」（『日本文学』二〇一〇年一二月）

15 横山信幸「南吉童話と『第三項』」（『国文学　解釈と鑑賞』二〇一一年七月）

け、この四半世紀は全ての小学四年生用の教科書に採用されている。これだけ長期間に亘り広範に支持されている小学校の文学教材はない。いわば、代表的な定番教材であり、国民文学の一つと言ってよいだろう。

優れた文学作品にはみな同様のことが言えるが、『ごんぎつね』にあってもその「解釈」は実に多様であり、読み手に応じた様々な意見が引き出されるという特性を持つ。読みやすい「物語」でありつつ、考えさせられる教材。定番化の所以である。「教室」での子どもたちの活発な発言を望む多くの教師にとって『ごんぎつね』は、発問しやすく意見交換の場を容易に設定できるというメリットを持つ。例えば、作品末尾、果たしてごんと兵十とは分かり合えたのかどうか。あるいは、「5」節末尾を受けながら、それでも兵十にくりを届けにいくごんの気持ちとはいかなるものか。または、ごんを視点として展開されていたものが、どうして急に末尾で兵十に視点が転換されるのか。こうした問題の「解釈」の幅は実に広く、先行研究でも多く問われてきた。これらには、それぞれの「解釈」に応じた「読み」の整合性が要求されるが、そこにいわゆる「正解」はなく、相互の「読み」を多角的に検証しあうことが求められていく。ただその際、『ごんぎつね』という文学作品が、どのような仕組みをもって語られているのかという「読み」を対象化する視座、あるいは、読み手の読み方がいかなる理路を辿って生み出されているかという原理への考察は、決して手放すことができない。

「解釈」の多義性自体は、作品に応じて個々に生じることであり、『ごんぎつね』に限った特性という訳ではむろんない。だがいま問題にしたいのは、『ごんぎつね』の〈本文〉特有の不確定なありようである。『ごんぎつね』が定番教材として確固たる地位を築いている要因の一つに、この作品の〈本文〉が極めて不確定な形となっているという特性を指摘できるのではあるまいか。そこには改稿の問題がある。一例を引く。

「あゝ、葬式だ。」

権狐はさう思ひました。こんな事は葬式の時だけでしたから、権狐にすぐ解りました。

「それでは誰が死んだんだらう。」とふと権狐は考へました。

（略）兵十が、白い裃をつけて、位牌を捧げてゐました。いつものさつま芋みたいに元気のいい顔が、何だかしをれてゐました。

「それでは、死んだのは、兵十のおっ母だ。」

権狐はさう思ひながら、六地蔵さんのかげへ、頭をひっこめました。


（『権狐』）


「ああ、そうしきだ。」と、ごんは思いました。「兵十のうちのだれが死んだんだろう。」

（略）兵十が、白いかみしもを着けて、いはいをささげています。いつもは、赤いさつまいもみたいな元気のいい顔が、今日はなんだかしおれていました。

「ははん、死んだのは兵十のおっかあだ。」ごんは、そう思いながら、頭をひっこめました。


（『ごんぎつね』）

『権狐』では、葬式を目にしたごんが、初め誰の葬儀か分からずにいて、その後の兵十のしおれた様子からそれが兵十の母のものであったことを理解するという順が明確であり、兵十が母との二人暮らしであったことを予めごんが知っていたことが理解されるよう書かれている。しかし、『ごんぎつね』では、「そうしき」を目にしたとたんごんが「兵十のうちのだれが死んだんだろう。」と思い、兵十の家の家族構成をごんが知らないことになる。ところが、しおれた兵十の顔を見たとたん「死んだのは兵十のおっかあだ。」と断定してしまう。「だれが死んだ」のかを知らず家族構成も不明だったはずのごんがこのように断ずるのは極めて不自然、本文に飛躍・断層があり不安定であると言えよう。

他にも、末尾の「ぐったりなったまま、うれしくなりました」(『権狐』)が削除されたことで、ごんを撃った兵十が、ごんとは自分にとって何者であったのか、その行動の意味を「お話」として語ることで、二人が一体化して生きていくという「物語」の構造自体が脆弱化されてしまうといったことも指摘できる。また、「3」節末尾の「そして権狐は、もう悪戯をしなくなりました」(『権狐』)が削除された点も、自らの行為を深く反省することで兵十に気持ちを寄せ、以降、兵十とごんに焦点化されて展開される「お話」の必然性(「悪戯」ではなく兵十への献身に生きること)が曖昧になってしまっていると言えるだろう。これも改稿によって生じた問題点である。

かかる〈本文〉のあり方は、読み手による「解釈」の振幅を生むというよりも、むしろその不確定さを際立たせる。こうした〈本文〉の不確定さを南吉自身が行ったとは考えにくく、これはやはり三重吉による改稿だと言えるだろう。夏目漱石の門下生の一人として「小説」を書いていたこともある鈴木三重吉は、なにより「お話」を児童向けに分かりやすく簡潔な形にしようとしたが、そこには、「小説」と「物語」の径庭への理解が抜け落ちていた。その結果として〈本文〉の揺らぎは生じている。「物語」の本来の姿は、草稿『権狐』の方により明確に伺えるのであり、教材としての〈本文〉の確定は、基本的には『権狐』に拠るべきなのだ。しかし、問題は改稿にのみあるのではない。

3　死者との共生

『ごんぎつね』では、兵十とは何者かが不明なままに放置されている。ごんのまなざしに捉えられる形で作品に登場する兵十は、例えば、「弥助というおひゃくしょう」「かじ屋の新兵衛」「加助というおひゃくしょう」「吉兵衛というおひゃくしょう」といった具体的な語られ方と大きく異なっている。一般的に、「おはぐろ」をつけ「おとの様」がいる時代に「火なわじゅう」を「なや」に常備する農民や商人は考えにくい。これも『権狐』では、「茂助爺」という元の語り役が「猟師」と明示されており、兵十も同じく猟師として言い伝えられていたという予想が容易になるのに比し、「茂助爺」を「村の茂平というおじいさん」という曖昧な人物像に書き換えられたことによって生じた不確定さである。

だが、兵十のこうした不透明なあり方を『ごんぎつね』の語りの特徴と捉え直すことも可能なのではないか。兵十は職業のみならず、年齢も不詳であった。

「お念仏」の間ずっと兵十の身におきた不思議なできごとを考え、それが神の行為であることを兵十に伝える点に明らかなように、加助は兵十の友人として語られているが、「家内」のいる弥助や新兵衛ではないところが巧みである。兵十とは、「家内」がいるくらいの年齢かどうかも曖昧にされている。「赤いさつまいもみたいな元気のいい顔」が「いつも」の兵十であり、独身であることからも若者を想定するのは容易だが、断定するに足る情報は語られていない。もちろん虚構作品において、常に登場人物の属性情報が明示される訳ではない。だが、『ごんぎつね』における兵十の曖昧さには、作品全体に関わる語り手の意図が感得され、語りの特徴の一つとなっていると思われる。

これはちょうど、ごんが「小ぎつね」とされ、その年齢が曖昧なままになっていることと通底している。『権狐』では「小さい狐」となっていたごんの「小さ」さという形容は、年齢と身体のいずれにかかるものかが必ずしも明確ではない。いたずら好きという性質は、幼い姿を思わせがちだが、村や人間に対する知識の豊富さや自称からは大人びた様子を伺うことも可能である。いたずら好きで「ひとりぼっち」という設定のごんだが、なぜ「ひとりぼっち」なのか、兵十に献身的に尽くす前は、どうして「村」の収穫物ばかりをだめにするという害獣としてのいたずらのみをしていたのかなど、その内実は兵十同様十全に語られることはない。兵十とごん、「物語」の中心自体が不透明な形に設定されている。この点に注目すると、改めて「物語」の枠組みの意味が強く浮上してくる。

作品の冒頭は「これは、わたしが小さい時に、村の茂平というおじいさんから聞いたお話です。」とあって、以下の〈ごんと兵十の物語〉が「村」に言い伝えられてきたことを明らかにしている。「茂平というおじいさん」から伝え聞いた「お話」を、今また「わたし」も、聞き手に向かって再話し次の時代へと伝承する役を負っている。亡き母への思いを「ひとりぼっち」として共有する兵十とごんの関わりに「お話」は焦点化されているが、底に伏流しているのは、死者を語り継ごうとする語り手の強い意志である。兵十の母という死者に対して自責し、その償いとして献身するごんと同じく、ごんを殺した後に、死者としてのごんへの思いを語り継ぐことで贖罪する兵十という両者の関係が語られている点にこそ、『ごんぎつね』の語り手の周到な仕掛けが施されている。「ごんと兵十の物語を語る『わたし』をこそ読まなければいけない」とする橋本博孝の指摘(注16)はその意味で正鵠を射ていよう。「お話」の中心が曖昧な不透明さにあることが、逆に語りの設定を問うことを強く誘引するのだ。母に死なれた自分が、ごんを死なせてしまったと兵十に受け止められた時、彼は死者とどう向き合うべきかを全力で考えぬかざるを得なくなる。死なれた者が殺す側に立たされ、そこから死者を真に弔おうとことばを紡ぎ出した結果、「村」に代々伝わる「お話」の力は生まれた。『ごんぎつね』にとって冒頭部分は、作品生成の秘密を語るために極めて重要な位置にある。

「おとの様」の時代におきた、死をもってしか決着できないような哀切な異者との関わりの「物語」のみならず、いつの時代にあっても変わることなく人々が求める、亡き者との交流のあり方そのものにこそ、語り手がここで用意してみせた「お話」の奥深さがある。死者を語り継ぐことで生かし続けること。野家啓一が言うように「物語られない限り『死者の声』はわれわれのもとまで届かない」(注17)。物語る行為それ自体に孕まれる〈いのち〉の継承を『ごんぎつね』の語り手は信じている。(注18) 兵十やごんの多様な属性が捨象され不透明な曖昧さに包まれることによって、亡き者を「物語」として再生させるという語り手の意図がより鮮やかになっていくのである。

ごんを撃った後に自分に献身していたことを知った兵十は、ごんの気持ちや意味を真剣に考えたであろ

（注）

16 橋本博孝「物語の語り・読み手の言葉――『ごんぎつね』へ――」（『日本文学』二〇一一年八月）。但し、「『わたし』はごんだったのだ」という橋本の主張には首肯できない。「わたし」はむしろ、兵十の思いをこそ受け継ぐ立場にあると考えたい。

17 野家啓一『物語の哲学』（岩波現代文庫、二〇〇五年）

18 『校定新美南吉全集第三巻』（大日本図書、一九八〇年）。「解題」によれば、母校半田第二尋常小学校の代用教員をしていた頃、南吉は「ごん狐」を児童に語っていたという。

う。「私の外部にある『他者』がまず私の罪を咎め、それに応えて私が有責感を覚知する、というクロノロジックな順序でものごとが進む限り、人間の善性は基礎づけられない。人間の善性を基礎づけるのは、人間自身である。」と内田樹は述べるが、(注19)ごんの死で閉じられる「物語」の末尾が、冒頭の「わたし」の語りの意味を浮上させ、そこからの再読を読み手に促すというこの作品の結構は、兵十の人となりを明示する方向にも作用している。恐らく母によって涵養されたであろう「善性」が兵十には備わっており、それに従って彼は、ごんを物語ることができた。ごんの「お話」を紡ぎ出し継承していくことは、兵十の「善性」を明確に示す行為でもあったのである。それは同時に、「お話」という形でごんを生き続けさせることが、亡き母をもまた生かしていくことを意味することに兵十が十分に自覚的であったことを示唆しよう。母の死という辛い衝撃を受け取って間もない兵十は、今度は自分がごんを殺してしまったことで、改めて死という問題へ深く、強く対峙することになった。死者をいかにして自らが受容し得るか。死者を死者として安らかに眠らせると共に、自らの生をより意味あるものとすること。この「物語」が、再話され伝承される根本にあるのは、こうした死者との共生を求める思いである。その思いを仮に〈愛〉と名付けてもよい。

「六地蔵さん」や「お念仏」、あるいは「ひがん花」を踏んでいく葬列といったように多くの死の要素に囲まれて成立している『ごんぎつね』の世界は、「物語」の力によって死者を永生不滅の存在へと導き、生者と共生させるよう仕掛られている。ごんは兵十の母への〈愛〉を自身のものとして生き、ごんを死なせてしまった兵十は、ごんの思いを「お話」に包み込み後世へと伝えていく。両者の間に断裂はなく、互いを自らのものとして受け入れる姿が明確に語られているばかりである。ここには、「絶対」や「超越」

といった了解することの叶わない領域は拓かれていない。死に接続させることで前面に迫り出してくる〈愛〉の「物語」。ごんや兵十という主体によって生成される深い〈愛〉の世界を体験できるところに、この作品の優れた教材価値が宿っている。

4 「物語」のなかの生

繰り返す。死者としてのごんを「お話」としてくるみ込むことで再生させ、そこに永遠の〈いのち〉を付与したのが『ごんぎつね』の世界である。「お話」を紡ぐ基となった兵十の胸の奥には、そもそものごんとの関わりの起点であった母への〈愛〉が伏流している。「神様」や「六地蔵さん」が身近に生きる信仰心の篤い村は、「おしろ」という権力が「遠く向こう」にある地であり、加助の友情や日々の営みが静かに流れる場所でもあった。この世界は、穏やかで真摯な生の息吹に包まれている。

ここには、語り手による登場人物や出来事に対する批評性は発現されず、語り手自体を相対化するような〈本文〉の仕組みも施されていない。ごんと兵十の視点の転換にしても、語り手の戦略的な企みではなく、ごんの死という哀切な場面を強調する技巧以上のものではない。ごんが、自らのいたずらを反省し兵十の母の死を思ったように、兵十もまた、ごんの献身の意味を自身に引き寄せて想像したはずである。ごんと兵十とは、相互に相手の身に成り代わって自らを自省するという相似形の生を辿っている。この世にあって避けては通れぬ死の問題に、「ひとりぼっち」という、これまた生に必然である孤独という課題を合体さ

（注）

19　内田樹『他者と死者』（海鳥社、二〇〇四年）

せ、母や死者への〈愛〉を静謐な形で「お話」とする『ごんぎつね』は、豊かで詩情溢れる「物語童話」[注20]なのである。それは、横山が言うような「了解不能の〈他者〉」なる「絶対」の領域とは無縁、むしろ、〈他者〉が全て自己化された〈わたしのなかの他者〉として語られるところにこそ、作品の本来の意義が存するよう語られている。

田中実が定義する通り、「小説」は「物語＋語り手の自己表出」[注21]として現象する。「物語」は、「小説」生成の基本要素ではあるが、そこに「語り手の自己表出」という「絶対」を志向する領域、「了解不能の〈他者〉」への架橋の可能性というプラスの世界を必須とする。従って、前掲鈴木論[注22]の「『物語』と『小説』の間で〝引き裂かれた存在〟としてある」とする理解には首肯しかねる。『ごんぎつね』の語り手は、ごんや兵十といった登場人物の視点と同化し一体化して「お話」を語っているのであって、そこには「引き裂かれ」るような力学は発動していない。鈴木は、主人公の本来の志向が結果として矛盾を孕んでしまう『舞姫』のあり方を例示するが、それは『舞姫』の「物語」内容のことであって、「小説」としての仕組みは、手記を綴る主人公の意識の空白それ自体を批評的に抉剔しており、そこに『舞姫』の「小説」性が現れている。[注23]

「小説」でも「物語」でも読める、あるいはその双方に「引き裂かれ」ている、または『ごんぎつね』を無理矢理「小説」化しようとする、こうしたあり方は、この作品の「物語」としての意義を損なうことになろう。「お話」のなかに死者が温かく包み込まれ、そこに死や〈愛〉の姿が透かし彫りにされるという「物語」は、特に死の意味や〈愛〉といった概念に強く惹かれる年齢の読み手にとって、かけがえのない豊饒な生の滋養となる。それは、「読み」という営みだけが果たし得る、優れて人間的な充足感を読者にもたらすものであろう。若き童話作家がわれわれに手渡そうとしたのは、そうしたひたむきな思いであった。「物語」によって生きたのはごんや兵十だけではない。生身の〈作家〉新美南吉もまた、「物語」のなかの永遠の生を生きている。

＊『ごんぎつね』の本文は『ひろがる言葉　小学国語４下』（教育出版、二〇一一年版）に拠る。

〔付記〕本稿は、二〇一〇年八月八日、第62回日本文学協会国語教育部会夏期研究集会（於・二松学舎大学）で開催されたシンポジウム「ポスト・ポストモダンと文学教育の課題――物語と小説の違い」における草稿を基としている。会場から頂いた多くの示唆に謝意を表したい。

〈注〉

20　田中実は「物語童話」と「小説童話」を区分している。「小学校教材を読んで――『ごんぎつね』と『きつねのおきゃくさま』――」（『語り合う文学教育の会・会報』二〇一一年一月）他を参照。

21　田中実「『小説』論ノート――小説の『特権』性」（鷺只雄他編『文学研究のたのしみ』鼎書房、二〇〇二年）他を参照。

22　注３に同じ。

23　田中実「多層的意識構造のなかの〈劇作者〉――森鷗外『舞姫』」（田中実『小説の力――新しい作品論のために』大修館書店、一九九六年）他を参照。

「父」のいない楽土
――寓話として『一つの花』を読む

助川《すけがわ》 幸逸郎《こういちろう》

1 「今西らしからぬ」テクスト

今西祐行『一つの花』は、国語科定番教材の中でも、もっとも知られている一編である。一九七〇年代初頭から、小学四年生向け教科書に多く採られ、研究論文や授業の実践報告も、無数に書かれている。著名であるだけに、このテクストに対しては、称賛のみが向けられているわけではない。文学的完成度や、教材としての適性を疑う意見も出されている。それらの中には、無視しえないものも含まれる。そうした「『一つの花』批判」としては、たとえば次のようなものがある。

批判① 時代設定がおかしい
『一つの花』が、太平洋戦争中の日本を舞台にしていることはあきらかだ。とすれば、「毎日、てきの飛行機が飛んできて、ばくだんを落としていきました。」と本文にあるので、ゆみ子の父親が出征したのは、一九四四年の十一月中旬以降でなければならない（日本の本土が本格的に空襲されるようになったのはその時期からである）。そして太平洋戦争は、一九四五年の八月に終わっている。日本本土に空襲の脅威があった十か月ほどの期間に、コスモスの花が咲く季節は含まれていない。(注1)

批判② 「ゆみ子の食欲」にリアリティがない

父親が出征した時点のゆみ子は、ようやく言葉を覚えはじめた幼児である（おそらく二歳にもなっていない）。その年齢の子供が、父親を駅まで送っていく間――多めに見つもっても数時間――に、幾つものおにぎりを食べきれるだろうか。『一つの花』が、「戦争のため、子供が食べたいだけ食べられなかった悲哀」を訴えるテクストなのだとすれば、「ゆみ子の食欲」に現実味が欠けていることは、大きな欠陥なのではないか。(注2)

仮に、本当にゆみ子がおにぎりを幾つもねだるほど飢えていたのだとすれば、「コスモスの花を、食べ物の代わりにあたえられて喜ぶ」という展開は、通俗的といわざるを得ない。(注3)

批判③ 「太平洋戦争下のふつうの日本人」を「戦争の被害者」としてのみ描いている

（注）
1 この点については、黒古一夫「『一つの花』試論」（田中実・須貝千里編『文学の力×教材の力 小学校編4年』教育出版、二〇〇一年）などが指摘している。
2 この点も、注1の黒古論文が問題にしている。
3 鈴木敏子「『一つの花』と『一つのおにぎり』は等価か」（『日本文学』一九八〇年二月）

ゆみ子はたしかに、思う存分食べられない、かわいそうな子供かもしれない。しかし、太平洋戦争中の日本には、ゆみ子以上に悲惨な境遇にいた外国籍の子供もいたはずだ。『一つの花』は、日本人によって、ゆみ子より気の毒な目にあわされた子供を視野に入れていない。そうしたテクストは、「子供の反戦意識を育てる教材」として、問題があるのではないか。(注4)

批判④　ゆみ子当人をコスモスの花に暗喩させる手法が、あまりに父権中心的

出征に際し、ゆみ子に父親がコスモスをあたえ、十年後のゆみ子の家は、「コスモスの花でいっぱいに包まれています」と描かれる。

コスモスの花は、「父親が、このように育ってほしいと願ったゆみ子の像」を象徴していると読め、十年後のゆみ子の家がコスモスに包まれていることは、「父親ののぞんだとおりの姿に、ゆみ子が成長していること」をあらわすと解釈できる。だとすれば、父親の希望どおりに娘が育つことを、『一つの花』は留保もなく肯定していることになる。しかも、「理想の娘のイメージ」が託されるのが、コスモスのような「可憐な花」というのも、ジェンダー論的な観点からするといただけない。(注5)

批判⑤　ゆみ子が「自分にお父さんがあったこと」を知らないのは不自然

本文中、十年後のゆみ子を描いたくだりに、「ゆみ子は、お父さんの顔を覚えていません。自分にお父さんがあったことも、あるいは知らないのかもしれません。」という記述がある。

ゆみ子の父親は、戦死したものと推測される。戦争に行って死んだ夫のことを、娘にまったく語らない

女性がいるとは考えにくい。まして、十歳を越えた子供が、父親なしに自分がこの世に生まれてきたと、本気で信じているはずがない。(注6)

興味深いことに、これらの批判が指摘する「難点」は、どれも「今西らしからぬ」ものばかりである。「この作者なら、こういう欠陥はテクストに残さないだろう」という類いの瑕ばかりを、『一つの花』は抱えているのだ。

よく知られているように今西には、『肥後の石工』や『浦上の旅人たち』といった、一連の時代小説がある。それらを書くに際しての、取材と考証の綿密さには定評がある。(注7)そういう作家である今西が、批判①にあるように、自分が実際に生きた時代の状況についてあやまちを犯すことは、普通では考えられない。(注8)

批判②についていえば、『一つの花』を書いた当時、今西には幼い娘があった。「一つだけ」というゆみ

(注)

4　注1の黒古論文の他、村上呂里「娘が読む『父親の物語』」(田中実・須貝千里編『文学の力×教材の力　小学校編4年』教育出版、二〇〇一年)もこの点に言及している。

5　注3の鈴木論文、注4の村上論文などが、『一つの花』の父権中心主義を問題にしている。

6　このことは、注1の黒古論文などの他、ブログ上でもくり返し問題にされている。「子供が『一つの花』を朗読しているのを聞いて、違和感を持った」という指摘が多い。「今西祐行著『一つの花』に問題あり」(http://blogs.yahoo.co.jp/okanoyaj/51033105.html)参照。

7　歴史小説を書くにあたっての今西の取材ぶりは、関口安義『一つの花　評伝今西祐行』(教育出版、二〇〇四年)に詳しい。

8　章末注(111ページ)を参照。

子の口癖は、今西の娘が口にしていた言葉だという。(注9) テクストの中のゆみ子と同じ年頃の子供がいる父親なら、ゆみ子の食欲を正確に描くことはやさしかったろう。ほんとうにお腹をすかせている赤ん坊が、花を渡したぐらいで泣きやまないことも、痛いほどわかっていたはずだ。

そして、今西のデビュー作は、朝鮮から来た子供を描いた『ハコちゃん』であった。このテクストには、「やい、チョーセン」といわれて、主人公がいじめられる場面がある。その後も、原爆が投下された広島で、救護兵として働いていた折に出会った朝鮮人親子の姿に、何度も言及している。(注10)「日本人の加害者性」に、今西は一貫して目を向けていた。

にもかかわらず、『一つの花』に限っては、批判③のような疑念を突きつけられるような側面がある。ここでも今西は、日頃の彼らしくないのである。

「今西らしからぬ」といえば、ゆみ子と、コスモスのイメージがだぶるように読める点もそうだろう。今西が描く女性には、したたかといいたくなるほど、たくましいキャラクターが目立つ。たとえば、先に触れたハコちゃんも、黙っていじめられるがままになっているわけではない。

ハコちゃんはどろどろの両手を顔にあてて、じっとしていましたが、しばらくしてから、きゅうに思いついたように、大きな声で、

「おかあちゃー、おかあちゃー」

と泣きだしました。

「わっ、チョーセンのおかーがきたらこわいぞー」

子どもたちは、バタバタとどこかへにげてしまいました。

きみちゃんは、ハコちゃんをのぞきながらいいました。

「ハコちゃん、もうみんなにげてしもたよ」

すると、力いっぱい泣いていたハコちゃんが、ぱっと顔をあげて、きゅうに泣きやみました。あんまりきゅうな泣きやみかたなので、ふたりはかえっておどろきました。

「ままことしゃーへん?」

ハコちゃんは平気な顔でいいました。(注11)

『ヒロシマの歌』のヒロ子は、生みの母親が被爆して死んだ経緯を聞かされても、語り手の予期に反し、泣き出すどころかニッコリと笑う「強い」少女である。『浦上の旅人たち』のたみは、キリシタン迫害を生きのびる文字通りの「サバイバー」だ。コスモスのイメージと重なりあうようなヒロインは、今西のテクストにおいては少数派なのだ。(注12)

いっぽう、今西のテクストにおいては、「父」の存在は稀薄なケースが多い。『ハコちゃん』には、主人公の両親はいずれも登場するものの、母親の方にはるかに多く筆が割かれている。『ヒロシマの歌』のヒ

(注)

9 今西祐行『【講演】私の表現』(『月刊国語教育研究』第九九集 一九八〇年八月)

10 小説では『ヒロシマの歌』が代表的。注9にあげた『私の表現』という講演でも、このことに触れている。

11 『ハコちゃん』の引用は、今西祐行『ヒロシマの歌』(フォア文庫、一九八二年)による。

12 女性が植物のイメージで語られる今西のテクストとしては、『ねむの木のはなし』がある。この物語は、「異国にとらわれ、婚約者である王子と離ればなれになった舞姫が、流浪の果てにねむの木になる」という、類型的なファンタジーであり、今西の女性観を量りうるテクストとはいえない。

ロ子の場合、父親が誰だかわからないばかりか、当人も周囲も、そのことを問題とも思っていない。『浦上の旅人たち』のたみも、母親と行動を共にしており、父親とはずっと離ればなれが続く。

今西のテクストには、「父」の不在をこそ問題にすべきものが多い。批判④のような、「父権中心主義」という指摘がなされる『一つの花』は、例外中の例外なのである。

また、批判⑤をまとめた部分で、「ゆみ子は、お父さんの顔を覚えていません。自分にお父さんがあったことも、あるいは知らないのかもしれません。」という記述が問題とされていることは、すでに触れた。そして、ゆみ子が父親の顔を覚えていないことと、父親がいたことを知らないこととでは、後者の方がより「ありえなさ」の程度は高い。

そしてこの、「もっともありそうにないこと」を述べた一文は、『一つの花』の初出本文には含まれていなかった。単行本に収録するに際し、わざわざつけ加えられたものなのである。「もっともありそうにないこと」を意味するこの一節は、熟慮の末に書きつけられたのだ。

この改変の意図を、今西は次のように説明している。

「自分にお父さんがあったこともあるいは知らないのかもしれません」というのは、それほど幸せなんだということなんです。母親がもしもここでお父さんのことを話したとすれば、この短い作品の中ではどうしてもそれはぐちみたいになると思うんです。お父さんがいないことをことごとに子供に話す、そういう母親もあると思います。しかし、私はそんな母親を書きたくありませんでした。「一つだけ」としか言わないゆみ子、いっぱい欲しいといってくれないゆみ子を、父親はいつもめちゃくちゃに高い高いをしていました。そんな夫のやりきれない想いを、この母親は生きるささえにしてきたのです。

いっときもそんな夫のことを忘れたことはないのです。だからゆみ子を、物質的にではなく、うんと幸せに育ててきたのです。私はここで、ゆみ子がお父さんのいないことの不自然さにさえ気づかないほど幸せに……というつもりだったんです。(注13)

右の「弁明」は、あきらかに破綻している。自分にまつわる過去を知ることが、今を幸福に生きることと矛盾しない――そのことは、『ヒロシマの歌』で今西自身が示している。あのテクストの中でヒロ子は、実の母親がいないことを苦にしていなかった。しかし、生みの母親の死について知ることは望んでいた。常識的に考えても、過去への無知に立脚した幸福が、いかに脆弱であるかは論をまたない。

テクストを、あえてナンセンスな方向に改稿し、その意図を説明する言葉は辻褄があわない――今西は、個人全集が編まれるほどの「大作家」だが、ここでの迷走ぶりはまったく大家にふさわしくない。

このように『一つの花』は、何重もの意味で「今西らしからぬ」ものになっている。そこから生まれる弊害は、文学としても教材としても、このテクストの価値を揺るがす域に達している。

今西はどうして、『一つの花』に限って、「らしくない」迷走をつづけるのか。

おそらくこのテクストには、掘り起こされていない「何か」が隠されている。その「何か」を突きとめれば、今西が迷走する理由も見えてくるに違いない。

(注)

13　倉沢栄吉・今西祐行「『一つの花』をめぐって」(『教科通信』教育出版、一九七八年三月一日)

2 「コスモスの花」は誰に忘れられていたか

成人向けの文学では、「現実世界に起きうることだけを書いた小説＝リアリズム小説」と「現実世界に起きえないことも書いた小説＝非リアリズム小説」は、画然と区別される。

ある朝、グレーゴル・ザムザがなにか気がかりな夢から目をさますと、自分が寝床の中で一匹の巨大な虫に変っているのを発見した。(注14)

という書き出しの小説を読んで、

「人間が虫になるなんてありえない。こんなこともわからない作家がいるとは！」

と怒り出す読者はまず、いないだろう。

もちろん児童文学においても、リアリズム小説と非リアリズム小説の区別はある。たとえば、今西の『はまひるがおの小さな海』（これも教科書に採られている）が、「はまひるがおは植物であり、植物が人間の言葉を喋るのはナンセンスである」といって批判されることはありえない。

しかし一般に、児童文学においては、成人向けのものにくらべ、リアリズム作品と非リアリズム作品を区別する意識が低い。そもそも、小学校低学年以下を対象とした「童話」においては、リアリズムと非リアリズムの境界そのものが、きわめて曖昧である。

こうしたわけで、児童文学の領域では、寓話やファンタジーとして扱われるべきテクストが、しばしばリアリズムの尺度で批判されてしまう。(注15) ときには、そのようにして非難された書き手が、お門違いの文句を言われていることに気づかない、という悲喜劇も起こる。

『一つの花』は、小学校低学年向けの「童話」として書かれたテクストである。(注16) だとすれば、いっけんリアリズム小説のようであっても、実は、寓話のように読む必要があるのではないか。(注17)

寓話においては、狐が喋ることもあれば、虎と人間がままごとをして遊ぶこともある。コスモスの咲く季節に空襲が行なわれ、二歳に満たない幼児が、おにぎりを一度に何個もたいらげてもおかしくはない。

では、寓話として読み解いたとすると、『一つの花』はどのような相貌をわれわれに見せるのか。

「一つだけちょうだい。」

これが、ゆみ子のはっきり覚えた、最初の言葉でした。

まだ戦争のはげしかったころのことです。

(中略)

ゆみ子は、いつもおなかをすかしていたのでしょうか。ご飯の時でも、おやつの時でも、「もっと、もっと。」と言って、いくらでもほしがるのでした。

(注)

14　カフカ『変身』(高橋義孝訳、新潮文庫、一九五二年)

15　私の知人に、児童文学の実作者がいる。その人物の話を聞くかぎり、リアリズム作品と非リアリズム作品の区別が曖昧であることは、児童文学の創作にたずさわる人々の通弊であるようだ。

16　『一つの花』の初出は、『教育技術小二』(小学館、一九五三年一一月)であった(注8に挙げた三井論文による)。現在では、小学四年生の教科書に載っている『一つの花』だが、発表時には「小学二年生にもわかる話」であることを求められていた。

17　章末注(111ページ)を参照。

すると、ゆみ子のお母さんは、

「じゃあね、一つだけよ。」

と言って、自分の分から一つ、ゆみ子に分けてくれるのでした。

「一つだけ……。一つだけ……。」

と、これが、お母さんの口ぐせになってしまいました。

ゆみ子はしらずしらずのうちに、お母さんの、この口ぐせを覚えてしまったのです。

「なんてかわいそうな子でしょうね。一つだけちょうだいと言えば、なんでももらえると思ってるのね。」

ある時、お母さんが言いました。

すると、お父さんが、深いため息をついて言いました。

「この子は一生、みんなちょうだい、山ほどちょうだいと言って、両手を出すことを知らずにすごすかもしれないね。」

『一つの花』の冒頭である。このテクストの語り手が、ゆみ子の父親の視点に寄り添っていることは、すでに指摘されている。(注18)

そしてこの、父親と重なりあう語り手は、全面的には信用できない存在である。

ゆみ子は、「もっと、もっと。」といって食べ物を欲しがった。これに母親が、「一つだけよ。」と応じているのを真似て、ゆみ子は「一つだけ」という言葉を覚えた。ということは、「一つだけ」より先に、ゆみ子は「もっと」という単語を口にしていたはずである。

「もっと、もっと」を最初に覚える子供は、豊かな時代にもいるに違いない。「一つだけ」をくり返すところにこそ、食料に乏しい時代に生まれた子供の悲哀はあらわれる。語り手は、おそらくゆみ子を不憫に思うあまり、事実と違うことを語っている。

そうである以上、ゆみ子の「もっと、もっと」が、「おなかをすかして、さらなる食べ物を求める気持ち」から発しているという「解釈」も、真実とは限らなくなる。これもまた語り手（≒父親）の「思いなし」かもしれないのである。

事実、ゆみ子がこのテクストの中で、一度だけ満ち足りるのは、食べ物をあたえられたときではない。

ところが、いよいよ汽車が入ってくるという時になって、また、ゆみ子の「一つだけちょうだい。」が始まったのです。

「みんなおやりよ、母さん。おにぎりを……。」

お父さんが言いました。

「ええ、もう食べちゃったんですの……。ゆみちゃんいいわねえ、お父ちゃん、兵隊ちゃんになるんだって、ばんざあいって……。」

お母さんはそう言って、ゆみ子をあやしましたが、ゆみ子はとうとう泣きだしてしまいました。

「一つだけ……。一つだけ……。」

と言って。

（注）

18 『一つの花』の語り手については、注4に挙げた村上論文が問題にしている。

お母さんが、ゆみ子を一生けんめいあやしているうちに、お父さんが、ぷいといなくなってしまいました。

お父さんは、プラットホームのはしっぽの、ごみすて場のような所に、わすれられたようにさいていたコスモスの花を見つけたのです。あわてて帰ってきたお父さんの手には、一輪のコスモスの花がありました。

「ゆみ。さあ、一つだけあげよう。一つだけのお花、大事にするんだよう……。」

ゆみ子は、お父さんに花をもらうと、キャッキャッと、足をばたつかせて喜びました。

お父さんは、それを見て、にっこりわらうと、何も言わずに汽車に乗って行ってしまいました。ゆみ子のにぎっている一つの花を見つめながら……。

ゆみ子の父親はこの場面でも、最初のうちは、娘が食べ物を欲して「一つだけ」をくり返すのだと考えている。だから、おにぎりを全部あたえるように妻に伝えた。しかし、妻が持って来たおにぎりを、ゆみ子はすでに食べつくしていた。

ここで父親は、「ごみすて場のような所に、わすれられたようにさいていたコスモス」を見つける。このコスモスを渡されたとき、ゆみ子は一度だけ喜ぶのだ。

食べ物によってまったく満たされなかったゆみ子が、コスモスの花に大喜びする。ということは、ゆみ子を満たすのに必要だったのは、最初から食べ物ではなかったと考えられないだろうか。

「もの」に対する人間の渇望に、限りはない。どれほど大量の「もの」を手にしても、その渇きを完全になくすことはできない。(注19)

ゆみ子の父親は、「もの」が欠乏する状況に置かれていた。それだけにかえって、「もの」にとらわれてしまっていた。「もの」を手に入れることのできない娘を哀れに思い、少しでも多くの「もの」をあたえようと考えた。

しかし、「もの」への渇望を、「もの」だけによって癒やすことはできない。仮にこの父親が、際限なく「もの」をあたえることが可能であったとしても、それだけではゆみ子は充足しなかったはずである。そう考えると、ゆみ子の「異常な食欲」は、「もの」で娘を満たそうとする父親の「錯誤」が生み出した、と解釈できる。

「わすれられたようにさいていたコスモス」は、「もの」がない時代だからこそ忘れられている、「もの」にとらわれない精神の喩なのだろう。ゆみ子の父親は、あたえるべき「もの」がなくなったとき、はじめてそれに目を向けた。そして、コスモスの花によって満たされた娘を見て、みずからのあやまちを悟ったに違いない。

汽車に乗って去っていくとき、ゆみ子の父親は、ゆみ子でもその母親でもなく、「ゆみ子のにぎっている一つの花」を見つめていたという。彼は、娘によってあやまちを正され、人間の渇きを癒やすものが何かを知った。娘に教えられた「いちばん大切なもの」を心に刻むため、ゆみ子の父親は「一つの花」に、

（注）

19　ラカン派精神分析では、人間の欲望には限りがないばかりか、欲望を持続させること自体が、欲望の究極的目標だと考える。ジジェック『ラカンはこう読め』（鈴木晶訳、紀伊国屋書店、二〇〇八年）・斎藤環『生き延びるためのラカン』（バジリコ、二〇〇六年）

目を凝らしていたのではなかろうか。

3　消去される「父」

十年後、ゆみ子は、コスモスの花に包まれた家に住んでいる。「もの」が不足していた戦争の時代、コスモスは「ごみすて場のような所に」一輪、咲いているだけであった。今のゆみ子は、「もの」にとらわれない豊かさで満たされている。

「今日は日曜日、ゆみ子が、小さなお母さんになって、お昼を作る日です。」という一文で、このテクストは締めくくられる。冒頭において、「あたえられるだけの存在」だったゆみ子は、ここでは「お昼を作る＝あたえる存在」になっている。

コスモスの花に囲まれた家で、お昼を作るゆみ子は、父親（≒語り手）に哀れみのまなざしを向けられていたゆみ子とは、別のゆみ子である。

「みんなちょうだい、山ほどちょうだい。」

といえることが幸せだという、父親の想定を超えて、ゆみ子は成長している。

おそらく、ゆみ子のそうした成長と、「自分にお父さんがあったことも、あるいは知らないのかもしれません。」という、先に問題にした一節が必要とされた理由とは、かかわりがある。

精神分析では、死んだ「父」こそが、もっとも強く「子」を呪縛すると考える（亡霊となってハムレットを悩ませる父王が、その典型である）[注20]。死んだ「父」と死んだ「母」とでは、「子」に対する影響の仕方が異なる。だとすれば、「母」を亡くした『ヒロシマの歌』のヒロ子と、死んだ「父」を持つゆみ子は、同列にあつかえない。「父を超えて、父に縛られずに生きるゆみ子」を描くには、父親のいることそのものを知らないこと――まったく父親を意識していないこと――を、明示する必要があったのである。

ゆみ子の作るお昼を食べるのは、おそらくゆみ子の母親だろう。コスモスに囲まれたゆみ子の家は、「父」の不在が欠損とはならない、女だけで成り立つ楽土なのだ。

以上、『一つの花』を寓話として読み解いてみた。このように読むならば、先に掲げた批判はすべて、このテクストに当てはまらないことがわかる。

批判① 時代設定がおかしい

（反論）このテクストがリアリズム小説でないとすれば、この点は問題にならない。

批判② 「ゆみ子の食欲」にリアリティがない

（反論）このテクストが「寓話」だとすれば、数時間におにぎりを何個も食べる赤ん坊がいてもおかしいとはいえない。そして、「ゆみ子の異常な食欲」は、「もの」への渇望を「もの」で満たそうとする発想の

（注）

20 フロイト「トーテムとタブー」（高橋義孝訳『フロイト著作集』第三巻 人文書院、一九六九年）・助川幸逸郎「夜神月は、死んで『新世紀の神』となった」（『文学理論の冒険』東海大学出版会、二〇〇八年）

あやまりをあらわしている。ゆみ子がおにぎりではなく、コスモスの花に満足するのは、そこにこそ、このテクストの主張があるからである。

批判③　「太平洋戦争下のふつうの日本人」を「戦争の被害者」としてのみ描いている

（反論）物質的欠乏ゆえに、ゆみ子を「かわいそう」と見ているのは、作品冒頭における語り手（≠父親）である。そのような見方は、ゆみ子にコスモスが渡される場面で斥けられている。

「ふつうの日本人」を「戦争の被害者」としてのみ考えるありようは、自分たちの窮乏にとらわれ、他者を視野に入れないところから生まれてくる。『一つの花』は、そうしたありように、アンチテーゼを突きつけるものだ。

批判④　ゆみ子当人をコスモスの花に暗喩させる手法が、あまりに父権中心的

（反論）ゆみ子の父親は出征に際し、みずからの錯誤をゆみ子に教えられる。そして、十年後のゆみ子は、父親にまったくとらわれずに生きている。『一つの花』はむしろ、反父権的なテクストである。

批判⑤　ゆみ子が「自分にお父さんがあったこと」を知らないのは不自然

（反論）このテクストは、リアリズム小説ではないので、不自然なことが起こっても必ずしも瑕にならない。ゆみ子が「自分にお父さんがあったこと」を知らない、という叙述は、「父」の呪縛を封じるために必要だった。

先に『一つの花』は「今西らしからぬ」テクストだと書いた。が、寓話として読むならば、「もの」にとらわれた考え方を排し、「父」の不在をものともせず成長するヒロインを描いた、「今西らしい」テクストとなる。

ただし、それでもなお、「自分にお父さんがあったことも、あるいは知らないのかもしれません」という一文の意味を説明する今西が、「らしくなく」不明瞭であることは変わらない。どうして今西は、この点について、もう少しまともな弁明をしなかったのか。

結論をいえば、おそらく問題は、今西自身の「父」にある。みずからの父親について今西は、次のように語っている。

「父は、事業に失敗して働きもしなかったし暴君でした。私は、母は別れないにしても、何回も里に帰ろうかと考えたと思います。ただ、まじめ一本の父でしたから、信仰ということで最後まで我慢したのでしょう。」

「私は父の実生活にあまり触れてないんです。上の兄や姉たちは、村長時代の父を知っているものですから、母と同じように父の印象が強いんですね。私の場合、父は仕事をしていなかったせいか、何をしているのかさっぱり知りませんでした。」

「あまりにも、私の場合は父を知らなすぎますね。明治二十六（一八九三）年に父が北海道までたずねていった友だちはいったい誰なのかと思うのですが、それもわかりません。（中略）父には友だちがいないものですから、話の聞くつてがありません。もちろんいても、もう今は生きているはずはないですけれど。

今頃になっていつも、父のことをもっともっと知りたいなと思います。(注21)」

――今西から見た父親は、「まじめで威張っているくせに、働きもしない謎の人物」であった。先にも指摘したように、今西のテクストでは、「母」にくらべ「父」の存在が目立たない。(注22)このことと、今西が「父」に対し、「知らない」・「わからない」という印象を抱いていることは、おそらく無縁ではない。

『一つの花』を執筆した頃、今西には幼い娘がいたことは先に触れた。当然、ゆみ子の父親と、自分自身を重ねあわせながら、今西はこのテクストを書いたろう。しかし、「父」とはいかなる存在なのか、今西にはわからなかった。そしてできあがったのは、父親がゆみ子にあやまりを正されたあげく、痕跡も残さずに消える物語だった。

「父」とはいかなるものなのか――それがわからない今西は、できれば自分のテクストから「父」を排除したかったのだろう。だからこそ、「幸せであること」を、「父がいたことさえ知らないこと」に直結させる発想が生まれたのではないか。

今西の代表作の一つ、『肥後の石工』の三五郎は、自分の身代わりとなって死んだ男の遺児を育てようとする。しかし、子供たちは三五郎を、父親殺しの犯人ではないかと疑って、心を許さない。実子のない三五郎は、石工としての技術を伝えようとした宇吉にも、誤解から不審を抱かれている。

『肥後の石工』は、三五郎が「父」となるため、苦闘する物語と読める。こうしたテクストが存在すること自体、「父」となること、そして「父」を描くことが、今西にとっていかに困難であったかの証しではなかろうか。

4　おわりに

リアリズム小説として見ると、少なからず瑕の目立つ『一つの花』を、本稿では寓話として読み解いた。その結果、「もの」にとらわれたありようを批判した物語という、整合性のある解釈を得ることができた。さらに、このテクストの改稿について述べた今西の発言を糸口に、「父」となることの困難が、今西文学を理解する鍵であることを指摘した。

寓話として読まれるべき『一つの花』が、リアリズム作品とも受けとれることに、どこまで今西が自覚していたかは疑問である。このテクストにおいては、「現実には起こりえないこと」が起きても欠陥にならないことを、今西はきちんと説明していない（『一つの花』の内部でも、別のところでこのテクストを語った際にも）。その責任はしかし、今西個人の不注意だけに帰せられるべきではない。先にも述べたように、リアリズム小説と、非リアリズム小説の混同は、近代日本の児童文学全般に見られる現象だった。

また、今西文学における「父」の問題についても、作家当人は明瞭には意識していない（だからこそ、『一つの花』の改稿についての発言は支離滅裂なものになった）。

（注）

21　今西祐行「今西祐行＝私の文学を語る」（三井喜美子編『今西祐行全集別巻　今西祐行研究』偕成社、一九九八年）

22　章末注（111ページ）を参照。

「児童文学におけるリアリズムと非リアリズム」

「今西文学における『父』」

——この二つの問題に今西が自覚的でなかったため、『一つの花』の評価には混乱が生じた。つねに明晰な今西が、ここにおいてだけ躓いたのである。精神分析を持ち出すまでもなく、人間のありようは、「らしくもなく」誤りを犯したところに露呈する。今西の文学を解き明かすうえで、これら二点の「急所」を見逃すことは許されないだろう。

日本の児童文学において、リアリズムと非リアリズムが混同されやすいのは、どのような背景があってのことなのか——この点を、系統立ててあきらかにする作業がまず必要になってくる。また、今西にとっての「父」の解明も、テクスト分析と伝記考証の両面からつみ重ねられなくてはならない。

ここまで稿を継いで来て、ようやく、問題のとば口にたどり着いた感がある。大きな課題を投げ出したまま、筆を擱くのは心残りだが、すでに与えられた紙数は尽きた。再度、今西に挑戦する機会を期して、今回はこれで締めくくりとしたい。

＊『一つの花』の本文は『ひろがる言葉　小学国語4上』（教育出版、二〇一一年版）に拠る。

《章末注》

8　今西が歴史小説をさかんに手がけるようになったのは一九六〇年代半ばからだが、『一つの花』はその時期より後にも、今西自身の手で改稿されている。『一つの花』に、時代考証上の問題があることを今西が気づき、修整の必要を認めていたならば、それをする機会は何度かあったわけである。なお、『一つの花』の改稿については、三井喜美子「『一つの花』の初出と異本の考察」（『日本文学』一九七九年十月）に詳しい。

17　『一つの花』を非リアリズム小説として扱う試みとしては、森本真幸「一つの花というファンタジー」（『日本文学』二〇〇二年一月）がある。森本の論では、「リアリズムではないこと」を強調する意味で、あえて「ファンタジー」というタームが適用されている。私も森本の試みには敬意を払うが、『一つの花』は「ファンタジー」と呼ぶより「寓話」と見る方が、実状に近いと考える。

22　この点については、注21に挙げたインタビューで、聴き手の三井喜美子も「作品の中で父親らしい面影が出てくる場合でも、寡黙というか、積極的なイメージを持って形象されてはいないように思うのですが」と発言している。

◉宮澤賢治『注文の多い料理店』

鏡のような物語／「紙くづのやうになつた」顔の語り手
――宮澤賢治『注文の多い料理店』論

山元《やまもと》 隆春《たかはる》

1 『注文の多い料理店』の仕組み

『注文の多い料理店』の語り手は次のように語り始める。

二人の若い紳士が、すつかりイギリスの兵隊のかたちをして、ぴかぴかする鉄砲をかついで、白熊のやうな犬を二疋つれて、だいぶ山奥の、木の葉のかさかさしたとこを、こんなことを云ひながら、あるいてをりました。

「二人」の「若い紳士」が「イギリスの兵隊」のように、「ぴかぴかする鉄砲」をかつぎ、「白熊のやうな犬」を「二疋」連れている。読者にもたらされるのはまず、この「二人」と「二疋」の姿である。なぜ「若い紳士」は「二人」なのか。一人であれば、おそらく会話が成り立たないからである。なぜ「イギリスの兵隊」のような装いをしているのか。「若い紳士」たちは「兵隊」として戦場に赴くのだろうか。いや、その恰好をしているだけだ。狩りに行くための恰好をしていると解釈することができる。(注1)しかし、それは、「だいぶ山奥の」以下を読み進めていき、『注文の多い料理店』という作品を読み終えて、もう一度この冒頭を読み直した再読者にして、はじめて分かることである。初読の読者が「白熊のやうな犬を二疋つれて」までのところを読む限りでは、「紳士」たちが何をしにどこに行こうとしているのかは、わからない。

「二人の若い紳士」たちが、「あるいて」いたのは「木の葉のかさ〲したとこ」というのであるから、少なくともそこはほとんど人が入ることもない、道なき場所である。「鉄砲をかついで」、「白熊のやうな犬」を連れた「二人の若い紳士」は猟師なのか。この考えも、次に続く「二人」の会話によって打ち消される。「こんなことを云ひながら」の「こんなこと」とは、次のようなことであった。

「ぜんたい、こゝらの山は怪しからんね。鳥も獣も一疋も居やがらん。なんでも構はないから、早くタンタアーンと、やつて見たいもんだなあ。」

「鹿の黄いろな横つ腹なんぞに、二三発お見舞もうしたら、ずゐぶん痛快だらうねえ。くる〲まはつて、それからどたつと倒れるだらうねえ。」

（注）

1　秋枝美保はこの「イギリスの兵隊のかたち」を「ハンティングドレス」と解し、「十九世紀イギリスの歩兵の制服」が「狩猟家の服装とよく似ている」として、「西洋貴族の服装をまねた紳士たちの態度を、批判する意図」を読み取っている。秋枝美保「〈テクスト評釈〉注文の多い料理店」（『国文学』第31巻6号、学燈社、一九八六年五月）

「こゝらの山は怪しからん」と一人の「若い紳士」が言う理由は「鳥も獣も一疋も居」ないことであった。つまり「山」に行けば「鳥や獣」が「居」るものだという前提がこの「若い紳士」たちのうちにはある。そして「なんでも構はないから、早くタンタアーンと、やつて見たい」という願望が述べられる。「ぴかぴか〱する鉄砲」はおそらく新品で、まだ本格的に弾丸を込めて撃ったことがなく、その使い初めに、「なんでも構はないから」撃ってみたいということであろう。もう一人の「若い紳士」は「鹿の黄いろな横つ腹なんぞに、二三発お見舞もうしたら」と言う。そこには、「鹿」を狩ろうという確たる目的があるようには思えない。「黄いろな横つ腹なんぞ」に弾丸を命中させることが「ずゐぶん痛快だらう」と言っているからである。つまり、このもう一人の「若い紳士」も、一人目の「若い紳士」と同じである。「なんでも構はないから」「早く」撃ってみたい、そして、「鳥」か「獣」を撃ったら「ずゐぶん痛快だらう」と言う「若い紳士」たちは、この「山」に「鳥や獣」を撃つゲームをしに来たとしか思えない。

　その次の段落には「案内してきた専門の鉄砲打ち」が「ちよつとまごついて、どこかへ行つてしまつた」とある（この「鉄砲打ち」は後半で「猟師」と呼ばれる人物と同じだろうが、「まごつい」たのではなく、どうやら「案内」しながら先に進み過ぎたとも考えられる。「まごついて」云々は、紳士寄りの立場で語っているから生じる表現だと言えるだろう）。ということは、冒頭に至るまでの間、「若い紳士」たちは「専門の鉄砲打ち」に「案内」され、この「だいぶ山奥の、木の葉のかさ〱したとこ」に至った、ということになる。つまり、物語世界内の時間は、この作品冒頭の記述が始まる前までさかのぼる。「だいぶ山奥」に「若い紳士」たちが至るまでにはずいぶんと時間が経っており、語り手は「二人の若い紳士」がその時間を経てある出来事に巻き込まれるその始まりから語り始めたのだということを、「案内してきた」という言葉から読み取ることができるのである。「山奥」に至るまでの過程を少なくともこの語り手は知っている。こうした、書かれてはいない、「若い紳士」たちが「専門の鉄砲打ち」に「案内」されてきた過程が、この作品末尾と呼応する。語り手は次のように語り終えている。

そして猟〔師〕のもつてきた団子をたべ、途中で十円だけ山鳥を買つて東京に帰りました。
しかし、さつき一ぺん紙くづのやうになつた二人の顔だけは、東京に帰つても、お湯にはいつても、もうもとのとほりになほりませんでした。

『注文の多い料理店』の語り手は、「山猫軒」での出来事ばかりでなく、「二人」が「東京」に「帰」った後のことも知っている。この作品に述べられていることのすべてが、不思議な出来事を体験したか、目撃したか、伝聞した者による語りのかたちをとっている。末尾の二文に、二人が「東京」に「帰」ったと書かれているのだから、二人とも「東京」から来たのは明らかである。「東京」から狩猟ゲームをしにやってきて、「専門の鉄砲打ち」に「案内」されながら、それに付いていくことができないまま、不思議に見舞われた「若い紳士」たちの体験の一部始終が『注文の多い料理店』には語られている。しかも、「紙くづのやうになつた」顔だけは「お湯にはひつても」「もとのとほりになほ」らなかったと語られているのだから、「若い紳士」たちの体験（たとえ伝聞したことが語られているにしても）は消去することのできないものなのである。

2　語り手による紳士像の創造／作者による語り手の創造

「木のかさ〳〵したとこ」を歩きながら話していた「二人の若い紳士」を次のような事態が見舞う。

　それに、あんまり山が物凄いので、その白熊のやうな犬が、二疋いつしよにめまひを起して、しばらく吠つて、それから泡を吐いて死んでしまひました。

「じつにぼくは、二千四百円の損害だ」と一人の紳士が、その犬の眼《ま》ぶたを、ちよつとかへしてみて言ひました。

「ぼくは二千八百円の損害だ。」と、もひとりが、くやしさうに、あたまをまげて言ひました。

語り手は、「白熊のやうな犬」が「二疋いつしよにめまひを起して」「しばらく吠」って「それから泡を吐いて死んでしまひました」と、まるで実況するかのように語る。その場でそれを目撃していなければできない描き方である。犬を飼っている人であれば、飼い犬が絶命してしまった時に、冷静でいられることはまずないだろう。しかし、この「若い紳士」たちは「犬」が途方もない量の貨幣との「交換価値」を持っていたことにしか関心がない。

「二人の若い紳士」は二疋の「死」を「損害」に換算してしまう。生き物が「交換価値」を持った「商品」であるとみなすこの感覚が、「二人の若い紳士」の生きている「東京」ではおそらく常識となりつつあったのかもしれない。(注2)その証拠に、これに続く会話のなかで「戻」ることを確認した後、二人は次のように話す。

「そいぢや、これで切りあげやう。なあに戻りに、昨日の宿屋で、山鳥を拾円も買つて帰ればいゝ。」
「兎もでてゐたねえ。さうすれば結局おんなじこつた。では帰らうぢやないか」

「犬」どころではない。この紳士たちは狩りの獲物も商品だとみているようだ。二人にとって「山鳥」や「兎」はもはや、「山」で狩るものではなくて、貨幣と交換して手に入れるものであった。「さうすれば結局おんなじこつた」という言葉は、狩りをして獲物を捕ることと、貨幣と交換して商品として手に入れることとが等価であるという価値観をあらわす。このようなことを言うことができるのは、この二人が多少なりとも貨幣を蓄積することのできた人物であったからなのかもしれない。

現代の読者もまた、街のコンビニエンスストアや通信販売等で商品を購入しながら、「結局おんなじこつた」という思いにとらわれることは少なくないはずである。そのことを承知の上で、いや承知すればこそ、読者にはこの紳士たちの振る舞いが滑稽なものに思われてくる。「二人の若い紳士」は、そのような

(注)
2 松元季久代が言うように、山猫軒は「ねだん」のない料理店であり、そこが「貨幣」経済にまだ浴されていないことが暗示されている。松元希久代「『ねだんのない料理店』の原風景――宮沢賢治『注文の多い料理店』、貨幣なき鏡像――」(田中実・須貝千里編『文学の力×教材の力　小学校編5年』教育出版、二〇〇一年)

思いや感情を読者に抱かせる人物として語り手によって創造された。そしてその語り手は、聞き手の前でそうした人物の体験を物語る存在として作者によって創造されたのである。

3 「うしろ」を見る行為の意味

「白熊のやうな犬」が「死んでしま」った場所に歩みを止めたまま、二人の紳士たちの会話はさらに続く。


「どうも腹が空いた。さつきから横つ腹が痛くてたまらないんだ。」

「ぼくもさうだ。もうあんまりあるきたくないな。」

「あるきたくないよ。あゝ困つたなあ、何かたべたいなあ。」

「喰べたいもんだなあ」

二人の紳士は〔、〕ざわざわ鳴るすゝきの中で、こんなことを云ひました。


二人の「もうあんまりあるきたくないな」「あるきたくないよ」「何かたべたいなあ」「喰べたいもんだなあ」という願望に応じるようにして、次の一文が置かれている。

その時ふとうしろを見ますと、立派な一軒の西洋造りの家がありました。

語り手は「若い紳士たち」の視覚を代行してこのように述べていると言ってよい。「うしろ」を「見る」というのはどのような行為かと言えば、それはそれまでに眼にした一つの世界に別れを告げる行為である。大げさなようだが、「うしろ」を見れば前は見えなくなる。振り返るという行為によって、「若い紳士」たちは「立派な一軒の西洋造りの家」に出会う。(注3)読者もまた、語り手の語りに従って、「山猫軒」という、それまでとは異なる世界に拉致されることになる。

ところで、『注文の多い料理店』のなかには、もう二箇所「うしろ」という語のあらわれるくだりがある（傍点・引用者）。

二人は泣いて泣いて泣いて泣いて泣きました。

そのときうしろからいきなり、

「わん、わん、ぐわあ。」といふ声がして、あの白熊のやうな犬が二疋、扉をつきやぶつて室の中に飛び込んできました。鍵穴の眼玉はたちまちなくなり、犬どもはううとうなつてしばらく室の中をくるくる廻つてゐましたが、また一声

「わん。」と高く吠えて、いきなり次の扉に飛びつきました。戸はがたりとひらき、犬どもは吸ひ込まれるやうに飛んで行きました。

その扉の向ふのまつくらやみのなかで、

（注）

3　章末注（130ページ）を参照。

「にやあお、くわあ、ごろごろ。」といふ声がして、それからがさがさ鳴りました。

犬がふうとうなつて戻つてきました。
そしてうしろからは、
「旦那あ、旦那あ、」と叫ぶものがあります。
二人は俄かに元気がついて
「おゝい、おゝい、こゝだぞ、早く来い。」と叫びました。
簑帽子をかぶつた専門の猟師が、草をざわざわ分けてやつてきました。

これらは、すでに裸同然の「二人の若い紳士」の前から「山猫軒」が消える場面だが、「あの白熊のやうな犬」は「二人」の「うしろ」からあらわれた。「どこかへ行つてしまつた」「専門の猟師」も「二人」の「うしろ」からあらわれた。この、「その時ふとうしろを見ますと」「そのときうしろからいきなり」「そしてうしろからは」といったフレーズが、「山猫軒」の出現と消失に関わっていることは確かである。

「二人の若い紳士」は、「うしろ」を「見」るときに意思をもって「見」るわけだが、「犬」の声に我に返る「そのときうしろから」のところでは、意思をもって聞いているわけではない。その直前には「二人は泣いて泣いて泣いて泣いて泣きました」とある。この珍しい畳語表現は、二人が「声もなく泣いて」いたからこそ、異様な情景を読者のうちにもたらす。どこからも助けが来ないだろうけれども、もうすぐ異類に食われてしまう運命に自分たちがあるということを悟った上での「泣いて……」なのだから、もはや悲鳴に近い。「二人」は、最後の扉の向こう側の山猫たちの言葉を聞きながら「声もなく」泣いているわけだから、この「うしろ」は二人が最後に開けた扉の方向である。

「わん、わん、ぐわあ。」という声を合図に、犬たちは紳士のいる部屋に飛び込んできた。その後「わん。」という「一声」の後、犬たちは最後の扉を破り、山猫たちの子分らがいる方に飛び込んでいった。その後に聞こえてくる声は「にやあお、くわあ、ごろごろ。」である。そして「がさがさ」鳴った後、「室」は煙のように消えた、とある。その後に裸同然の「二人の若い紳士」の視界に入った光景が描かれる。

見ると、上着や靴や財布やネクタイピンは、あつちの枝にぶらさがつたり、こつちの根もとにちらばつたりしてゐます。

「二人」の「紳士」たちが「見」ているとすれば、「上着」「靴」「財布」「ネクタイピン」のそれぞれは、「山猫軒」の「扉」をくぐり抜けるたびに、扉の言葉の指示に従って、彼らが自ら脱いだり外したりしたものであるはずだから、このわずかな時間のなかで彼らがたどってきた方角にあるとみてよい。この場に「二人の若い紳士」以外の目撃者はおそらくいなかったはずで、語り手はこの「二人」の経験をしたか、それを目撃したか、伝聞した者でなければならない。この「見る」の動作主は、「その時ふとうしろを見ますと、立派な一軒の西洋造りの家がありました。」という一文の「見」る行為の動作主と同じであると見てよい。ここでも、語り手は「二人の若い紳士」の視覚を代行している。

自分たちのたどってきた方角を彼らは振り返って「見」る位置にあったはずだが、その場所に犬は「ふうとうなつて」戻ってきた。犬は最後の扉の向こう側に飛び込んでいったはずだから、その方角から「戻ってきたと書かれている。その次に、「どこかへ行」っていた「専門の猟師」（作品冒頭では「専門の鉄砲打ち」）があらわれるのだが、それもまた「うしろ」からの声としてである。「二人」は必死になってその「猟師」の方を振り向き、叫び返している。「猟師」の「簑帽子」が「草をざわざわ分けて」向かってくる位置は、「上着や靴や財布やネクタイピン」が「あつちの枝にぶらさがつたり、こつちの根もとにちらばつたりしてゐ」た場所のちょうど反対側である。先ほども述べたように、犬が「ふうとうなつて戻つてき」たのも、最後の扉の方だから、「上着や靴や財布やネクタイピン」があったのとはちょうど反対側である。つまり、「山猫軒」の最後の扉の向こうの、「親方」が「舌なめずり」して待っていたはずの部屋があった方角から、その「猟師」の声は聞こえてきたのだ。「専門の猟師」が「簑帽子」をかぶって「草をざわざわ分けて」くる場所と、「上着や靴や財布やネクタイピン」が「ぶらさがつたり」「ちらばつたりしてゐ」る場所とのあいだで、山猫たちのいた部屋は跡形もなく消えてしまった（そして、消えてしまえば、「山猫軒」の奥行きなどそもそもなかったことがわかる）。だからこそ、もう恐怖にさらされることはないと確信した「若い紳士」たちは「やっと安心」したのである。

4　山猫と紳士とのやりとりの意味

なぜこの語り手はこのような話を、聞き手に向けて語るのか。『狼森と笊森、盗森』の語り手や、『鹿踊りのはじまり』の語り手と違って、『注文の多い料理店』の語り手は、自らの語る話が誰かから伝え聞いたものだということをけっして言わない。また『どんぐりと山猫』『かしはばやしの夜』『山男の四月』の語り手のように、登場人物の内面のようなものを語ることもない。『水仙月の四日』の語り手のように、自然の精の側から世界を眺めることもない。

中地文は『注文の多い料理店』を「近代的合理的思考回路を持つ『二人の紳士』の意識に寄り添って読み進めるように物語は仕組まれているが、その舞台の造型には前近代的な世界観が活用されている」として、童話集広告文の言葉を取り上げ、「あえて『古風な童話としての形式』を選ぶという選択は、極めて意識的・意図的になされたとみるべきであろう」としている。(注4)『注文の多い料理店』の語りも「古風な童話としての形式」の一つであり、その「形式」で近代と前近代の奇妙な取り合わせが物語られているというわけである。同様に、安藤恭子は『注文の多い料理店』に見られる〈既成の構図〉とその〈ずらし〉(「地方・自然を一元的に美化する」「ロマン主義的構図」への批評、「登場人物の混成性」、「言葉そのものの意味の混成性」による「誘惑」の戦略)を分析し、それらが「当時の既成の芸術観・社会観の構図を引用しつつ、それをずらし、再構造化するという戦略」であるとして、次のように言う。

宮沢賢治の童話の特徴の一つは、〈語り〉の多彩さにある。その実験的な試みは、世界を認識する方法、またその認識を表象する方法の模索でもある。ところが、「注文の多い料理店」の〈語り〉は、狐や狸が人を化かすといった民話が基本形となっていると指摘があるように、一見古い様式を踏襲した方

(注)

4　中地文「『注文の多い料理店』とファンタジー」(『国文学　解釈と鑑賞』至文堂、二〇〇六年九月)

法を採用しているかのようにも見える。(注5)

『注文の多い料理店』の語り手の語り自体が、確かに「極めて意識的・意図的に」選ばれていると考えられる。中地や安藤が指摘するように、『注文の多い料理店』の語り手は、巧妙に、その「古風な童話としての形式」「一見古い様式を踏襲した方法」を用いている。

だが、こうした批評性は、読者の読みのなかでどのようにあらわれるのか。具体的に言えばそれは「再読」の過程において生じるとみてよいだろう。語り手が常に登場人物の行動を語るだけで、けっしてそれ以上踏み込もうとしないということに読者が気づくのは「再読」の過程においてである。しかもそれが意識的であるということに目を向けることは繰り返し読むことでしか為しえない。『注文の多い料理店』の初読では、情報駆動（information-driven）や物語内容駆動（story-driven）が中心になっているが、再読する場合には、その語りの「評価」に目を向ける、要点駆動（point-driven）の読者ともなって、(注6)そのような語りの特徴を自覚するのであり、要点駆動の読者であるからこそ、安藤の用語を借りれば「引用」「ずらし」「再構造化」に気づくことができるということになる。(注7)

「山猫軒」は紳士たちの欲望がかたちをとってあらわれたものだということや、扉の言葉には表と裏があり、それらは一方通行の弁のようなものとしてはじめから仕掛けられていたことに、再読者は気づいていくことになる。(注8)紳士たちの言葉がかたちをとった「山猫軒」は、こうした構造ごと、紳士たちの願いどおりに現実化されたものだとみなすことができる。紳士たちの欲望がかたちをとってあわられたのが「山猫軒」であり、そこで恐怖を覚えるというのも、彼らの欲望ゆえであって、けっして自然が彼らを懲らし

めたわけではない。（注9）

5　鏡としての山猫軒

その「山猫軒」は、松元季久代が述べているように（注10）いわば鏡のようなもので、そこで起こる一つ一つのことが、紳士たちの似姿を映し出している。だから、「山猫」の親分子分のしわざは、紳士たちのしわざでもあるのだ。そうなると「山猫軒」の扉の言葉は、「山猫」たちから「紳士」たちに向けられたメッセージではなくて、むしろ「紳士」たちが自分自身に発したメッセージであったと言うことができる。「二人」「二疋」、表裏、といった「二」の組み合わせはいずれもその鏡のような性質をあらわす仕掛けである。

鏡のような世界であるから、実像と比して逆の世界である。そこには、実像と似てはいるが、実像その

（注）

5　安藤恭子「『注文の多い料理店』―再構造化の戦略」（『国文学　解釈と鑑賞』至文堂、二〇〇九年六月）

6　「情報駆動」「物語内容駆動」「要点駆動」のそれぞれの概念は、次のヴァイポンドとハントの文献に拠る。Vipond, Douglas. & Hunt, Russell A. "Point-driven understanding: pragmatic and cognitive dimensions of literary reading," *Poetics*, 13, pp.261.277.（1984）

7　章末注（131ページ）を参照。

8　山元隆春「読むという行為成立のダイナミズム―『注文の多い料理店』におけるテクスト・ストラテジーの検討―」（『語文と教育』第二号　鳴門教育大学国語教育学会、一九八八年）

9　章末注（131ページ）を参照。

10　注2に同じ。

ものではない世界が描かれることになる。「紳士」たちは「山猫軒」で自身の内奥の姿に出会い、そしてそれに従って進んで行って、自分自身が喰われそうになる。実際、これは、大変な恐怖である。「その時ふとうしろを見ますと」のところで「うしろ」を振り返った紳士たちの眼に飛び込んできたのが、鏡としての「山猫軒」であった。鏡の像のようにあべこべの世界だからこそ、殺そうとしていた、食べようとしていた自分たちが、殺され、食べられる立場へと追い込まれていく。

「ふとうしろを見」る以前に、「紳士」たちが殺そうとしていたのは「鳥や獣」であった。それゆえ、「山猫軒」のなかで彼らは「鳥や獣」のような存在になったことになる。最後の扉の向こうで、そこに「舌なめずり」して待っていたのはおそらく彼らの本性の似姿であったに違いない。彼らが「泣いて泣いて泣いて泣いて泣」いたのは、もちろん喰われるかもしれないという恐怖によるが、むしろ、自らの内奥にあるもののおぞましいほんとうの姿を目の当たりにすることへの恐怖だったのではないか。

「子分」の「へい、たゞいま。ぢきもつてまゐります」は、誰に向かって発せられているのか。言うまでもなく、「親方」に対してである。もう一人の「子分」は、その「親方」が「舌なめずりして」「待つてゐることを伝える。「白熊のやうな犬」が紳士たちの「うしろ」から「扉をつきやぶつて室の中に飛び込んでき」たのはこの直後のことだ。そして、その場所で二人の紳士は今まさに山猫の「親方」のもとに差し出されようとしていた。紳士たちは今、自らが「拾円」で手に入れようとした「山鳥」の立場にある。

山猫の「子分」のいざないをただ涙を流しながら聞くだけの「紳士」たちには、それ以上前に進んでいく動機や欲望は残されておらず、鏡のような世界に映し出すものはなくなってしまった。このことこそ「山猫軒」が消滅した理由であり、「白熊のやうな犬」はこのゆえにあらわれた。実のところ、紳士たちが鏡に映して自分の姿を見る必要は、最後の扉の手前でなくなってしまい、鏡のような世界はもう不要になったも同然なのだから、そこに「白熊のやうな犬」が出現したのである

最終的に、「紳士」たちが口にできたのは、「猟師」（どうやら、「山猫軒」のあった場所の向こう側に、つまり「紳士」たちの前方を歩いていたようだ。）の持ってきた「団子」であった。そもそも空腹であったのだから、それですべては満たされたはずである。そして、山猫軒であれほど「心を痛めた」にもかかわらず、「山鳥」を「十円」だけ買って「東京」に「帰」る。

このような顛末を、『注文の多い料理店』の語り手は語った。「古風な」物語の形式を採ったこの語り手は、紳士＝山猫の物語を語ることで、読者である私たちに何を伝えようとしたのか。そして、そのような語りを選び取った宮澤賢治には何かが見えていたのだろうか。山猫軒が紳士の現実を映し出す鏡のようなものであったというのは、一つの考え方である。では、そのような、自己を映し出す鏡のような「山猫軒」に「紳士」たちが出会う物語を、なぜこの語り手は語るのか。この話自体が語り手の自己を映し出す鏡のようなものではないのか。

6　では誰が語っているのか

紳士たちが「東京」に帰っても、「紙くづのやうに」「くしやくしや」になった自分の「顔」は「もとのとほり」にはならなかったのだから、彼らは鏡をみるたびにその顔に直面せざるをえなかったことになる。「山猫軒」を鏡のようなものとして捉えたときの、そのメディア性とは、それが消えてしまっても、それ

が見せた像の痕跡は残るというところにある。同様に『注文の多い料理店』の読者の記憶のなかにも「紳士」たちの「顔」が「くしやくしや」の「紙くづ」のようになったというイメージは深く刻まれる。

須貝千里は『注文の多い料理店』について次のような暗示的な言葉を示している。（注11）

「わたしはいつも『山猫軒』で食事をしています。」という告白をしたら、どうなるか。あなたが「えっ、それはどこかのファミレスのことだよね。」と問い返してくるなら、「いや、あの『注文の多い料理店』に登場してくる『山猫軒』でですよ。」と、さらに告白を重ねることになる。あきれたあなたが調子に乗って、というよりも、そのように振る舞わなければやっていられないというように、「それは『紳士』として、それとも『山猫』として。」と問いかけてくるなら、わたしは「『紳士』としてでもあり、『山猫』としてでもあり、ここが問題の核心なんだよね。」と言うだろう。なんのことやら訳がわからない。そしてあなたはわたしのことを気が違っているのではないかと思われるかもしれない。

「しかし、これは本当の話なんだ。」

右の引用の最後の「しかし、これは本当の話なんだ。」は、誰に向けられているのか。文中の「あなた」すなわち須貝の文章の読者であると考えることができる。実は右の引用は須貝の文章の冒頭の一節であり、この文章の終わりには改めて「この小文の読者」に向けて「あなたは『山猫軒』に行ったことがありますか。」という問いが示されることになる。これを私は、『注文の多い料理店』の語りについての、あるいはこの作品の語り手についての寓話とみる。

『注文の多い料理店』の語り手は「本当の話」を語っている。だからこそ、見て体験してきたような話になっているのである。もとになった話をすべて知っていて、その上で「二人の若い紳士」の体験談に似せて、しかも「古風な童話としての形式」「一見古い様式を踏襲した方法」で語り直しているわけだから、当然、会話以外の地の文は、「二人の若い紳士」が最後どのようなことになったのかをあらかじめ承知した語り手の言葉となる。「紳士」寄りの語りになっていることは確かなのであり、その意味で、「その時ふとうしろを見ますと」が語り手による人物の知覚の代行表現だったように、「白熊のやうな犬」が「死んでしまひました。」という言葉も、「二人の若い紳士」の知覚の代行表現であり、少なくとも「本当の話」がそこでは語られていることになる。

「本当の話」を語ることのできるのは誰か。この語り手は「二人の若い紳士」のどちらかではないのか（一人の経験を語ろうとして、話の登場人物として「二人」にしただけなのかもしれない）。「紙くづのやうに」「くしやくしや」になった自分の「顔」を隠して語り始め、語り終えた後、聴衆にその「顔」を曝すことで、おそらく聴衆は語り手と同じ恐怖を味わうことになる。何しろ、話の内容が「本当」なら、その語り手が「紳士」であったということは、同時に「山猫」でもあったということになるのだから。この作品を、作品内で「紳士」と呼ばれた存在が語る話だ、と考えることによって、「白熊のやうな犬」が「山奥」で死に、「山猫軒」の最後の扉の前で泣きに泣く「紳士」の「うしろから」飛び込んでくる、という一連の出来事も、

（注）

11　須貝千里「あなたは『山猫軒』に行ったことがありますか」（田中実・須貝千里編『文学の力×教材の力　小学校編5年』教育出版、二〇〇一年）

語り手が経験を再構成して語っていることになり、不可思議なことではなくなる。語り手が見て体験してきたことを、聞き手に向けて語っているという風景を想定しながらこの作品を読むことによって、「山猫軒」で「紳士」たちが味わった恐怖は読者にとってこの上ない真実味を帯びることになるだろう。
山猫の心を持ちながら、「山猫軒」での出来事を通して、自らの心の姿を見、その結果としての刻印を顔に負った紳士という語り手は、宮澤賢治その人の戯画化《カリカチュアライズ》された鏡像であったのではあるまいか。その姿は読者の鏡像でもある。まるで作中の山猫が紳士の鏡像であったかのように。しかし「注文の多い料理店」はもちろん実物の鏡ではない。鏡のような物語なのである。

＊『注文の多い料理店』の本文は『【新】校本宮澤賢治全集第十二巻　本文篇』（筑摩書房、一九九五年）に拠る。
（ただし、ルビは省略してある）

《章末注》

3　須貝千里は、この「その時ふとうしろを見ますと」を取り上げて、「山猫軒」の存在が「『紳士』の視覚と認識の問題」であり、「その有限性と特殊性の問題」であり、この点を考えることが、『注文の多い料理店』の「深層の文脈を〈ことばの仕組み〉として発見」する契機となると指摘している。須貝千里「その時ふとうし

ろを見ますと……──『注文の多い料理店』問題──」(『日本文学』第四七巻八号、一九九八年八月)

なお、五十嵐淳はこの須貝の論を踏まえながら、この作品に「さらに大きな仕掛け」を見て、「『語り手』がある一つの小宇宙を創り出そうとしている意志の表れ」を読む。五十嵐淳「『注文の多い料理店』の二項対立を超えて─須貝千里氏の読みを検証する」(『国文学　解釈と鑑賞』至文堂、二〇〇八年七月)

7

宮川健郎はつとに、小・中学生へのアンケート調査の結果を分析して、この作品に対する子どもの反応に、おもしろさとテーマとの「分裂」が見られると指摘している(宮川健郎「宮沢賢治童話論(下)分裂する作品像─『注文の多い料理店』」〈『季刊児童文学批評』第二巻七号、一九八二年〉)。これは『注文の多い料理店』に対する意味駆動の読みの成立の困難さを言い当てたものであると考えることができる。また、この作品が小学校教科書教材にも高等学校教科書教材にもなっているのも、情報駆動・物語内容駆動と要点駆動との距離がこの作品の読みの場合大きいことを物語っている。

9

この点で、「山猫と紳士との関係」が「現実の世俗社会そのもの」であり、「賢治は、山猫と紳士とを戯画的に描くことを通して、虚妄なる生を見、俗悪なる人間世界を諷刺」したという田近洵一の見解(田近洵一「童話『注文の多い料理店』研究」〈『日本文学』一九七七年七月〉)は、須貝千里が「画期的」と評する(須貝、注11の論文)ように、現在においても重要な見解である。

『オツベルと象』——その語りを読む

『少年の日の思い出』、その〈語り〉から深層の構造へ
——「光」と「闇」の交錯を通して見えてくる世界

『走れメロス』

『故郷』（魯迅）における二重映しの〈月〉の風景と〈無〉の思想

◉宮澤賢治『オツベルと象』

『オツベルと象』——その語りを読む

鎌田《かまだ》 均《ひとし》

1 はじめに

『オツベルと象』は難解である。読めば読むほどに疑問が湧き起こる。部分部分の解釈は成立しても作品としての全体像が結ばれてゆかない。研究史を繙いてみても同様の印象を受ける。例えば阿部昇氏(注1)や清水正氏(注2)のように一字一句を丁寧に読み解いた大部なものはあるが、作品の構造を明らかにしてトータルに作品を読み深めたものは皆無と言ってよいのではないか。がっぷり四つに組んで論じたものとしては、管見の限りでは須貝千里氏のものだけであろうと思われる。氏はこの作品の「教材研究や授業の歴史は、作品固有の〈ことばの仕組み〉の解明をなおざりにしてきた歴史で」あり「生身の作家宮澤賢治の宗教観や思想に基づき資本主義的な労働の非人間性に焦点をあてて論評していくことを暗黙の前提としてきた」と看破し、自らは「〈『ことば』は伝わらない〉問題」を読み解く鍵として作品の教材価値を述べた。(注3)私も及ばずながらこの作品を教室で教材として取り扱う場合、どう読もうとするかを考えてみようと思う。例えば田近洵一氏の「善良なる人間をまき込んでいく資本主義体制下における搾取と隷属の管理機構をとらえ、戯画化した」(注4)作品というような資本家と労働者の問題とする読み方や都市社会と農村社会の問題とした捉え方などは一切しない。あくまで教室のあるいは教室を取り囲む状況の問題として読んでみたい。その中で須貝氏の「『白象』の『オツベル』にとっての了解不能性があらわになっていく物語」であるという読みは共有しつつも、氏とは明確に異なる作品世界を現象させることになる。

そのためにまずは私なりにこの作品の構造を明らかにしておこう。最初に断っておきたい。たとえ描くとも私の読み深めは、田中実氏の提唱する読みの理論(注5)に従ってなそうとしたものである。

作品世界は「ある牛飼ひ」とその話を聴く聴き手との間で展開されている。その物語は「オツベルという名の経営者が、ある日仕事場へやってきた白象を自分の物として働かせ、酷い扱いをしているうちに、象の大軍によって滅ぼされてしまう」というお話である。さらにそのお話を二つに分けるとオツベルと白象の相関について語られた「第一日曜」と「第二日曜」、さらにオツベルの次元を超えるものとして登場する「月」と「象たち」が語られるクライマックスの「第五日曜」である。そのお話が「どのように語られているか」を読んで行こうとすると数々の疑問にぶち当たる。私はまずこの語りが、結末を知った上で

(注)
1 阿部昇「『オツベルと象』の読み方指導」(大西忠治編『教材研究の定説化4』明治図書出版、一九九一年)
2 清水正『宮沢賢治の神秘』(鳥影社、一九九二年)・『宮沢賢治を解く――『オツベルと象』の謎』(鳥影社、一九九三年)
3 須貝千里「〈『ことば』は伝わらない〉問題を超えられるか」(『文学の力×教材の力　中学校編1年』(教育出版、二〇〇一年)
4 田近洵一「宮沢賢治『オツベルと象』研究」(小海永二/関口安義編『国語科研究シリーズ　文学教材の研究』教育出版)
5 章末注(148ページ)を参照。

なされているものと読んだ。そう読んだ方が腑に落ちることが多いためである。それでは今述べた構造を疑問点に従って読み解いて行きたい。

2　オツベルと白象の相関を読む

今回私が最も拘ったのは、オツベルは何故に白象をあれほどまでに追いつめたのかということである。オツベルにとって白象ほど大切にすべき労働力は他になかったであろう。働き者で素直で従順、オツベルの思う壺に次々とはまってくれる。十六人いる百姓たちに乱暴狼藉を働くわけでなく、これほどの労働力は手に入るものではない。しかも何の苦労もなく手に入れたのである。にも拘わらず、何故にオツベルは白象に辛く当たるのか。象の大群が攻め寄せてきた際「何ができるもんか。わざと力を減らしてあるんだ」と叫んでいる。白象が小屋を踏み破って暴れたり逃亡したりしないように計画的に餌を減らし、過剰なほど労働強化していたということだろう。それが白象の心身の限界を既に超えてしまっていることに気づかなかったのだろうか。白象がある晩「三把の藁をたべながら、十日の月を〈仰〉ぎ見て、『苦しいです。サンタマリア。』と云つた」ら「こいつを聞いたオツベルは、ことごと象につらくした。」とある。なぜそこまで追い込む必要があったのか。追い込み方が急激過ぎる。繰り返すが、折角手に入れた有能な労働力をむざむざ壊してしまうのはオツベルにとって損失であるはずである。

ではオツベルにとって白象はどんな存在であったろう。冒頭の白象の登場場面を読み返してみると、異常なほどに（というよりこれが人間本来の対応かもしれないが）緊張し怯えている。白象が初めて現れ徐々に自分の領域へと足を踏み入れてくる場面では、オツベルの心理を周辺の百姓と併せて執拗なまでに語り手は語っている。オツベルは当初百姓たちと同様関わらないで済むなら済ませようとしていたように見える。「わざと大きなあくびをして」自己の内面に湧き起こる動揺や緊張を隠そうとしている。それでも「命懸け」で声をかけていくところには、商魂凄まじいがめつさも伝わってくる。

「第二日曜」では、既に百キロの鎖と四百キロの分銅をつけ、堅固な丸太小屋に入れて自分の支配下に置き、言葉巧みに重労働を押し付けている（思惑通り事は運んでいる）にも拘わらず、その根底には「森へ逃げ帰られてしまう」懸念を抱き続け、餌を減らし始めても「石も〔なげ〕とばせる」ほどの怪力への恐れが表面化している。

要するに、オツベルは一貫して白象の象ゆえに持つ底知れぬ破壊力への畏怖を持ち続けており、それが彼をして白象の消耗死へと突き動かしてゆく。また、そこには象が「ペンキを塗つた」わけでもないのに「まつ白」だったという象の特異性も関与する。いわば「了解不能の《他者》[注6]」への恐怖にオツベルの内面は支配され続けていたのである。池上敬司氏も「視覚を圧倒するとてつもない巨体や、動くたびに実感するその重力という、強烈な初発のその印象は、白象への強迫観念として、その後のオツベルを支配し呪縛し続けるのである」と読んでいる。[注7]自己の領域へ闖入してきた白象という特異性を有した未知なる存在に

（注）

6 章末注（148ページ）を参照。

7 池上敬司『宮沢賢治との接点（第三章第五節「オツベルと象」――強迫観念に支配された哀れな男――）』（和泉書院、二〇〇八年）

対する圧倒的な恐怖、怯えにオツベルは支配される。いわば自己の中に作られた〈わたくしの中の他者〉に怯え、目の前の白象が見えなくなっていった。そのことがこのオツベルにとっての悲劇的結末を招来する要因となる。

次に、我々読者に現象する白象のイメージはどうか。

たとえばまず何よりも「ペンキを塗ったのでないぜ。」と語り手が断らねばならないほどに「白い象」というのは稀有な存在である。この世に白蛇や白蝉が稀に存在するように、恐らくは突然変異なのだろうが、白蛇がそうであるように「白」い特異さは神聖なものとして崇められる傾向がある。

この白象はまず「どういふわけか」オツベルの仕事場へやってくる。語り手も「象のことだから、たぶんぶらつと森を出て、ただなにとなく来たのだらう。」と曖昧にしか語らない。その森では後で登場する象の仲間たちが議長を中心とした組織体を形成しそれを堅持して存在しており、昼休みには碁など打つという文化レベルを維持してもいる。ただひとたび自分たちの仲間（社会）に関わる大問題が起きれば一致団結して命を賭して立ち上がり実行に移すと言った強い結束力を持った集団である。彼らは何者か（彼らには「赤衣の童子」は見えない。彼らに見えるのは白象だけである。見えて話せるなら手紙は不要であろう）が伝えてきた白象の窮地を救うために立ち上がる。手紙にはオツベルという名は書かれていない。にも拘わらず即座に「オツベルをやつつけやう」と議長は叫び、みんなも呼応する。（注8）オツベルの邸が「黄色な屋根」であることもよく知っている。ということは彼らは森に居ながらにしてオツベルのことは知っていた。もしオツベルが狡猾で残酷な人間だと認識していたなら、ただ一人森から出歩く白象に「オツベルには近づくな」と十分言い聞かせたはずである。この手紙を見るまで碁など打ってくつろいだ様子に見える彼らは、白象がオツベルのもとに身を寄せていることを知っており、しかもそれほど心配していなかった風である。つまりオツベルは農場経営者としてその名の知れた男ではあったが、危険視まではされていなかったということになる。では何がこんな事態を出来《しゅったい》させたのか。

前述のような集団の一員として恐らくは暮らしていた白象は（その特異性から周囲の象から特別に大切にされていたのかもしれない）、仕事場へやってきて中へ入り、「百姓どもが、顔をまるつきりまつ赤にして足で踏んで器械をまはし」一生懸命働いて「のんのんのんのんのんのん」言わせている職場がどういうわけか気に入ってしまう。その声は象のイメージとは似ても似つかない「とてもきれいな、鶯みたいないい声」である。言葉づかいは「わたし」と最初に言った後はすべて「ぼく」「僕」と言い、まるで上品な幼い少年のような印象さえ受ける。真っ白な全身と鶯のような声、素直で幼げな話しぶり。そういった特異性から読者である私たちにとってはオツベルが直に感じたであろう脅威はほとんど感じられない。オツベルのどんな言葉にも誠実に受け答えし、決して疑わず、従順に素直に無垢に受け入れようとする姿がよりその印象を強める。賢治の言う「デクノボウ」的精神の権化のような存在に思える。攻撃性は皆無で、オツベルの酷い仕打ちにさすがに「時には赤い竜の眼をして」「ぢつと」「オツベルを見おろす」くらいのことはするようになっても一切の抵抗はせず、自らの死を覚悟してしまう。「二十馬力もある」「力」も「きれいな象牙でできてゐる」立派な「牙」も、それらは一生懸命気持ちよく働くことにのみ活かされるものであり、争いごとなどへの転用などそもそも発想として持ち得ないようだ。狡猾で残忍な人間がこの世に

（注）

8　章末注（149ページ）を参照。

は確かにいる（というより状況が人をそのように変えてしまうのかもしれないが）ことを、自分のことも勘定に入れながら後ろめたくも思いつつよく知っている我々読者にとって、白象のこの純粋さは一方で理想であり、また一方では世間知らずに見えて歯がゆくも、腹立たしくもあるかも知れない。だが、ここに登場する他の象たちや他の生きとし生けるものとは一線を画するこの白象の特異性は、物語られる中で見落としてはならないだろう。なぜなら、その白象だけに、「月」と語らい、現れた「赤衣の童子」の親切な働きによって結果的には命を救われるという奇跡が起こるからである。ここに作中人物のレベルを超える存在が介在する。語り手はそういった奇跡を物語として語っているのである。「第一日曜」と「第二日曜」には特筆すべき奇跡は起こっていない。ところが「第五日曜」に語られる内容には、今述べたような奇跡が連続し死の淵から白象は救い出される結末となる。そしてその奇跡はオツベルの想像もし得ないところで現出するのである。

3　語りの構造を読む

語り手は「ある牛飼ひ」である。語られる内容は「第一日曜」「第二日曜」「第五日曜」。この三回の語りはそのまま読めば時間に沿いながら語られているように読める。つまり「第一日曜」を語る「ある牛飼ひ」はこれから起こる「第二日曜までの出来事」をまだ知らない。当然最終的な結末を知るはずがない。と従来は読まれて来た。先の須貝氏もそう読んだが故に「オツベルときたら大したもんだ」のリフレーンを語り手のオツベルへの「字義通りに賛美としてとらえ」た。だからオツベルに語り手が「羨望の念、憧れの思いを抱いてい」たと読み、それなのに最終的には白象へのひどい仕打ちと象たちにより圧死させられてしまうという決して語りたくはなかった出来事、「語らないという選択も可能」だったはずの出来事を語ってしまうことになる語り手の矛盾を読み、〈「ことば」は伝わらない〉問題へと読みを深めて行く。(注9)こうした読みが生まれるのも、前提となっているのは時間の経過と共に「ある牛飼ひ」が語っていると考えるからである。

はたして、そうだろうか。一人の社会的成功を収めたと言って良い農場経営者が、よりによって森から押し寄せた象の大群によって全てを壊滅させられ滅ぼされたという耳目を驚かす大事件が起こっていたなら、その場の聴き手が誰ひとり聞き知らないというのも不自然である。

また「ある牛飼ひ」はなぜにここまで詳細にまるで見てきたように（語られた全ての場面を見聞きすることは物理的に不可能であるにも拘わらず）語り得ているのだろうか。

「のんのん」という擬声語とも擬態語ともとれる形容が物語の冒頭に三回登場する。高橋敏夫氏はこのことばにこだわり、そこに「『のんのんのんのんのんのん』の秩序とでもいうべき軽快に反復する秩序」を読み、その秩序の持つ「異質なものをてなづけ、飼い慣らそうとする暴力」を読んでいる。(注10)が、私には次のように読める。そこで語り手が伝えようとしているのは、物語る世界が我々の生きる現実とは異なる

（注）

9　注3と同じ。

10　高橋敏夫「いつかどこかで、こんな文句をきいたやうだ……　――『オツベルと象』論への序――」（『文学の力×教材の力　中学校編1年』教育出版、二〇〇一年）

世界、地続きではない別世界のお話であること、稲扱器械が「のんのんのんのんのんのん」という特殊な音を立て、それを「大そろしない音」と捉え、白象が人間と会話を交わし、憤った象たちが「グララアガア」と大声で吼え立てるような異世界のお話であるということではないか。そもそも「オツベル」などという国籍不明な名前からして異世界を思わせる（固有名詞で呼ばれるのはオツベルだけである）。だからこそそこには「月」が介在して物語りもするし、突如「赤衣の童子」なども救援に出現したりする。象たちには議長も存在し、碁なども打っている。彼らは皆、無条件に白象に味方する。そのような世界なのである。

もしかすると、その世界は遠い昔のいつかどこかで「ある牛飼ひ」が見聞きしたことの一部始終なのかもしれない。巧みに二箇所「ひとりごとしたさうだ。」「と云つたといふことだ。」と伝え聞いたように語っているところも見逃せない語りの巧妙さである。あるいはまた「ある牛飼ひ」の完全なる創作なのかもしれない。いずれにせよ「ある牛飼ひ」により再構築され物語化された意図的な物語であることは確かである。従来から指摘されているように「七五調」のリズムを多用していることも昔物語風に聴く者を物語世界へ誘おうとする企みである。そう考えると「ある牛飼ひ」は物語の結末を知った上で語っていることになる。すると先の「オツベルときたら大したもんだ。」は賛辞なのか否か。また「第二日曜」から「第五日曜」まで語らないのはなぜなのか、といった新たな疑問が生まれてくる。

先んじて述べておくと、「大したもんだ」「頭がよくてえらい」「大したもんさ」と繰り返される賛辞は、賛辞ではなく語り手の批評のことばとして私は読んだ。関口安義氏は「これらのことばは反語なのである。語り手の真意ではない。聞いている者には、そのことはうすうすわかっている。」と述べ「オツベルは事業主という服を着たペテン師」で「白象はあくまで紳士的である」と対比的に捉えている。ただ氏は反語だと断定する根拠を示さなかった。[注11]「第一日曜」と「第二日曜」で反復される賛辞は、その言葉の直後にオツベルが白象を巧妙に陥れ労働へと駆り立てて行くようすが聴き手に如実に分かるように語られており、語り手の意図がオツベルへの批判にあることは明白である。しかも象の大群に潰されて死ぬという結末まで知った上で、一貫してこの賛辞を口にする語り手の意図を考慮したとき、字義通りには読めなくなるのではないだろうか。が、何よりも恐ろしいと私が感じるのは、自分を騙す相手を疑いもせず真面目に働き続ける無抵抗な白象よりも、下心の見え透いた狡猾なオツベルの方が私にある近さを感じさせてしまうということである。しかしこのことは、単に私だけの感じ方であろうか。敢えて断定的に言うなら次のように言いたい。語り手は明らかに前者に聴き手の同情が傾くように語る。にも拘わらずオツベルを「大したもんだ」と字義通り賞賛し、共感してしまう我々現代人の感覚、そう読めてしまう読ませてしまう現代という時代、それをこの語りは撃っているのだ、と。このことはまた後で述べる。

社会的成功を収めていたはずのオツベルは一貫して白象に怯えていたものの、象の大群を前にした際は「百姓ども」へ的確で冷静な指示を与え果敢に指揮し闘おうとする。昼寝をしていたにも拘わらず、「百姓ども」が象の大群の来襲を大声で伝えると、瞬時に目を開け同時に「もう何もかもわかつてゐた」。このことを語り手は「オツベルはやつぱりえらい」と評価する。ここは賛辞と捉えてよかろう。オツベルにはなぜ白象の事情が森の象たちに伝わったかはわからない。しかし自分の白象への仕打ちが酷くなっていることには自覚があったはずである。象の大群が仲間の白象を救い出しに来たことは瞬時に理解したのであ

（注）

11　関口安義『賢治童話を読む・港の人児童文化研究叢書００３』（港の人、二〇〇八年）

る。それと悟れば即時に守りを固め応戦しようとするオツベル。がしかし、結局は十六人もの使用人の一人としてオツベルに味方した者はなく、共に闘ったのは攻め寄せた象の「皺くちゃで灰いろの、大きな顔」を間近に見て気絶した犬だけである。オツベルはこの世界では金と権力とを手にした「やり手」だと思われるが、彼の危機を助けようとする仲間は犬一匹を除けば誰一人登場しない。彼は経営者ではあり得たが、集団のリーダーにはなり得なかった。それだけの能力を十分に持ちながら、である。その点、議長の高く叫ぶ声に全員が呼応し一糸乱れぬ団結力で来襲してくる象集団のあり方と好対照である。窮地に立たされ「たつた一人で叫んでゐる」オツベルは、やがて五匹の象の下敷きになり敢えない最期を遂げる。その最期を語り手は「くしやくしやに潰れてゐた」と語る。この場面は想像するに惨たらしくて残酷である。しかし敢えて語り手はそこをまるで紙屑か何かのように表現する。オツベルのような誠意のない臆病でずる賢い社会的成功者の本質、もっと言えばそういった社会的成功そのものがいかに血の通わぬ安っぽいものであるかを語ろうとするようにである。そのことと対比的にオツベルに対して柔順で無垢で全く無抵抗な白象には「月」や「赤衣の童子」が救いの手を差し延べる。明らかに「ある牛飼ひ」は語り手としてニュートラルではない。オツベルの内面にやや近いところからこの物語を語り、批評の矛先はオツベルへと向けられ、白象という無垢な存在が却って際だつように語っているように読める。タイトルがあくまで「象とオツベル」ではなく「オツベルと象」である所以である。

「第五日曜」まで三週間、なぜ語らなかったのか。これも諸説あるところだが、先のように読んでくると、「第一日曜」「第二日曜」と白象に関しても思い通りの成功を収めてきた「大したもん」のオツベルが結果どのような最期を迎えるか、そして無垢な白象がどのようになるか、そこに「ある牛飼ひ」の語りの意図があると読めば、聴取者からその続きを要請する声が上がるのを待って語る方が効果はより期待でき、オツベルと白象の対比的な人間像とその関係のあり方がより明確に伝えられるとも読める。牛飼いは牛という動物を相手にして生計を立てる仕事であろう。いわば人生の相棒である牛に対して牛飼いはどう扱っているだろう。「ある牛飼ひ」は自らの牛への対応を思いながら、オツベルの白象への対応を語ったのかもしれない。

4　結末と教材性

多くの先達たちが読んできた最後の白象のさびしい笑いの意味（注12）も、私には次のように見えてくる。

ここではその「さびしさ」が問題となる。「のんのんのんのんのんのん」と繰り返される十六人の「百姓ども」が「顔をまるつきりまつ赤にして」働いている仕事場に純粋な関心を持って近づき、そこで自分も汗水垂らして働くという行為を喜んで受け入れていた白象が、その経営者であるオツベルに死を覚悟せざるを得ないところまで追い込まれ、自分が救いを求めた仲間の象の大軍によってオツベルもオツベルの権力の象徴でもあった仕事場も気がつけば「くしやくしやに潰れて」しまっていた。やっと（たまたま？）見つけた喜びの場「のんのん」世界の崩壊を前にして白象は「さびしくわらつ」たのではないか。私にはそう読める。白象にとってもオツベルは「了解不能の《他者》」であったのだ。笑顔を絶やさずひたすら

（注）

12　章末注（149ページ）を参照。

与えられた仕事に精を出しても、オツベルからは見る見る減らされた餌が与えられるだけ。そこには労働の喜びを共に分かち合う関係は求めても得られない。白象はそれを月に求める。彼は月に向かって願い事を一度も口にしない。祈ることもしない。呼びかける「サンタマリア」は祈りの言葉と言うより感謝の言葉である。その白象に報いるように月が声をかけるという奇跡が語られる。

さて、教材としてこの作品を教室で読んだとき、子どもたちは何を読むだろうか。現在中学一年生の教材として採用されているが、私ならまず、プロットを正しく読んだ後、オツベルが破滅に至った理由を中心に考えさせたい。オツベルは、例えば『なめとこ山の熊』に登場する老獪な町の旦那のように底意地の悪い男という印象はあまり強くない。確かに二枚舌で巧みに人を騙し、自分の都合のいいように、より儲かるように思考し行動する人物ではある。しかし、それが資本主義社会に生きる人間の姿だと言うことだって出来よう。先述したように、どちらかと言えば、実社会での我々は白象よりもオツベルの方に親近感を持つかもしれない。そんなオツベルを「大したもんだ」と皮肉り、批評し、やがて象により圧死させられる結末を語る「ある牛飼ひ」は、そういう資本主義社会に毒された人間の末路を物語っていると読める。またそのことと対比的に無垢で純粋な白象の生き様が尊いものとしてクローズアップされるだろう。

さらに加えて一介の「ある牛飼ひ」にこのような臨場感溢れる巧みな表現力が備わっていたのだろうか、という疑問がこみ上げてくる。そこに田中実氏の言う「機能としての語り(手)」の問題も浮上してくる。「機能としての語り（手）」とは作品の構図全体を統括している働きのことであり、それがここに露出しているように思うのだ。その働きとは何か。私には、白象の「さびしい笑い」にオツベルを憎みきれない感情が読める。オツベルと白象ほど正反対な人間像が、それでも互いの立場を認め合って共生できる場、その可能性を共有しながらもなし得なかったことの原因、それこそが読みの向かうべきところではないか。それは同時に、読みの中でオツベルと白象の互いの「了解不能性」が読者に見えてくるところに教材価値があるのではないか、ということでもある。

私たちの内面には理想としての白象もいれば現実に生きるオツベルもいる。突然の闖入者として現れた白象という珍獣に対して、ただその破壊力への脅威と恐らくは神秘性を秘めたその白色とに心を支配されてその認識を越えられずどんどん関係を悪化させていったオツベルの姿には、我々の日常における認識の陥穽が見えはしないか。喜びを全身で感じて快く働いているのに、いわれのない疑いをかけられ悪意を以て扱われ虐げられてゆく白象の姿には、集団の中でのある場面の自分を彷彿とさせないか。我々がいかに〈わたくしの中の他者〉に囚われて生きているか、それを超えることの困難性とだからこそ超えようとすることの重要性をこの作品は改めて教えてくれるのではないだろうか。

結末の一文はそれまでの物語との連続性を持たない一文である。「ある牛飼ひ」の物語る話に関心を寄せて三週間ぶりにその後の話をせがんで聞いていた聴き手は、結末の意外さに驚き耳を傾けていたが、話が終わりと見るや川へと遊びに行こうとする。危険だからそれを引き止めようとする「ある牛飼ひ」は白象のさびしい笑いに余韻を持たせたかったが、話の先が見えると一気に興味を失って遊びへと心を奪われる聴き手のために思いをくじかれてしまう。恐らくは聴き手は幼い子どもたちであろう。人間の何たるか、その一端を物語をもって示そうとした語り手は、聴き手の成熟を待たなければならない現実に直面して語り終えるのである。

＊『オツベルと象』の本文は『【新】校本宮澤賢治全集第十二巻　本文篇』（筑摩書房、一九九五年）に拠る。

《章末注》

5
多くの論文や著書に書き続けられていることなので、ここでその全てを紹介することは不可能である。ただし昨今、氏は童話にも「小説童話」と読んでよい類のものがあり、それは近代小説と同様の読み方を要求されると述べている。今回の『オツベルと象』も明らかに氏の言う「小説童話」であると私は確信するがゆえに、氏の小説理論『第三項理論』に添って読んでみた。

6
田中実氏の用語。氏は近代文学における「他者」の問題を「了解不能の《他者》」と〈わたくしの中の他者〉に峻別し、我々が出会い認識する「他者」はことごとく後者であり、この了解不能性をいかにして文学作品の読みに対象とし得るか、が小説の力を引き出す要と主張する。

8　須貝氏は「注3」の論で、ここを取りあげ、白象の「助けてくれ」という手紙の文言を「やっつけよう」と受けるところに「〈ことば〉は伝わらない」問題が浮上すると読んでいる。しかし氏の言う「伝わらない」問題は言葉の多義性の問題と受けとる側の思惑による解釈との両方を含んで述べられており、ことばの宿命的な性質と言っているが、それは必ずしもこの作品固有の問題ではないのではないかと私には思われる。

12　諸説あるが、教育出版の教師用指導書の読みを掲げておきたい。一九九七年度版では「白象の純真さ、純朴さ、善良さ、柔順さが、オツベルの欲望と欺瞞のために裏切られ、損なわれていくことのさびしさ。（白象のような純粋な存在が、オツベルに象徴されるような現実の社会に生きることのできないさびしさ。）」と主題をまとめている。（『中学国語1　教師用指導書指導編［上］』教育出版、一九九七年版）その後、先の須貝氏の執筆により「白象は仲間によって助けられた。しかし、彼は意図的意識的ではないが、オツベルと同様の言葉の意味のズレという事態に直面することになる。（中略）このことが寂しい笑いを生み出している。」（『伝え合う言葉　中学国語1　教師用指導書教材研究編第1部』教育出版、二〇〇六年版）と改められ、解釈を「言葉の二重性」「〈ことば〉は伝わらない」問題に絞り込み、この作品のメタプロット（田中実氏の用語。氏は小説と物語とを峻別する。いわゆる近代文学の主流をなしてきた作品群には、「そのプロットをプロットたらしめている内的必然性」を読みの中で発見してゆくことが、近代小説の価値の発見へとつながるという）として見ている。

◉ヘルマン・ヘッセ『少年の日の思い出』

『少年の日の思い出』、その〈語り〉から深層の構造へ
――「光」と「闇」の交錯を通して見えてくる世界

角谷《すみたに》 有一《ゆういち》

はじめに

『少年の日の思い出』は、一九四七（昭和二十二）年に教科書教材として採択されて以来、繰り返し教科書に採録され、二〇一二（平成二十四）年の教科書では、中学一年生教材として、五社すべての中学校教科書に採録されている「定番教材」である。六十年間にわたって、それぞれの時代の中で多くの教材論が書かれ、多くの実践が積み上げられてきた教材でもある。

この作品がこれまで中学校の国語教材としてどのように読まれてきたかを簡潔に整理した論文に、三浦和尚氏の「『少年の日の思い出』（ヘッセ）の授業実践史」(注1)がある。その中で、氏は、次の三点がこの作品が長く教材として取り上げられてきた理由だと論じている。まず第一に、浜本純逸氏の論を引きながら、「人間の美への衝動、その結果としての犯罪という、『人間存在の本質』、またその自覚を通して語られる一人の少年の覚醒と成長を、見事に簡潔に示した作品である」点を挙げている。次に、菅原稔氏に倣って、

「（中学生にとって主人公の『ぼく』が）同世代として共感的に読める作品」であることを指摘している。さらに、「この作品は、『思い出』という『額縁構造』を持つ（額縁小説）ことにより、大人の物語としても成立している」点も、教材として高い評価を得てきたところだと述べているのである。

ここで、三浦氏が挙げている三点が、この作品が長く「定番教材」として教科書に採録されてきた理由でもあるだろう。しかし、逆に言えば、このような見方にとらわれて、こういう読み方から抜けられないままに、「ぼく」の語る少年時代の回想の物語内容から作品の主題を読み取ることを学習の中心課題にして読まれ続けてきたことも確かである。

この小説では、夕方から夜へと外の闇が次第に濃くなっていく「私」の書斎で、「ぼく」が語る少年時代の思い出を聞き終えた「私」が、その思い出を再構成して語り直しているという、〈語り〉のしくみを確認しておく必要がある。つまり、「ぼく」の語りは、全体の小説を構成している「私」の語りに内包されているのである。そのため、小説全体を読み解いていくためには、プロットにしたがって一旦小説を最後まで読み終えた上で、折り返して「私」の語りに内包された「ぼく」の語りを読んでいかなければならないだろう。

近年、この小説が「現在」と「過去」という二つの場面から成り立ち、それぞれの場面で「語り手」が替わるという「語りの構造」に着目して読もうという実践も見られるようになってきているのだが、作品

（注）

1 浜本純逸監修、田中宏幸・坂口京子共編『文学の授業づくりハンドブック　第4巻』（渓水社、二〇一〇年）の第1章から。なお浜本純逸氏と菅原稔氏の論については、同書「文献」欄を参照した。

の構造に着目するということが必ずしも作品の読みを深める方向には向かっていないように見えるのは、大人である「私」が語る現在の場面が「ぼく」の語る回想の物語を生き生きと伝えるための伏線として構成されていると捉える教師用指導書の解釈(注2)を疑うことなく、冒頭から結末に向けてプロットが直線的に展開するものとして読んでいくからではないだろうか。これでは、作品の冒頭で重層化されている「時間」を折り返して読むということができなくなってしまうのである。

1 「私」と「ぼく」という二人の語り手をどうとらえるか

「私」と「ぼく」という二人の語り手に着目してこの小説の「語りの構造」に言及している論者に竹内常一氏がいる。氏は、「罪は許されないのか(注3)」と題した『少年の日の思い出』論の中で、「客(=『ぼく』・引用者注)は純粋な思い出をけがし、絶対的な価値を犯したという罪責感を抱いていると同時に、他の人にたいしてはずかしいという気持ちをもっている人物だ」から、「その語りはつっかえ、よどみ、つまるものであったのではないか」と問題提起をした上で、それなのに、小説が「かれの話を筋の通ったものとして提示している」理由を次のように述べている。

それは、わたしがかれの話を聞き取り、ひとつの物語に書いているからである。その際、わたしはそれを筋の通ったものにし、その陰影をきわだたせ、その主題を明確にしようとしたにちがいない。その意味では、かれの語りにたいするわたしの応答は、かれの幼児時代の出来事を一編の小説に仕上げたことのなかにすでに提示されているのである。

だからこそ、「この小説は結末部を必要としていない」と、現在から過去へ展開しながら再び現在へと戻ってこないこの小説の構造を、小説としての必然として論じている。さらに、「わたし」は、「かれ」の話に応答するために「かれ」の話を小説に仕立てたのであるから、「今度は『かれ』がこれを読んで、その罪から解放され、その心の傷を癒すことができたのかを語らなければならない」と、この小説が「わたし」と「かれ」とのひとまとまりの対話として読まれるべきであると論じて、これまで教室の中で、「かれ」の語る思い出を、「かれ」の自己反省のモノローグとして読ませることで作品を道徳教材化してきた「日本の学校」のありよう、「権力の意図」を厳しく批判しているのである。

この論文の後に書かれた「語り手と語り口——教師用書の読みと子どもの読み」(注4)ではその方向はさらに強まっているが、竹内氏の教材の読みの根底には権威的な学校教育、道徳教育と一体化した国語教育に対する強い批判意識があり、時にその批判の矛先を明確にするために議論が組み立てられていると思われる点がないとはいえない。『少年の日の思い出』を取り上げた二つの論文でも、この小説の「語りの構造」をダイアローグ的なもの、多声的なものとして読み取ることで、「小説のことばを客のモノローグのことばにすり替え」て「子供たちを登場人物の心情に同化・一体化させようとしている」「教師用『学習指導書』

（注）

2 章末注（167ページ）を参照。
3 竹内常一「罪は許されないのか」（田中実・須貝千里編『文学の力×教材の力　中学校編1年』教育出版、二〇〇一年）。のちに『読むことの教育——高瀬舟、少年の日の思い出』（山吹書店、二〇〇五年）。ここでは前著を引用。
4 竹内常一「語り手と語り口——教師用書の読みと子どもの読み」（『國學院雑誌』二〇〇五年一月）。のちに『読むことの教育——高瀬舟、少年の日の思い出』（山吹書店、二〇〇五年）。

の手口」を相対化していこうという意図が明確に現れている。そのような文脈の中で、竹内氏は、この小説の「語りの構造」を次のように述べている。

この小説は、客の語りを主人がたんに語りなおしたものであるというよりは、客と主人の対話を主人が語りなおしたといわなければならない。だから、そのなかに客の声だけでなく、その場の主人の声も織り込まれているということになる。そうだとすると、主人が二人の対話を間接話法で述べたものであるということができる。その意味では、この小説は二人の語り手の共著だといっていいだろう。(注5)

竹内氏は、客の思い出話は、「ぼく」と「私」が対話しながら進行していた「ぼく」の長い語りを「間接話法」で語りなおしたものだというのである。だから、この「ぼく」の語りの中には、現在の「客」と「私」、そして少年時代の「客」と「私」というのが、多重構造で提示されているのだととらえている。

しかし、この物語は、客（=「ぼく」）の告白を聞き終えた「私」が、自分の少年時代の「話すのも恥ずかしい」思い出を「私」に向けて話すことになったいきさつを語った後で、「外では、カエルが遠くからかん高く、闇一面に鳴いていた。友人はその間に次のように語った」と、「ぼく」が語った思い出を、一人称の直接話法で採録して終わっているのである。そして、これがこの物語のプロットである。そのプロットの先に何を読み取るかは、読み手に託されているのだが、プロットの上では、客の話を、「主人が二人の対話を間接話法で述べたものである」と捉えるのは、竹内氏の批判の意図にはかなうかもしれないが、作品のプロットをことさら複雑にして、読み手を混乱させることになるだけではないだろうか。教科書本文では確かに客の長い告白のことばには引用符はつけられていないが、一九八二年版の新潮社のヘッセ全集の本文では、「ぼく」の長い語りの前後には引用符がつけられているのである。ここでは、作品のプロットにしたがって、客の話を共感を持って聞き終えた「私」が自分の受け取ったままに、できるだけ「ぼく」の語りにこめられた思いを忠実に再現しようとして語り直していると読むべきであろう。

2 「私」の物語

「私」が語り始めるのは、自分の家に客として滞在していた友人のことである。この友人が「私」に向けて話した思い出が「私」を深く捉えたのだ。「私」は、その日の夕方から夜に向かう時間のことを語りはじめるのである。散歩から帰った友人が「私の書斎で私のそばに腰かけて」いる。そして、二人は、子どもや幼い日の思い出について懐かしく話し合っている。そんな中で、「私」は彼に語りかけるのだ。「子どもができてから、自分の幼年時代のいろいろの習慣や楽しみごとがまたよみがえってきたよ。それどころか、一年前から、ぼくはまた、チョウチョ集めをやっているよ。お目にかけようか。」と。

この後、「私」は、夕方から夜へと光が消えて、あたりの風景が闇の中へ沈んでいく時の流れを読者に提示する。「もうすっかり暗くなっているのに気づき、私はランプを取ってマッチを擦った。すると、たちまち外の景色は闇に沈んでしまい、窓いっぱいに不透明な青い夜色に閉ざされてしまった」と。外界の光と闇の描写は、「私」によって執拗に繰り返されて、読者の前にその意味が顕わになってくる。時の経過とともに次第に深く二人を包んでいく外の夕闇と、その闇の中だからこそ鮮やかに浮き上がる明るいラ

（注）
5　注4に同じ。

ンプに照らされたチョウチョの標本。それは、友人の心に、太陽の光を浴びて美しく光り輝くチョウチョとそのチョウを夢中になって追いかけていた幼年時代の熱情を思い起こさせる。そして、今、二人を包む外の夕闇は、彼の心に、「チョウチョを一つ一つ取り出し、指でこなごなに押し潰してしまった」あの少年の日の寝台の周りを包んでいた夜の闇を思い起こさせたのだろう。

きらびやかな標本の入っている箱が、「私」によって片づけられた後で、緑色のかさがランプに載せられて部屋は薄暗がりの中に沈み、友人は開いた窓の縁に腰かけて、外の闇とほとんど見分けがつかないような中で、ずっと心の中に抱き続けてきた出来事を語り始めるのだ。客の語りを促すのは、「私」が彼に見せた明るいランプの光に照らされた美しいチョウチョの標本だ。そして、しだいに闇が深まる中で、光に照らされた美しいチョウの色に満たされていた、少年時代の友人の心を黒く塗りつぶし、彼を深い闇の底に突き落としてしまった「話すのも恥ずかしい」出来事が「私」に向けて語られるのだ。「私」は、「友人はその間に次のように語った」と、この時自分が聞き取った友人の話を一人称の直接話法で再現して語り直そうとしているのだ。そこでは、友人（＝「ぼく」）の経てきた少年時代の経験が、その傷を傷としてかかえたまま語られているのである。友人が語る最後の場面、闇の中で自分の採集したチョウチョを一つ一つ「こなごなに押し潰して」いる時の深い心の傷は、まるでついさっき経験した出来事であるかのように「私」に伝えられるのだ。

物語はここで終わるのだが、まだ「カエルが遠くからかん高く、闇一面に鳴いてい」る間に友人の思い出を聞き終えた「私」が、この後、この友人の深い心の傷をどう受け止めたのかは、その長い友人の語りを詳しく読み取った後でもう一度この最初の場面に戻って考察してみたい。

3 「ぼく」の物語

ところで、客である「ぼく」の語りが、大人になった「ぼく」によって批評的に捉え直されることなく、少年時代の「ぼく」に一体化した視点から語られているという点を取り上げて、「ぼく」の語りに「ある種の独善性」を見、さらには作品そのものの「独善性」を批判したのは綾目広治氏(注6)である。「ぼく」の語りに「ある種の独善性」が見られるのは確かである。それは少年時代の心の傷やエーミールに対する強い憎しみを抱いたまま大人になっている「ぼく」が語っているのだから当然といえば当然である。しかし、この点を捉えて、その「独善性」を批判することに終わるだけの読み方は、作品の「語りの構造」を捉えずに、ただ表層のプロットをなぞる読み方でしかないだろう。この小説では、「私」の前半部分の語りは、プロットの上で後半部分の「ぼく」の語りを引き出しているだけでなく、再読する読者とともに、自分の過去の出来事を語り終えた「ぼく」に、もう一度少年時代の経験の持つ意味の問い直しを迫るはたらきをしているのではないだろうか。そのように考えると、自分の経験を問い直すことを迫られる今の「ぼく」が、少年時の「ぼく」と一体化していなければならないのは、この「小説」にとって必然ではないだろうか。

このことを考えていく上で、隣の少年、エーミールに纏わる「ぼく」の少年時代の二つの出来事を語る

（注）

6 綾目広治「幼いチョウ収集家の〈逸脱〉」（田中実・須貝千里編『文学の力×教材の力 中学校編1年』教育出版、二〇〇一年）

前に、「今でも美しいチョウチョを見ると、おりおりあの熱情が身にしみて感じられる」と、少年時代と地続きの今の「ぼく」の心のありようについて述べていることには意味があると思われる。少年時代に感じた、美しいチョウを見つけたときの「捕らえる喜びに息もつまりそうにな」る、「微妙な喜びと、激しい欲望との入り交じった気持ち」が、大人になった今も「ぼく」の心の奥底にも息づき、心を深く支配していることを告げた上で、「ぼく」は、少年時代の気持ちと一体化、同化して、その気持ちを深く傷つけ、今も心の内に封じ込められている二つの出来事の思い出を語るのである。

つまり、「ぼく」は、自分がエーミールに対して犯した罪を受け止めて、それを引き受け、エーミールに対して償いをするということから目をそらしたまま、エーミールに対する憎しみを抱き、その憎しみとともに自分の犯した罪を心の奥深い闇の中に閉じ込めてしまったのだ。そのために、「ぼく」はいつまで経ってもその苦しみから抜け出すことができないでいるのだ。「ぼく」が語っている「恥ずかしい」話を、「私」はそのように受け取っているといえないだろうか。

まず最初に自分の捕らえた「珍しい青いコムラサキ」の標本を、「得意のあまり」「隣の子どもに」見せたときのことが語られる。その時の「ぼく」の心を支配していたのは、美しいチョウチョを見て感じる「貪るような、うっとりした感じ」を仲間に自慢したいという思いだ。しかし、「ぼく」のその思いは隣の少年によって徹底的に裏切られる。

彼は、見せられた標本を「専門家らしく」鑑定し、子供の「ぼく」とは全く違う基準で評価する。「ぼく」にとっては、「ぼくらのところでは珍しい」宝物だったのだが、それを隣の少年は、貨幣による価値に還元して交換可能なものとして値踏みする。同時に、展翅の仕方や細かい体の部分の保存状態を見て、他の標本との比較によって、その標本の価値を決定する。この少年が「ぼく」に伝えたのは、「ぼく」の中では、他と比較できない、自分固有の「宝物」であるコムラサキの価値を、他の物との関係の中で相対化して、他者と共有できるものにするという「大人の世界」の約束事である。そして、この約束事を受け入れることは、現実の世界に触れて、大人に一歩近づくという体験にもなりえたはずなのだが、「ぼく」は、そういう「大人」の感覚を持った隣の少年を、「非のうちどころがないという悪徳」をもった「子どもとしては二倍も気味悪い性質」と揶揄した上で、彼の指摘を「こっぴどい批評家」の「難癖」として退けて、「二度と彼に獲物を見せなかった」と、自分の「貪るような、うっとりした感じ」を温存し、その中に閉じこもろうとするのである。

そして、「ぼく」が次に話し始めるのは、この事件の二年後の、さらに深く心を傷つけることになる出来事についてである。「ぼくたちは、もう大きな少年になっていた」のだが、「ぼく」はまだ、大人の世界とは隔絶した「子どもだけが感じることのできる」「あの熱情」の「絶頂」にいた。そのころ、「名前を知っていながら自分の箱にまだないチョウ」として「ぼくが熱烈に欲しがっていた」ヤママユガを、隣の少年であるエーミールが持っていると聞いて、「ぼく」の激しい欲望は大きく膨らみ、「せめて例のチョウを見たい」という思いは、「この宝を手に入れたいという逆らいがたい欲望」へと膨らみ、その過程で「盗み」という罪を犯してしまう。エーミールの部屋に入り込み、展翅板の上に止められているヤママユガを見て、「あの有名な斑点」を見るために針を抜いたとき、「四つの大きな不思議な斑点が、挿絵のよりはずっと美しく、ずっとすばらしく、ぼくを見つめ」て、「ぼく」は、「逆らいがたい欲望」に身をまかせてしまうのである。

しかし、この行為を、その時の「ぼく」がしっかりと受け止めることができなかったために、「ぼく」は、今も苦しみの中でもがき続けることになるのである。「悪く思わないでくれたまえ」「きみの収集をよく見なかったけれど」と、大人になった今でも、「ぼく」は、「幼年時代の思い出を強くそそられる」チョウを正視し続けることができないのだ。

盗んだチョウを右手に隠して階段を下りたとき、下からだれかが上がってくる音を聞く。「その瞬間にぼくの良心は目覚めた」のだが、「ぼく」はすぐ他人の目に触れないように「もとに返して、できるならなにごともなかったようにしておかなければならない」と思ってしまうのである。これは、自分の犯してしまった罪に目をふさいでしまうことであり、決して本当の意味での「良心」の目覚めにつながらず、幼い狡さと弱さのために、目覚めかけた良心は心の奥深くへと押さえ込まれてしまう。そして、その狡さが次の新たな悲劇を、つまり、ヤママユガを、取り繕うことができないほどにバラバラに壊してしまうという悲劇を引き起こしてしまうのである。

「盗みをしたという気持ちより、自分が潰してしまった美しい珍しいチョウを見ているほうが、ぼくの心を苦しめた」と語っているが、この時「ぼく」は、「美しいチョウチョ」を前にしたときに感じる「微妙な喜びと、激しい欲望との入り交じった気持ち」が、自分の乱暴なチョウの取り扱いによって激しく傷つけられるという経験をするのである。そして、そのために自分の犯した罪に気づき、それを受け止めて、エーミールに謝罪をするという機会を失ってしまうのだ。「美しい珍しいチョウ」を見ていたいという欲望が、その欲望に突き動かされて為してしまった行為によって裏切られ、取り返しがつかないまでに傷つけられてしまう。ここで「ぼく」の心を占めているのは、傷ついた「ぼく」の美意識であって、自分がサナギから育て上げ、丁寧に作り上げた標本を自分が不在の間に部屋から盗み出されて、壊されてしまったエーミールに対する罪の意識ではない。そして、その悲しみの中で、「ついに一切を母にうち明ける勇気を起こした」と語る「ぼく」は、他人のものを盗み傷つけたことを厳しく咎める母の思いを、この思い出を語っている「今」になっても受け止めることができてないのだ。「母は驚き悲しんだが、すでにこの告白が、どんな罰を忍ぶことより、ぼくにとってつらいことだったということを感じたらしかった」と、母親が「ぼく」のつらさを受け止めて慰めようとしているように語っているが、その「ぼく」の受け取りが母のその時の思惑といかにかけ離れたものであるかは、その後の直接話法で引用される母親の有無をいわせぬ厳しい命令を素直に読んでみれば、一目瞭然である。母親が「ぼく」に命じているのは、エーミールに自分の罪を告白し、謝罪し、その償いをすることなのである。

「ぼく」は、母に命じられるままに、エーミールの所へ出かけて、「ぼくがやったのだ」と言う。しかし、この思い出を語っている今の「ぼく」にも、この時のエーミールの悲しみを思いやる気持ちは全く感じられない。そこにあるのは「非常に難しい珍しい技術を心得ていた」エーミールによっても修復できないほどに潰されたヤママユガの姿に対する激しい痛みをともなった後悔の思いと「彼（エーミール・引用者注）がぼくの言うことをわかってくれないし、おそらく全然信じようともしないだろうということを」「前もって、はっきり感じていた」というエーミールに対する不信と憎しみだ。だからこそ、その後悔の思いは、エーミールの「けっこうだよ。ぼくはきみの集めたやつはもう知っている。そのうえ、今日また、きみがチョウをどんなに取り扱っているか、ということを見ることができたさ。」という言葉によってさらに傷つけられる。チョウの取り扱い方に対して自分を責めていた「ぼく」に対する心の通わない「模範少年」

からのさげすみの言葉を耳にして、心の中で整理できない混沌とした思いは、エーミールに対する憎しみとなって噴出する。「あいつの喉笛に飛びかかるところだった」というほどに。そして、「私」に向けて語っている「今」でも、エーミールのことを思わず「あいつ」と言ってしまうほどに。

「ぼく」は、自分の犯した罪に気づくことができないままに、「ぼく」のチョウの扱い方を乱暴だと決めつけ、冷淡に軽蔑的に「ぼく」を責めるように見つめているエーミールに対して激しい憎しみを抱いて、自分の収集したチョウを一つ一つ取り出して、指でこなごなに押し潰してしまうのだ。ここにあるのは、自分の大切なチョウを潰すことで、罪を償おうという気持ちではなく、この出来事から目をそらし、出来事自体をなかったことにしてしまいたいと思う気持ちである。それは、美しいヤママユガを潰してしまった自分自身に対する報復であるとともに、自分のチョウの扱い方を冷淡に否定して、軽蔑的に見つめるエーミールに対する報復でもあるのだ。そして、この行為は、エーミールから受けた傷とエーミールに対する憎しみを同時に心の奥深い闇に封じ込めてしまうことになってしまうのだ。そして、今でも「ぼく」はその闇から抜け出せないでいるのだ。

4　折り返して、「私」の語りの中に「ぼく」への応答を読む

「ぼく」の長い語りを読み終えた後に、もう一度冒頭部分から再読する読者には、客である「ぼく」が、「私」によって温かく迎えられ、受け入れられて、包み込まれていると読める。プロットの上では、「私」はまだ「ぼく」の少年時代の思い出を何も聞いていないし、何も知らないはずなのだが、その叙述はプロ

ットを裏切っているかのように読める。それは当然といえば当然のことである。「私」は、「ぼく」の長い語りを聞き終えた後に、この思い出話が語り直すに値する物語であると判断して、それを再構成しているのであるから。「私」は、友人が「私」に向けて語ったその思い出話を、昼間の明るさが消え失せていく中で、「私」のチョウを輝かせていた明るいランプの光が、「カエルが遠くからかん高く」鳴いている外の闇に覆われていく、光から闇へと移りゆく時間の中に包み込んで語りはじめるのである。そのように再構成されることで、「ぼく」の語る思い出の世界は、「私」によって語られる夕方から夜へ向かう小説の時間に内包されて、その光と闇の世界が一層際だってくるのだ。そのようにして、「ぼく」の語りに対する「私」の「応答」が読者にとらえられるものになってくるのである。再読する読者は、物語というフィクションの中に入り込み、「私」と一緒に作品内の聞き手となって、「ぼく」の語りを聞くということでもある。それは、生身の読者としてではなく、作中の「はたらき」として「ぼく」の話に耳を傾ける。つまり、「機能」として、「私」の語りの中に「ぼく」の語りに対する「応答」を読み取っていくのである。まるで、今の「ぼく」が、自分の少年時代に経験した出来事の意味を確認し、それによって心の奥深くに刻まれた傷が自分の中で顕わなものになっていくように。

客は、「私」の書斎で「私」に寄り添うように「私のそばに腰かけてい」るのである。そして、真っ先にチョウチョ集めのことが語り出される。それは、「ぼく」が幼年時代強く心を引きつけられた遊戯であり、「みんなは何度も、ぼくにそれをやめさせなければなるまい、と考えた」ほど「とりこになり、ひどく心を打ち込んでしま」った結果、「自分でその思い出を汚してしま」うような出来事を引き起こすことになる、幼年時代の「楽しみごと」である。

「私」は、客である「ぼく」に向かって話しかける。「子どもができてから、自分の幼年時代のいろいろの習慣や楽しみごとがまたよみがえってきたよ」と。子供ができる年齢になって、自分の生活から失われていた幼年時代の「習慣や楽しみごと」が次々とよみがえってきたことを告げた後で、「それどころか、一年前から、ぼくはまた、チョウチョ集めをやっているよ」と。これは、チョウチョ集めという「習慣や楽しみごと」が、単にただ「よみがえってきた」だけではなく、まるで「ぼく」の幼年時代の「熱情」と同じように今の「私」の生活の中によみがえってきて、今、「チョウチョ集め」に熱中していると言っているように読める。しかし、それは、少年時代の「ぼく」が抱いていたような、「他のことはすっかりすっぽかして」しまうような「子どもだけが感じることのできる」「熱情」ではない。明るいランプの光を受けてきらびやかに光り輝く美しく珍しいチョウを客に見せて、「ぼく」が不愉快な出来事を思い出したらしいと察すると、箱をしまって「ぼく」の話にゆっくりと耳を傾けることのできる「大人」の落ち着きとともにある「習慣や楽しみごと」なのである。

ここで、「私」は、「ぼく」の話を共感を持って受け止めているだけではなく、幼年時代に夢中になった「チョウチョ集め」という遊戯がどのような意味を持つものであり、その「遊戯のとりこになり、ひどく心を打ち込んで」しまったことがどのような傷を抱え込むことになってしまったのかを、「ぼく」に向けてもう一度ふり返らせているのだ。「私」は、「ぼく」を促して語らせることによって、「ぼく」の心の奥底に秘められた「罪」の意識を引き出しているといえる。それが、作品内読者となって「私」とともに「ぼく」の語りに耳を傾けているという虚構が生み出すはたらきなのである。そこで明らかにされるのは、「ぼく」がエーミールという他者を認めて関係を築くことができずに心を閉ざしてしまったことであり、そのため、かえって今でも「子どもだけが感じることのできる、あのなんともいえぬ、貪るような、うっとりした感じ」を、闇に閉ざされた心の中に、光り輝くチョウのようなものとして持ち続けているということである。さらに、その激しい欲望が自分に「盗み」という罪を犯させてしまったというのに、被害者であるエーミールから受けた軽蔑に深く傷つき、エーミールを強く憎むようになってしまうという心の中の歪みを今も引きずっているということである。ここから浮かび上がってくるのは、自分の罪を認めてエーミールに謝罪し、罪を償うということができないまま、大人になっても苦しみ続けている「ぼく」の姿である。今、少年時代の思いと一体化して、自分が体験したことの一つ一つを思い出しながら語り、母に強い口調で命じられた言葉を思い出し、ヤママユガを繕うためにエーミールがした行為をなぞって語る中で、当時の「ぼく」に何ができていなかったのかが、「読む」というはたらきを通じて、読者にとってだけではなく、「ぼく」自身にも顕わになってくるのだ。

5 〈語り〉の構造を捉えて文脈を読むということ

「ぼく」の長い思い出話は次のようにして終わる。

ぼくは、床にお入り、と言われた。ぼくにとってはもう遅い時刻だった。だが、その前にぼくは、そっと食堂に行って、大きなとび色の厚紙の箱を取ってき、それを寝台の上に載せ、闇の中で開いた。そしてチョウチョを一つ一つ取り出し、指でこなごなに押し潰してしまった。

「こなごなに押し潰」されたチョウチョの残骸も見えないような寝台を包む深い闇。その闇は、以来、「ぼく」が心の奥深いところで「一度起きたことは、もう償いのできないものだ」というあきらめの思いとともにずっと抱え続けてきた闇でもある。そして、その告白は「カエルが遠くからかん高く」鳴いている「一面の闇」の中で語り終えられて、「私」の心にしっかりと届けられるのだ。聞き手の「私」とともに読者は、「ぼく」の回想の物語の中の闇と、現実の、「私」と友人を包む闇という二重の深い闇の中で、「ぼく」が心の中にずっと抱き続けてきたものを受け取るのだ。それは、先にも書いた通り、エーミールがさなぎからかえして大切に育てて標本にしたヤママユガを盗み出し、さらに、繕うこともできないほどばらばらに壊してしまったという思い出である。そのことの意味に「ぼく」もすぐ気づくのだ。「ぼくは突然、自分は盗みをした、下劣なやつだということを悟った」とあるように。しかし、この時「絶頂にあった」チョウチョ集めに対する「熱情」がその罪の意識を抑えつけて、「自分が潰してしまった美しい珍しいチョウを見ている」ことの苦しみのほうに心を向けさせてしまい、エーミールのつらさや悲しさから目をそらしてしまったのだ。ここにこそ、「ぼく」が少年時代から大人になるまでしっかりと受け止められなかった「罪」がある。

このように読んでくると、『少年の日の思い出』は、自分の罪を認めて償いをすることができないままにエーミールに対する憎しみを抱き続け、心の奥底に闇をかかえて少年時代から大人の今にいたるまでの時間を生きてきた男が、「私」に促されて、過去の記憶をなぞりながら語ることによって、さらに、それが「私」によって再び語り直されることによって、自分の罪が顕わなものとして目の前に晒され、その罪に対する罰を受けなければならないことを受け入れていくという小説なのである。

「ぼく」が、少年時代に犯した自分の罪に気づき、エーミールに心の底から謝罪することができた時、「ぼく」は、他者との関係を取り戻して、今の「私」と同じように、もう一度「自分の幼年時代のいろいろの習慣や楽しみごと」の中で、「幼い日の無数の瞬間」を包んでいた「荒野の焼きつくような昼下がり」や「庭の中の涼しい朝」、そして「神秘的な森の外れの夕方」に、常に「美しいチョウ」の色を輝かせていた「光あふれる世界」を本当に取り戻すことができるようになるだろうということを、作品内読者となって再読する「はたらき」が明らかにしている。これが、この作品の〈語り〉の構造なのである。

＊『少年の日の思い出』の本文は『伝え合う言葉　中学国語1』（教育出版、二〇一二年版）に拠る。

《章末注》

2
『新編　新しい国語1　教師用指導書授業実践編下』（東京書籍　二〇〇六年）には、以下のような学習目標が挙げられている。

本作品は、現在と回想の二つの部分から構成されている。現在の場面には、回想場面との密接なつながりを示す伏線がいくつか設けられているため、構成の工夫をとらえるのにふさわしい学習材となっている。

『中学校国語　学習指導書1下』（光村図書　二〇〇六年）には、「教材の分析」の「構成」に以下のような記述がある。

前半で客が語る内容やそのときの様子が後半の結末を予想させるような伏線となっていることがわかるであろう。

◉太宰治『走れメロス』

『走れメロス』

安藤《あんどう》 宏《ひろし》

1

半世紀以上に渡って中学国語教科書に採用され、国民的な知名度を獲得した『走れメロス』も、「定番教材」としては一つの過渡期を迎えつつあるようだ。

若年層の読書離れや国語の時間数の減少により、まとまった分量の小説を授業で取り上げにくくなってきている経緯、など、背景にはさまざまな事情があげられようが、より根本的な要因としては作品の内容、つまりそのあまりにも現実離れした信義や友情のあり方に、教える側も教わる側も、共にリアリティを感じにくくなって来ている現状があると聞く。

たしかに「文学」概念自体がこの数十年のうちに大きく動きつつあるのは事実だろう。小説に人生のあるべき姿を学ぶことへの過剰な思い入れが相対化されつつある中で、〝熱く信義を語る〟この教材は、ある種の〝胡散臭さ〟を感じさせる元凶になっているのかもしれない。一方ではいわゆる道徳教材として、また一方では教える側がノスタルジーに浸ることのできるメルヘンとして、ともすれば安易な受容に流れがちであったそのツケとして、一種しらじらとした懐疑――扱いにくさ――を現場に生み出しているようなのである。

しかしたとえ「文学」概念がいかに変容しようとも、小説を一個の表現機構として――言葉の構造体として――読み解いていくトレーニングは、今後も教育現場の不易の課題として残り続けるにちがいない。『走れメロス』は決して道徳を教えるための手だてではないし、教える側が〝青春〟の感傷に浸るためのメルヘンでもない。自意識の欠如したメロスと自意識過剰に苦しむ王（ディオニス）との〝和解〟が模索される、ある意味ではきわめて現実主義的な課題に裏打ちされた物語なのである。その様態を言葉の葛藤を通して読み解くことができるかどうかに、むしろ今こそ教える側の力量が問われているのだとも言えよう。

本稿では以下、メロスと王との共通点、という観点から、あらためてこの小説の問題点を整理してみたいと思う。

2

『走れメロス』は雑誌『新潮』の一九四〇（昭和十五）年五月号の創作欄に掲載された。つまり青少年を対象に書かれたものではなく、純然たる文壇文学として発表されたものであることを、まず最初に確認しておきたい。

今日では太宰の代表作の一つに数えられているこの小説も、発表当時の反響は必ずしも芳しいものではなかった。〈素直に愉しい〉(『文藝』一九四〇年六月、署名〈K・G〉)、〈達者な手法の短篇〉(『三田文学』一九四〇年六月、匿名)といった短評が見える反面、〈いふほどのこともない〉(『新潮』一九四〇年六月、署名〈嵯峨伝〉)、あるいはまた、〈全く認める気がしない〉(平山吉璋「太宰治の小説と私」『こをろ』一九四〇年九月)、などと切り捨てられていたりもする。岩上順一「太宰治の一面」(『三田文学』一九四一年二月)はこの時期の太宰のまとまった評として貴重なもので、この作に友情の美しさや高い人間性を評価しているのが目立つ程度であろうか。初収刊本は『女の決闘』(河出書房、一九四〇年)だが、再版は出ておらず、印刷部数はせいぜい二、三千部にとどまるものと思われる。昭和十年代の再録本に『昭和名作選集28　富嶽百景』(新潮社、一九四三年)があり、こちらは版を重ねたが、収録作の中で特に『走れメロス』が高く評価された形跡はない。戦後、荒正人が興味深い再評価を行っているものの、[注1]一躍脚光を浴びた「無頼派」のイメージとは異なる作風であることもあり、残念ながら、作者生前に代表作の一つとしては認知されていた形跡はないのである。

太宰の没後、昭和二十年代後半には太宰自体の評価が一時的に落ち込むのだが、それに大きな変化の兆しが訪れたのが昭和三十年代の初頭であった。奥野健男の『太宰治論』(単行本は一九五六年、近代生活社)が世に出て反響を呼んだのも、筑摩書房から全集(一九五五〜五六年)が出て売り上げを伸ばしたのも、またドナルド・キーンが『斜陽』を英訳したのもすべてこの時期である。[注2]『走れメロス』が教科書に採用されたのは、まさにこうした気運の中でのことであった。文部省の学習指導要領が改訂され、言語生活のみならず文学教育に力点が置かれ、その恰好の素材として取り上げられた背景もあるのだが、昭和三十年発行の時枝誠記編『国語・総合編』（中教出版）に採用されたのを皮切りに、以後、昭和四十年代後半にはほとんど全ての教科書に採用され、「定番」として国民的名作に成長していくのである。

『走れメロス』の執筆に際して太宰が典拠としたことが確実な資料として、小栗孝則訳『新編シラー詩抄』（改造文庫、一九三七年）所収の「『人質』Die Bürgschaft（一七九八年作）」と題する譚詩（物語詩）がある。（注3）『走れメロス』本文末尾には〈古伝説と、シルレルの詩から〉との付記があるが、これはシラーが古代ローマの伝承に依ったことを踏まえてのことである。この間の事情については杉田英明氏の論考に詳しいが、（注4）暴政の王として知られたギオヌスが、秘密結社だったピタゴラス教団の結束を試し、ダーモンとピンチアース両名の信頼関係がこれに打ち勝ったという伝承がその原型をなしている。これを古代ローマの劇作家ヒギヌス（Hyginus B.C.64～17）が〝Fabel〟（説話集）第二五七節「友情で最も固く結ばれた者たち」に翻案し、ここでダーモンとピンチアースの名はメロスとセリヌンティウスに改められたのだった。内容はピタゴラス教団から離れた物語に再生され、一連の伝承の中でもっとも高い完成度を示している。その後この説話はアラブ世界にも伝播し、『千夜一夜物語』の中に類話があるほか、中世ヨーロッ

（注）

1　荒正人「なにを・いかによむか　太宰治の『走れメロス』」（『われらの科学』一九四六年八月）。
2　〝THE SETTING SUN〟translated by DONALD KEENE A NEW DIRECTIONS BOOK 1956
3　章末注（186ページ）を参照。
4　杉田英明「〈走れメロス〉の伝承と地中海・中東世界」（『比較文学研究』一九九六年一二月）。

パにも騎士道物語に姿を変えて伝承されている。
シラー（Friedrich von Schiller 1759～1805）はその作品〝Ballad〟（譚詩）において、しばしば古代の伝説にその材を取っている。ドイツロマン派は強い個性と理想を憧憬したので、シラーもまたその譚詩において精神の高貴性、理想主義を求め、好んで古代にその題材を求めたのである。『人質』は一七九八年八月、三九歳の時の作で、友人のゲーテにヒギヌスの〝Fabel〟（一六七四年の刊本）を送ってもらい、彼と相談しながら四日間で書きあげたと言われている。(注5)
『走れメロス』を典拠と比較すると、一見、きわめて原詩に忠実な翻案であることがわかる。だが、近似していればいるほど、逆にわずかな相違点の持つ重要性が際だってくるというのも、翻案・翻訳の持つ一般則であろう。
試みに、典拠（小栗孝則訳）の冒頭部分を引いておくことにしよう。

暴君ディオニスのところに
メロスは短剣をふところにして忍びよつた
警吏は彼を捕縛した
「この短剣でなにをするつもりか？　言へ！」
険悪な顔をして暴君は問ひつめた
「町を暴君の手から救ふのだ！」
「磔になつてから後悔するな」――

「私は」と彼は言つた「死ぬ覚悟でゐる
命乞ひなぞは決してしない
ただ情けをかけたいつもりなら
三日間の日限をあたへてほしい
妹に夫をもたせてやるそのあひだだけ
その代り友達を人質として置いてをこう
私が逃げたら、彼を絞め殺してくれ」

それを聞きながら王は残虐な気持で北叟笑んだ（以下略）

一見きわめてよく似ているが、その中にあってもっとも目立つ相違点は王の造形である。『走れメロス』では、〈国王は乱心か〉というメロスの問いに対し、町人は〈人を、信ずることができぬ、と言うのです〉と答えている。また、〈この短刀で何をするつもりであったか。言え！〉と問うたとき、〈王の顔は蒼白で、眉間のしわは、刻み込まれたように深かった〉のであるという。王は、〈わしの孤独がわからぬ〉とメロスに語り、〈疑うのが、正当の心がまえなのだと、わしに教えてくれたのは、おまえたちだ。人の心

（注）

5　章末注（187ページ）を参照。

は、あてにならない。人間は、もともと私欲の塊さ。信じては、ならぬ〉とつぶやく。少なくともその言を信じるかぎり、彼は内心、〈平和を望んで〉いたのである。花山聡氏が、メロスの憫笑に対して冷静な王が突然激昂する点に注目し、〈口では、どんな清らかなことでも言える。わしには、人のはらわたの奥底が見え透いてならぬ〉という一語に、安易な正義の横行へのいらだちを読んでいるのも参考になるだろう。(注6)対人不信に陥った王の孤独を強調してみせている点にこそこの作品の際だった特色があるわけで、(注7)国語教育の現場では何よりもまず、王が単純な「悪者」ではないことをいかに学習者に気づかせていくかが、教師の課題になるのである。

かつて寺山修司は、「歩け、メロス」(『ユリイカ』一九七五年三・四月号)と題する文章で、メロスの自己中心性とナルシシズムを批判したが、主人公の自省心の欠如をことさらに強調する寺山の視点はここで注目に値する。(注8)そもそも〈メロスは、単純な男であった〉という規定も太宰によって作られたものなのであり、王の懐疑とメロスの〈単純〉さとは、ここで意図的に対比されている。王はただ単に人が信じられぬのではなく、信義を説いて自ら正義の士を気取るメロスの自意識の欠如に立腹したのではあるまいか。むろん、だからといって王の悪行が正当化されるわけもないが、懐疑が懐疑を呼び、〝罪〟を深めていくそのありようは、少なくともメロスよりははるかに人間の弱点に忠実であるといわなければならない。〈人は、これだから信じられぬと、わしは悲しい顔して、(略)正直者とかいうやつばらにうんと見せつけてやりたいものさ〉という科白には、「善」が常に対他的な関係の中でしか成り立たぬことへの冷たい認識がうかがわれる。王は他者の目に映る自己の姿に敏感だからこそ、かくも手の込んだ意地の悪いドラマを演出して見せたのである。

内省の欠如した、あまりにも素朴すぎる〝正しさ〟と、一方ではあまりにも屈折した自意識と。『走れメロス』ではこの両者が対比されている点が重要なのであって、その合一の可能性が問われている点にこそ、この作品の主題論的な要点があるのではあるまいか。(注9)ドイツロマン派の人間賛美——古代の再発見——に対し、太宰は二十世紀の自意識と懐疑を対置させることによってこれ（シラーの翻案）をさらにパロディ化してみせた。ヒギヌスからシラーへ、シラーから太宰へ。ピタゴラス教団の説話に始まる二千年の歴史には、実は「善」をいかに対象化するかをめぐる、彼我の遠近法の歴史がさながらに刻印されているのである。

以下順を追って、いくつか読解の要点と思われる部分を解釈しておくことにしよう。

帰途を急ぐ中、山賊に襲われ、メロスが〈さては、王の命令で、ここで私を待ち伏せしていたのだな〉という言葉を発する場面があるが、この科白は典拠にはない太宰の創作である。実はここには大きな矛盾

（注）

6 花山聡「『走れメロス』論——メロスは誰のために走ったのか——」（『成蹊論叢』一九九二年一二月）。

7 これに関連して、渡辺実は「太宰治『走れメロス』の一つの読み」（上智大学『ソフィア』46巻2号、一九九七年六月。のち、『国語表現論』塙書房、二〇一一年に収録）において、人間不信に陥った王の苦悩がその後救済されていくプロセスを読んでおり、注目される。

8 これに関連して、戸松泉「〈走る〉ことの意味——太宰治『走れメロス』を読む」（『相模女子大学紀要』59A 一九九六年三月）に、〈メロスは、眼前のできごとに単純に反応するなかで自己像を決定してしまう〉〈真の自分を持たない男〉である、という指摘がある。

9 これに関連して、メロスの王への接近を読む注6の花山論は興味深い。

があって、仮にこれがメロスの勝手な思いこみであるとすると、メロスもまた人間を懐疑し、人の心を疑っていたことになる。また逆に、実際に王が差し向けた刺客であるとすると、王はメロスの帰還の可能性を想定していたことになり、人間不信に陥っていたわけではないことになってしまう。この点に関しては、王は不信にしがみついていたいがために盗賊を差し向けたのではないか、とする佐藤善也氏の指摘(注10)を踏まえたい。より正確に言えば、王の側の猜疑と怯懦、一方では人を疑うことを覚えたメロスの変化とを、共にそこに重ね合わせて読むべきなのであろう。

続いてメロスに心の迷いが生じ、〈勇者に不似合いなふてくされた根性が、心の隅に巣くく〉う場面が登場するのだが、この場面も典拠にはない創作である。関連部分をピックアップしておくことにしよう。

〈私は負けたのだ。だらしがない。笑ってくれ。王は私に、ちょっと遅れてこい、と耳打ちした。遅れたら、身代わりを殺して、私を助けてくれると約束した。私は王の卑劣を憎んだ。けれども、今になってみると、私は王の言うままになっている。私は、遅れていくだろう。王は、独り合点して私を笑い、そうしてことともなく私を放免するだろう。〉

〈きみ（セリヌンティウス）だけは私を信じてくれるにちがいない。いや、それも私の、独りよがりか？　ああ、もういっそ、悪徳者として生き延びてやろうか。〉

〈正義だの、信実だの、愛だの、考えてみれば、くだらない。人を殺して自分が生きる。それが人間世界の定法ではなかったか。〉

ここに述べられている煩悶が、実は冒頭の王のそれに近似していることにあらためて驚かされる。〈正義だの、信実だの、愛だの、考えてみれば、くだらない。人を殺して自分が生きる。それが人間世界の定法ではなかったか。〉という認識に関して言えば、認識それ自体よりもむしろ、このように煩悶せざるを得ぬ自意識が両者の共通項として浮上してきた事実こそが重要なのではあるまいか。(注11) ことここに至ってメロスはすでに単純素朴な「正義の士」ではない。挫折を経験し、自意識と懐疑精神に目覚めてしまった一人の〝大人〟なのであり、〈私は王の言うままになっている〉という自覚において、王の存在はそれまで以上に大きなものに変化してきているのである。(注12)

田中実氏は、結末の〈私は、途中で一度、悪い夢を見た〉というその〈悪い夢〉が、この場面のみならず、妹の結婚式の際に感じた〈未練〉も含まれるはずであるとし、それが黙殺されてしまう点にこの作品の構造上の欠陥を見ている。(注13) しかし結婚式の時点で感じた〈未練〉とこの場面で感じる〈悪い夢〉とでは、そ

（注）

10 佐藤善也「走れメロス」（『国文学』一九六七年一二月）。

11 鎌田広己氏は「『走れメロス』試論――主人公の〈肉体〉と〈自意識〉を主題として――」（『国文論叢』16 一九八九年三月）において、自問自答を通して《自意識》の虜となってしまったメロスの姿を読んでいる。

12 松本武夫氏は「太宰治『走れメロス』に於ける〝路〟」（『東海大学短期大学部生活科学研究所所報』2 一九八九年三月）において、帰路の途中、メロスは挫折した時点でようやく王の内面に宿る、人間不信の域にまで到達したとみている。

13 『小説の力――新しい作品論のために』（大修館書店、一九九六年）。なお、須貝千里氏もまた、安易な道徳教材としてこの作品が〈制度化〉してしまうことへの反発から、田中説を支持している。「『悪い夢』問題――『走れメロス』受容史の焦点×国語科教育の課題」（安藤宏編『展望太宰治』ぎょうせい、二〇〇九年）。

の自意識の質に根本的な差異がある点に注意が必要だろう。単純で自分勝手な忘却と、〈挫折〉を〈挫折〉として認識した煩悶との間には決定的な相違があるわけで、メロスは結末で何よりもまず、自ら体験した自意識の煉獄をこそ、〈悪い夢〉としてセリヌンティウスに伝えようとしたのである。

メロスが憔悴して意識を失い、ほどなく再び立ち上がる場面に話を戻すことにしよう。典拠から関連部分を引いておきたい。

「おお、慈悲深く私を強盗の手から
さきには急流から神聖な地上に救はれたものよ
今、ここまできて、疲れきつて動けなくなるとは
愛する友は私のために死なねばならぬのか?」

ふと耳に、潺々《せんせん》と銀の音色《ねいろ》のながれるのが聞こえた
すぐ近くに、さらさらと水音がしてゐる
じつと声を呑んで、耳をすました
近くの岩の裂目から滾々《こんこん》とささやくやうに
冷々とした清水が湧きでてゐる
飛びつくやうに彼は身をかがめた

そして焼けつくからだに元気を取りもどした

このように原詩にあって主人公を導くのは神の力である。強盗や急流からメロスを救ったのは神の慈悲なのであり、これと同じ力が清水を通してメロスの体内に注ぎ込まれ、奇蹟を可能にしたのである。だが太宰は、シラーが原話から見出した「神の恩寵」を正面から受け止めてはいない。確かにゼウスに懇願するくだりは生き残っているものの、彼は神への畏敬よりもむしろ、徹底して地上の人間関係の論理を選択している。走り始めた当初、メロスが走る理由は〈身代わりの友を救うため〉であり、また〈王の奸佞邪知《かんねい》を打ち破るため〉だったはずなのだが、後半になって、その動機はすでに変質していた。彼は実は〈義務遂行〉のため、という一念のみで走っていたのであり、次のような関係の論理を生きていたのである。

私を、待っている人があるのだ。少しも疑わず、静かに期待してくれている人があるのだ。私は、信じられている。私の命なぞは、問題ではない。死んでおわび、などと気のいいことは言っておられぬ。私は、信頼に報いなければならぬ。

この一節は刑場に到着する寸前の〈信じられているから走るのだ。まにあう、まにあわぬは問題でないのだ。人の命も問題でないのだ。私は、なんだか、もっと恐ろしく大きいもののために走っているのだ。〉という一節とも呼応している。〈もっと恐ろしく大きいもの〉という表現は一見「神」を連想させるが、文脈を追うかぎり、人から〈信じられている〉という、現世の関係の論理こそがすべてを支配しているものと見るべきだろう。(注14)そこにあるのは絶対者と個人との関係ではなく、関係の論理が時に個人の判断を越えて大きな力となりうることの可能性である。「……られている」「……されている」というリフレインはここで重要な意味を持っており、こうした受動的な強迫観念が、まさにその暴力性ゆえにこそ当人を自意識の混迷から解き放ち、行為のエネルギーの獲得につながっていくことの可能性が、ここで「信」の一字に託されているのである。

結末でメロスとセリヌンティウスは互いに〈悪い夢〉を見、〈たった一度だけ〉相手を疑ったことを互いに告白しあい、殴り合い、そして抱擁する。これを目の当たりにした王は〈信実とは、決して空虚な妄想ではなかった〉と語り、自分も仲間に入れて欲しいと二人に呼びかける。これは一見、王が悔い改め、謝罪しているように見えるが、実は王はメロスとセリヌンティウスが互いに疑いあった事実を評価し、その上でなおかつ自意識を越えた力で結ばれた点に〝共鳴〟したのではあるまいか。(注15)猜疑をそのプロセスとして含む「信義」こそが、実は王が最も求めていたものだったかもしれないからである。

裸体で赤面した時、メロスは、他者から見られた自分の姿をおそらく初めて本格的に意識した。その意味でも結末に至る過程は彼の対他的な自意識獲得のドラマでもある。(注16)『走れメロス』にあって猜疑の対極をなすのは友情と信義ではない。他者に信じられている、というその対他的自己のありよう（自己の中で創り上げられる他者の鏡像）が対自的自己（自分で見る自分）の混迷を克服し、あらたな行為を獲得していく可能性だったのである。

3

初期の太宰が標榜していたのは独自のダンディズムであった。

曳かれものの小唄といふ言葉がある。痩馬に乗せられ刑場へ曳かれて行く死刑囚が、それでも自分のおちぶれを見せまいと、いかにも気楽さうに馬上で低吟する小唄の謂ひであつて、ばかばかしい負け惜しみを嘲ふ言葉のやうであるが、文学なんかも、そんなものぢやないのか。（『もの思ふ葦（その一）』〈『日本浪曼派』一九三五年八月〉）

だが、〈私は、死ぬるとも、巧言令色であらねばならぬ。鉄の原則。〉（『めくら草紙』〈『新潮』一九三六年一月〉）というこうした方法意識は過剰な自意識を育み、やがては〈食はぬ、しし、食つたふりして、しし食つたむくいを受ける。〉（『HUMAN LOST』〈『新潮』一九三七年四月〉）、という形で、方法自体の

（注）

14 この部分に関して、本文に異同がある。『女の決闘』（河出書房、一九四〇年）本文では、初出本文の〈もつと大きい大きいもの〉が〈もつと恐ろしく大きいもの〉という表現に、また、〈何かしらの大きな力〉という表現が〈わけのわからぬ大きな力〉という表現に改められている。

15 花山氏は注6の論で、「セリヌンティウスをも〈不信を内在させた人物〉へと変容させることで、〈苦悩を理解できない人々〉から解放し、王が心を開くことのできる人物に仕上げた」としている。

16 メロスの自意識が復活した現代の物語であることを示すとみる注11の鎌田広己氏の指摘を踏まえたい。

自壊へとすすむことになる。いわゆる「前期」太宰文学が破綻したあと、作者は〈言へば言ふほど、人は私を信じて呉れません。逢ふひと、逢ふひと、みんな私を警戒いたします。〉(『燈籠』〈『若草』一九三七年一〇月〉)というモチーフを抱え、深刻なスランプに陥ることになるのである。

小説家「太宰治」は「中期」の出発にあたって、〈単純にならう。単純にならう。男らしさ、といふこの言葉の単純性を笑ふまい。人間は、素朴に生きるより、他に、生きかたがないものだ。〉(『姥捨』〈『新潮』一九三八年一〇月〉)という形で再生の道をめざすことになる。〈どんなにささやかでも、個人の努力を、ちからを、信じます。むかし、ばらばらに取り壊し、渾沌の淵に沈めた自意識を、単純に素朴に強く育て直すことが、僕たちの一ばん新しい理想になりました。いまごろ、まだ、自意識の過剰だの、ニヒルだのを高尚なことみたいに言つてゐる人は、たしかに無智です。〉(『花燭』〈『愛と美について』竹村書房、一九三九年〉)というのが、その再出発のモチーフなのである。ただし、単純素朴なものへの希求は、それに対する懐疑と裏腹の関係にあり、現実認識と創作方法の両面にあたって、絶えず反転し続ける関係にあった。『富嶽百景』(『文体』一九三九年二月・三月)の一節を引いておこう。

素朴な、自然のもの、従つて簡潔な鮮明なもの、そいつをさつと一挙動で掴へて、そのままに紙にうつしとること、それより他には無いと思ひ、さう思ふときには、眼前の富士の姿も、別な意味をもつて目にうつる。この姿は、この表現は、結局、私の考へてゐる「単一表現」の美しさなのかも知れない、と少し富士に妥協しかけて、けれどもやはりどこかこの富士の、あまりにも棒状の素朴には閉口して居るところもあり、これがいいなら、ほていさまの置物だつていい筈だ、ほていさまの置物は、どうにも我慢できない、あんなもの、とても、いい表現とは思へない、この富士の姿も、やはりどこか間違つてゐる、これは違ふ、と再び思ひまどふのである。

このように「中期」にあって、太宰の中には「単純」なものへの憧憬と懐疑が常に反転する関係にあり、メロスと王こそは、まさにその二つの極そのものでもあったわけである。

いささか乱暴な比喩だが、ここであえて右の引用を、『走れメロス』に重ね合わせてみることにしよう。メロスの性格がここにいう閉口すべき〈棒状の素朴〉に、また、王の懐疑が「単一表現」への反発に、それぞれ対応することになる。だが、一方でこれは、少々困った事態を招聘してしまうことにもなるだろう。権力を持ち、立場が上の王に懐疑を、一方で、一庶民のメロスに「単一なるもの」を割り当てたとき、「富士（現実の表象）」と「月見草（卑小な自己）」という位置取りはむしろ逆になってしまう。これは〈自分をつまみ出せるやうな強い兄を持ちたい〉（『角力』〈『（青森中学校）校友会誌』35　一九二五年一〇月〉）という、太宰文学に一貫して流れている「庇護者」のモチーフから考えた場合、はなはだ奇妙な〝よじれ〟であるといわなければならない。国語教育の現場で、結末の王の急激な〝回心〟にリアリティの欠如を感じる学習者が多いと聞くが、おそらくその直感は正しいのであり、懐疑精神とは本来、悪質で抑圧的な現実への反語――かそけき叫び――として初めて、その意味を持ちうるものなのではあるまいか。権力を持つ王が自らの立場への自意識を隠さぬ、というその姿は、実は『新ハムレット』（文藝春秋社、一九四一年）のクローヂヤスにも通底するモチーフなのだが、そこにはおそらく日常に生きる覚悟を引き受けきれず、自己弁明を始めてしまう『八十八夜』（『新潮』一九三九年八月）、『春の盗賊』（『文藝日本』

一九四〇年一月）のモチーフが流れ込んできてしまっている。上の立場の者が自己懐疑を始めた瞬間、「無理解な庇護者」を前提に成り立つ太宰文学は、その根底が揺らぎ始めることになるだろう。その意味では、本来庇護者であるべき王の〈どうか、わしの願いを聞き入れて、おまえらの仲間の一人にしてほしい〉という言葉はあまりにも痛ましい。

『みみづく通信』（『知性』一九四一年一月）において、太宰は〈青春〉は〈友情〉の〈純粋ごっこ〉にすぎぬ、と断じているのだが、ここからもわかるように、作者は決してメロスたちの友情を絶対視してはいなかった。作者の問題意識はむしろ一貫して王の側――懐疑を秘めて日常を責任を持って引き受ける生き方――に向けられていたのであり、それが『走れメロス』固有の〝よじれ〟を生んでいるように思われるのである。

単純素朴なものへの希求は、その後の戦時下においても、「信」をキーワードに展開していく。『走れメロス』とほぼ同時に発表された『義務』（『文学者』一九四〇年四月）の一節を挙げておこう。

〈私は、いま、義務の為に生きてゐる。義務が、私のいのちを支へてくれてゐる。私一個人の本能としては、死んだつていいのである。〉〈けれども、義務は、私を死なせない。義務は、私に努力を命ずる。〉〈負けて居られないのである。単純なものである。〉

この言が、あたかも宮廷に向かって走るメロスと重複して見えてくるのは、時期が同じであるという先入観のなせるわざなのであろうか。

太平洋戦争開戦直前に書かれたエッセイ『私信』(『都新聞』一九四一年一二月二日)には、次のような一節がある。

決して虚無では、ありません。/いまの私にとつて、一日一日の努力が、全生涯の努力であります。戦地の人々も、おそらくは同じ気持ちだと思ひます。叔母さんも、これからは買ひ溜などは、およしなさい。疑つて失敗する事ほど醜い生きかたは、ありません。私たちは、信じてゐるのです。一寸の虫にも、五分の赤心がありました。苦笑なさつては、いけません。無邪気に信じてゐる者だけが、のんきであります。私は文学をやめません。私は信じて成功するのです。御安心下さい。

『走れメロス』のわずか一年半後には、こうした形で、「信」は戦時体制と自己との関係――〈一寸の虫にも、五分の赤心〉という「へだたり」――へとスライドしていくことになる。それは〈信じる能力の無い国民は、敗北すると思ふ。〉〈「共栄」を支持せよ、信ずべき道、他に無し。〉(『独語いつ時』〈『帝国大学新聞』一九四〇年一一月二五日〉、のち『かすかな声』と改題)という形で、現実を絶対化してしまう陥穽を秘めつつ、一方で、「へだたり」が〈辻音楽師〉(『鷗』〈『知性』一九四〇年一月〉)の立ち位置を確保する戦略として意識されるかぎりにおいて、方法としての有効性を発揮することのできる道でもあった。(注17)

(注)

17 方法としての「へだたり」に関しては、拙稿「太宰治・戦中から戦後へ」(『国語と国文学』一九八九年五月)を参照されたい。

太宰治の文学は、やはり〈富士〉と〈月見草〉の関係――へだたり――を前提に初めて成り立つものであったように思われる。仮定の話はナンセンスだが、大らかで苦悩のない王に対し、卑屈なメロスが自己懐疑に陥りながら懸命に追いすがっていく構図こそが、あるいは太宰にとってもっともふさわしいものだったのかもしれない。

＊『走れメロス』の本文は『伝え合う言葉　中学国語2』（教育出版、二〇一二年版）に拠る。また、太宰の他の作品の引用は、『太宰治全集　第一・二・三・十・十二巻』（筑摩書房、一九九八～九九）に拠った。

《章末注》

3　典拠については、角田旅人「『走れメロス』材源考」（『香川大学一般教育研究』24　一九八三年一〇月）、および山内祥史『太宰治全集3』「解題」（筑摩書房、一九八九年）が詳しい。小栗の訳にはもう一点、『シラー詩集』（改造文庫、一九三〇年）があるが、こちらには『人質』はない。秋元蘆風訳『シルレル詩集』（東亜堂書房、一九〇六年）所収の『保証（ダーモンとピンティアス）』は、登場人物名がダーモンとピンティアスである。メロスとセリヌンティウスの名称は和訳では小栗訳のみで、内容の共通性からも、太宰が小栗訳によったことは確実である。

5　当初の本文では、メロスとセリヌンティウスの名であったが、シラーはその死の直前にダモンとピシアスに名を変更、標題も「ダモンとピシアス」に改められている。古伝説にはこの方が忠実であることも確かなのだが、結果的に本文には二系統が生じ、和訳もそれを反映することになった。なお、この間の事情については九頭見和夫「太宰治のシラー受容――『走れメロス』の素材について――」(『東北ドイツ文学研究』32 一九八八年一二月)に詳しい。

『故郷』(魯迅)における二重映しの〈月〉の風景と〈無〉の思想

村上《むらかみ》 呂里《ろり》

はじめに

ポスト・モダンのもたらした「大きな物語」の喪失と差異の称揚、そして急速なグローバル化は、〈伝統〉とどう向き合うかという〈問い〉と〈気分〉を広く、そして切実に生みだした。平成二〇年学習指導要領における〈伝統的な言語文化と国語の特質に関する事項〉の位置づけはこうした時代の必然であったといえよう。〈伝統〉を近代国民国家創成期と同質の次元でとらえれば、それはたとえば沖縄では「第二の標準語教育」=「身体に根ざし、伝承された独自の文化=まさしく〈伝統〉の喪失」としての意味を担うであろう。(たとえば沖縄の人びとにとって身体になじんだ伝統的なリズムは琉歌の八八八六であるが、初等段階からの学校教育によって五七五のリズムが身体化され、均されるなど。)一方で、〈伝統的な言語文化〉をめぐっては、漢字文化圏と切り離せぬ「東アジア」への視野や、さらには硬化した「伝統」を根源的な源泉へと解き放ち、さらには世界の創《はじ》まりをつくりだす〈言葉の力〉への希求という根源的普遍的な視野もひらかれている。ポスト・ポストモダンにおいては、近代国民国家創成期とは異なる〈伝統〉との向き合い方を模索していかなければならない。文学教育界で世界の創《はじ》まりをつくりだす〈言葉の力〉の不思議が論じられているのは、〈伝統〉を原初＝〈根っこ〉にさかのぼって探《もと》め、〈言葉の力〉を「今・ここ」に甦らせる志向としてもとらえられるだろう。

日本の言語文化の〈伝統〉を考えるとき、ナショナル、あるいは地域的なレベルの検討とともに、漢字文化圏としての「東アジア」を視野とした検討が必須であろう。すなわち明治初期、漢字文化を排斥することによって〈国民〉を形成しようとした「国語教育」創成期の議論（文部大臣井上毅著・小中村義象編『梧陰存稿』、一八九五〈明治二八〉年など）をあらためて省みながら、それとは異なる「東アジア」の〈伝統〉との向き合い方の検討である。「東アジア」の〈伝統〉と今日どう向き合うかを考えることは、ポスト・ポストモダンの日本の文学教育を考える上で必須であるということを超えて、実に稔り豊かな可能性を孕んだ作業となろう。魯迅の『故郷』は近代小説でありながら、そうした「東アジア」の〈伝統〉とどう向き合うか、ひいてはメタプロットに孕まれた〈言葉の力〉をいかに私たちの世界観形成の血肉とし、ポストモダンにおける差異の称揚がもたらした虚無をのりこえうるか、という問いの可能性を考える上で格好の教材であると考える。

本稿は、〈月〉の風景の二重映しのプロットとそこに孕まれた〈無〉の響き合いに注目しながら、この問いと向き合う緒《いとぐち》としたい。

1　〈月〉の二重映しのプロットと〈無〉の響き合い

「紺碧の空に金色の丸い月がかかっている」——うちひしがれて故郷に別れを告げにきた「私の脳裏」

にふいに繰り広げられたふしぎな画像。そのまん中には十一、二歳の少年「閏土《ルントー》」が、「銀の首輪」をつるし、瑞々《みずみず》しい生命力をきらめかせ、神秘的な躍動感にあふれ、確かに存在していた。

大人になった「私」と「閏土」の再会は、「私」に、二人を厚く隔て呪縛し、解き放たれようのない封建制の底深い闇をつきつけた。その寂寞を見据え、省察するうちいつかまどろみかけた「私」の目に再び「紺碧の空」にかかる「金色の丸い月」が浮かんでくる。そのまん中に、もはや小英雄「閏土」はいない＝〈無〉である。（少年の「消失」については、藤井省三が夙《つと》に「希望に関する考察を無理なく登場させるための構成の妙であった」と指摘している。（『魯迅――「故郷」の風景――』平凡社、一九八六年）この二重映しに映しだされる鮮明な〈月〉の風景＝表象は、周到に練りあげられたプロットを感じさせる。この小論では、〈月〉の風景をめぐるプロットの意味するところを読み解くことによって、『故郷』の教材的価値に迫りたい。

『故郷』論の先行研究は膨大であり、その概観については、中村龍一が「座談会『故郷』の〈文脈〉を掘り起こす」（『日本文学』二〇一〇年八月）で報告している。とりわけ安藤操「『故郷』（魯迅）の翻訳とその授業」（『国語教科書批判』三一書房、一九八〇年）や田中美也子「竹内『故郷』が形成した閏土観――『私は口がきけなかった』か『私も（也）口がきけなかった』か――」（『月刊国語教育研究』二〇〇〇年八月）が提起した教科書の翻訳文に関する疑問は、教材解釈と授業の質そのものに関わるもので重要であるが、その検討についてはまたの機会に論じたい。

足立悦男「『故郷』（魯迅）をめぐる問題史」（『研究紀要　中国』第45号、教育調査研究所、一九九二年二月）は、一九五三（昭和二八）年に教育出版の教科書が初めて『故郷』を採録し、その後つぎつぎと採録されていった時代背景を踏まえ、『故郷』を「竹内好の国民文学教育論の発見した教材」であり、「現実変革のための教材という一面的な価値をつよく付与されてしまったことも否定できない」と述べる。国民文学教育論の旗手である竹内好訳の『故郷』をめぐる諸問題は、先述した通り、あらためて本格的に論じられねばならない課題だろう。足立は、松崎正治、岩田道雄、宇佐美寛らによってなされた「知識人」という階層の「私」の弱さを衝いた批判をふまえ、「眺める人」としての「私」を語り手は批評的に描き出しており、「知識人」であり「眺める人」という弱さが同時に強さでもある矛盾に満ちたあり方を、生徒たちと共に批判的に「発見」することに、『故郷』再評価のポイントを見いだした。語り手の批評を孕む「眺める人」としての「私」の提示は、示唆に富む。

こうした論を引き継ぎ、『故郷』に批判的な教材論の典型的なものとしては、カルチュラル・スタディーの手法により、「私」の語りに孕まれた差別的イデオロギーをあぶりだし、「私」のあり様《よう》を批判的に解体させようとする千田洋幸「魯迅『故郷』・〈教える〉ことの差別」（初出『文学と教育』第34集、文学と教育の会、一九九七年。のちに『テクストと教育』溪水社、二〇〇九年）がある。

それに対峙するものとして、『故郷』における、帰郷時の時空間を〈ともに移動する語り手〉「私」と〈語り手を超えるもの〉の存在を指摘し、後者の次元から読み解くことによってはじめて「『私』も手製の偶像＝観念に生きていたことを知らされ、己の観念を支える根拠を徹頭徹尾失う」ことによって「《絶対》という向こうと向き合う、そこから奇跡のごとく全く新たな《希望》が見えてくる……」と論じた田中実「〈語り〉の領域――魯迅作『故郷』の読みを例にして」（『月刊国語教育研究』日本国語教育学会、二〇〇三年一月）がある。帰京時の時空間を〈ともに移動する語り手〉「私」と作品の〈ことばの仕組み〉

を支える〈語り手を超えるもの〉とに峻別して読み解くことによってはじめて作品の〈言葉の力〉をまざまざと甦生することが可能となる。

これらの論点を踏まえつつ、この小論ではプロットの意味するもの、とりわけ二重映しに映しだされる〈月〉の風景＝表象とそこに響き合う〈無〉の思想に着目した教材論を試みたい。

なお、『魯迅文集　第一巻』（竹内好訳、筑摩書房、一九七六年）を参照しつつ、教材文として魯迅作・竹内好訳『故郷』（『伝え合う言葉　中学国語3』教育出版、二〇一二年版）をテキストとし、以下論じる。

2　『故郷』の風景をめぐるプロット

まずはじめに、帰郷時の時空間を〈ともに移動する語り手〉「私」が語る「故郷」の風景をめぐるプロットに焦点化し、かんたんに確認しておきたい。

①冒頭・帰郷の場面

「厳しい寒さの中を、二千里の果てから」「私」は故郷に帰る。そこには「鉛色の空の下」「いささかの活気」もない風景が横たわっていた。「私の覚えている故郷」の美しい風景を「言葉に表そうとすると」、「その影はかき消され、言葉は失われてしまう」（傍点・引用者）。すなわち、「故郷」とは「私」にとって「言葉」（＝表象）そのものであることが読みとれる。そして「私」は、こう自分に言い聞かせる。「もともと故郷はこんなふうなのだ（中略）そう感じるのは、自分の心境が変わっただけだ」と。「私」は、「故郷」の風景とは「自分の心境」が映しだす像＝幻影にすぎないと認識し、この時点ですでにその認識を読み手に提示している。

②家・母との会話――第一の〈月〉の風景

家に着き、家を明け渡す相談を母としているとき、母の口から「閏土《ルントー》」の名前が出る。「このとき突然、私の脳裏に不思議な画面が繰り広げられた――紺碧の空に金色の丸い月がかかっている」。そこから「閏土」との少年時代のめくるめく日々の回想の語りへと移る。この語りの中では、多く「閏土」と名前で語られている。その回想を経て、再び語り手はつぎのように述べる。

今、母の口から彼の名が出たので、この子どもの頃の思い出が、電光のように一挙によみがえり、私はやっと美しい故郷を見た思いがした。

回想の統括として語り手は、「閏土」という「**名**」が、「美しい故郷」の風景＝「言葉」（表象）の力（エネルギー）を一気に蘇らせる源《みなもと》であったと意味づけていると読みとることができる。
（この後、「私」に直接的な批判を浴びせかける楊《ヤン》おばさんが登場し、回想から「大人」になった「私」の時空間の語りとなる。楊おばさんについてはさまざまな議論があり、論じる必要があるがこの小論では措く。）

そして大人になった「閏土」と「私」は再会する。「閏ちゃん」という「私」の呼びかけに対し、「旦那様！」という呼びかけが返ってくる。「私の記憶にある閏土とは似もつかな」い「閏土」は、もはや名前ではなく「彼」と語られることが多くなっている。

③結末・もはや帰ることのできない出郷の船の途上――第二の〈月〉の風景

母から、楊おばさんの「発見」によれば「閏土」が灰の中に持ち帰るべく「わんや皿」を埋め込んでいたことを告げられる。「古い家はますます遠くなり、故郷の山や水もますます遠くなる。（中略）西瓜畑の銀の首輪の小英雄の面影は、もとは鮮明このうえなかったのが、今では急にぼんやりしてしまった」と感じつつ、「今、自分は、自分の道を歩いているとわかった」と、懐かしい「美しい故郷」の幻影を断ちきり、自己や未来の省察の語りへと展開する。その省察のなかで「希望」という「言葉」に行き会う。「閏土が香炉と燭台を所望した時」「あい変わらずの偶像崇拝だな」と、近代科学主義の立場から「心ひそかに彼のことを笑ったものだが」、その彼への批判が自己にもそのまま向けられることに気づく。そして、「今私のいう希望も、やはり手製の偶像にすぎぬのではないか」との省察に至り、まどろみかける。かろうじて自己の寂寞を支える「言葉」として見出した「希望」という「言葉」もまた、「私」がつくりだした実在しない偶像（幻影）でしかない。この透徹した自己批評を経て、「紺碧の空」に「金色の丸い月がかかっている」風景が再び浮かびあがってくる。

語り手「私」による、「閏土」と「私」のあり様を串刺しする「手製の偶像」という批判的省察そのものが、第二の〈月〉の風景の源であることを読みとることができる。そのまん中にもはや「閏土」はいない。そして「希望」とは、「地上の道のようなものである。もともと地上には道はない。歩く人が多くなれば、それが道になるのだ」と締め括られる。

3　第一の〈月〉の風景――「閏土」が生きる世界

ここで結末部分の第二の〈月〉の風景の意味を読み解くために、第一の〈月〉の風景について今少し丁寧に見ていきたい。

「私」が「やっと美しい故郷」の表象を生みだしえたのは、「閏土《ルントー》」という名前を源《みなもと》としていた。「銀の首輪」をつるし、瑞々しい生命力をきらめかせ、「美しい故郷」の表象のまん中に位置していた少年「閏土」。「閏土」とは、「閏月の生まれで、五行の土が欠けている」ために父がつけた名前である。そして「閏土」がはめていた「銀の首輪」は「父親の溺愛ぶりを示すもの」で、息子の無事を願う呪術的な意味あいのこもったものであった。「閏土」という名前も、「銀の首輪」という「偶像」も、生死が厳しく自然の摂理に支配されていた時代を背景に、かけがえのない生命《いのち》への祈りがこめられた濃密な意味世界＝表象である。

そして「閏土」と出会ったのは、「私」の家が祖先の像を祭る「大祭の当番」にあたり、「閏土」が祭器の番をすることになったときのことであった。その行事は封建制に彩られているが、その出発点に祖先崇拝があり、おそらく少年にとって名誉な仕事であったにちがいない。少年「閏土」の「おいらとこ」の風景の語りに出てくる「鬼おどし」や「観音様の手」という貝殻の名前は、人智を超えた霊力や神仏が傍らにいて人びとを見守っていた頃の名づけのさまを生き生きと伝える。

少年「閏土」が生きる世界は、その名前が象徴するように徹頭徹尾〈月の暦〉（旧暦・太陰暦）が人びとの暮らしを司る世界であった。人びとは、自然からの恵みとして生命《いのち》を頂くとともに、その厳しさと向きあわねばならず、人智を超えた力を傍らに感じながら、「偶像」――それは生命への祈りがこめられた豊饒な意味世界＝表象そのものでもある――を拠り所に生きざるをえなかった。だが、それは同時に封建制に根深く組み込まれてもいた。

近代主義者から見れば、「閏土」は苛酷な封建制の変革を科学的に志向するのではなく、「偶像崇拝」に未来を託そうとする非科学的で蒙昧な民衆である。語り手「私」は結末部分で、表層では近代主義者として、「あい変わらずの偶像崇拝」に対する透徹した批評を「閏土」に向けていたことを明らかにし、さらにはそのまなざしを自己に向ける。一方深層ではその回想シーンにおいて、近代主義的まなざしからはこぼれおちるはずの、〈月の暦〉と深く結びあった豊饒な民俗世界＝暮らしを「神秘の宝庫」とし、あこがれともいえるまなざしによって彩り語っている。「高潮の時分になると」跳ねる「跳ね魚」や「月のある晩に」西瓜をかじる「猹」や「五色の貝殻」などその神秘的なさまを、イメージ豊かに生き生きと、実に丹念に描きこんでいる。「閏土」がまん中に位置する〈月〉の風景の語りからこうしたことを確認できるだろう。第一の〈月〉の風景は、〈月の暦〉が司る豊穣な民俗世界＝暮らしを土壌としたものであった。そしてそこで少年「閏土」は確かな存在感を放ち、生きていた。

そうした風景を描き出した後、語り手「私」は少年時代の「私」に寄り添い、つぎのように慨嘆する。

ああ、閏土の心は神秘の宝庫で、私の遊び仲間とは大違いだ。こんなことは私の友達は何も知ってはいない。閏土が海辺にいる時、彼らは私と同様、高い塀に囲まれた中庭から四角な空を眺めているだけなのだ。

「閏土の心」＝「海辺にいる」「神秘の宝庫」、「私」と「私の友達」＝「高い塀に囲まれた中庭から四角な空を眺めているだけ」と対比的に語られ、この回想シーンの語りにおいては、少年「閏土」もまた封建制という閉塞し厳しく抑圧された世界に組み込まれていたことに対する洞察はなされていない。ただ「神秘の宝庫」へのあこがれのみがとらえられ、描きこまれている。と同時に、足立が指摘するように「眺めているだけ」の「私」を省察する語りが組み込まれている。しかしながらそれは自らの立ち位置を閏土との対比のもとに感傷的に省察するものであり、「私」の無自覚なオリエンタリズムを際立たせる語りともとらえられるだろう。

そして、「通りがかりの人が、喉が渇いて西瓜を取って食ったって、そんなの、おいらとこじゃどろぼうなんて思やしない」という少年「閏土」の語りからは、西瓜畑のもとに繰り広げられる〈月〉の風景は、人と人とが共に生きる共同体のあり方ともしっかり結びあっていたことが読みとれる。語り手「私」は、「高い塀に囲まれた中庭から四角な空を眺めている」（封建的身分制に保護＝呪縛された）「私」の世界との対比のもとに、あこがれをこめて、自然の神秘とともに共同体のなかで生きる他者として「閏土」を描きだし、その語りを生き生きと切り取り、再現している。第一の〈月〉の風景をめぐっては、生きることの根幹において、共に生きる世界への希求が描きこまれているといえよう。

「閏土」が真ん中に位置する第一の〈月〉の風景をめぐる語り手「私」の認識の次元においては、「閏土」と少年「わたし」が双方ともに封建制の軛《くびき》に組み込まれていることに無自覚なまま、「閏土」の世界を「神秘の宝庫」とあこがれるオリエンタリズムをとらえることができる。なお、そのまなざしを超えて、〈月の暦〉に司られ、祈りに満ちた暮らしが丹念に描きこまれている。

4　第二の〈月〉の風景――〈無〉と「希望」

それではなぜ、第二の〈月〉の風景のまん中に少年「閏土《ルントー》」はいない＝〈無〉のだろうか。このことの意味を考えたい。

いったん結末部分を〈ともに移動する語り手〉「私」に寄り添い、見ていく。楊《ヤン》おばさんが「てん足用の底の高い靴で、よくもと思うほど速」く「飛ぶように走り去った」姿を母から聞いた後、「私」はつぎのような感懐に浸る。

古い家はますます遠くなり、故郷の山や水もますます遠くなる。だが名残惜しい気はしない。自分の周りに目に見えぬ高い壁があって、その中に自分だけ取り残されたように、気がめいるだけである。西瓜畑の銀の首輪の小英雄の面影は、もとは鮮明このうえなかったのが、今では急にぼんやりしてしまった。これもたまらなく悲しい。

楊おばさんの姿は、その変容が誇張され戯画化されて描かれているが、そこに封建制や悪政の中で精一杯、生活知を働かせ、たくましく生き抜く女性像を読み取ることもできよう。

一方この段階での「私」の認識は、自己のみが「取り残された」被害者であるかのごとき感傷に浸り、少年の「私」が認識できなかっただけで、昔から苛酷であったはずの「閏土」や楊おばさんの生活に思いを馳せ、心を寄せることなく、感傷に浸る大人になった「私」と、語り手「私」とが一体化した甘さを露呈している。

しかし、このあと「私」は独り自己を見据え、「今、自分は、自分の道を歩いているとわかった」と自己省察を深めている。

思えば私と閏土との距離は全く遠くなったが、若い世代は今でも心が通い合い、現に宏児《ホンル》は水生《シュイション》のことを慕っている。せめて彼らだけは、私と違って、互いに隔絶することのないように……（中略）希望をいえば、彼らは新しい生活をもたなくてはならない。私たちの経験しなかった新しい生活を。

水生と宏児とが、大人になった「私」と「閏土」のように互いに隔絶することのないように、共に生きることへの希求が「希望」という「言葉」の核心にあったことを確かめられる。

この後の語りで、「今私のいう希望も、やはり手製の偶像にすぎぬのではないか」という、「閏土」と「私」を串刺しする批評が語られる。双方が辛うじて見出した生きる拠り所を根底からゆるがす批評に至るのである。その批評を経て、「まどろみかけた」、すなわち認識を超えた無意識＝〈無〉の境地に達したとき、第二の〈月〉の風景が浮かんでくる。

そして、〈月〉の風景のまん中に位置していた少年「閏土」の姿はもはやなく、まん中は〈無〉でしかない。そして「閏土」について語るかわりに、「希望」に関わるつぎの思索が語られ、小説は締め括られる。

思うに希望とは、もともとあるものとも言えぬし、ないものとも言えない。それは地上の道のようなものである。もともと地上には道はない。歩く人が多くなれば、それが道になるのだ。

すなわち「閏土」の不在＝〈無〉は、「希望」の〈無〉と響き合う語りになっている。藤井（前出）が述べるように、少年の「消失」は「希望に関する考察を無理なく登場させるための構成の妙であ」り、〈月〉の風景の二重映しのプロットが、「閏土」と「希望」の二重の〈無〉を響き合わせていることにこそ、『故郷』の〈ことばの仕組み〉の核心を見出すことができるだろう。

「希望」とは、所与の存在としてすでに有るものではない。「地上の道」のように歩き、踏みしめる、その瞬間《とき》が積み重ねられることによってのみ生命《いのち》を現す。歩かれ、踏みしめられなければ、「道」はいつしか消滅してしまう。「地上の道」になぞらえられる「希望」とは、〈無〉に依拠しながら人びとが「希望」と意味づけられる行為を積み重ねていく、その瞬間瞬間に生命《いのち》を現す。しかしそれはすぐに慣習化され、手垢のついた馴れあいの意味あいに陥り、その生命《いのち》は喪われてしまう。その意味でまさに「手製の偶像」である。

ここで「手製」という意味は、恣意的な、根拠のないというふうな消極的批判的ニュアンスとしてひとまず読むことができる。しかし「私」の拠り所を揺るがす批評であるがゆえに、この「手製」という意味は同時に、主体的な、自らの生存を賭けてその瞬間瞬間に生みだしゆくものという積極的ニュアンスへととらえ返されることにもなるのではなかろうか。「偶像」もまた実体のない、非科学的、蒙昧なものという負のニュアンスから、自らの生存を賭けて、他者と共に創りあげる表象＝意味世界――立ち現れては消え、立ち現れては消え、歩む（＝意味づける）行為がなくなれば、とたんに〈無〉（空）に返る、それゆえにこそ豊饒な生命《いのち》を孕みゆくもの――という積極的ニュアンスへととらえ返されることが可能となってくるだろう。

「希望」という「言葉（表象）の力」は、語り手であり認識主体である「私」によって、いったん手垢にまみれた慣習的な意味あいを根源から否定される。そして自己批評（省察・認識）の着地点として〈無〉の境地に達することによって、再び〈月〉の風景＝表象とともに忽然《こつぜん》と蘇ることとなったのである。このようにとらえるならば第二の〈月〉の風景のまん中には、「希望」という「言葉の力」の豊饒な源泉としての〈無〉が存在したと読むことができよう。「美しい故郷」の幻影は、いったん近代科学主義者としての透徹した批評によって粉々に打ち砕かれねばならなかった。そこから〈無〉という豊饒な土壌が生みだされたのである。

二重映しに映しだされる〈月〉の風景は、第二の風景における「閏土」の不在＝〈無〉を際立たせる。その不在＝〈無〉は、生活に打ちひしがれた現実の「閏土」をあるがままに見据えることができず、「美しい故郷」の幻影を愛惜し求めつづける「私」のオリエンタリズムを静かに、そして深く撃ちつづける。自らの批評（近代科学主義者としての認識の言葉）＝「手製の偶像」をも超えて、この〈無〉は、語り手「私」のあり様を根源から批評する視座を読み手につきつける。この根源的批評としての〈無〉を源泉として、はじめて「希望」という「言葉の力」はこんこんと湧き出ずることが可能となるのではなかろうか。

第二の〈月〉の風景におけるまん中の〈無〉というプロットは、根源的な批評を孕むがゆえに豊饒な〈無〉であり、この〈無〉からこそ「希望」という「言葉の力」は生まれうる。そして、語り手「私」の近代人としての認識（省察）をも超えて、〈月〉は見守りつづけ、〈無〉は道を指し示しつづける。

おわりに

さいごに、周知の記述ではあるが、あらためて『故郷』が収められた『吶喊《とっかん》』の「自序」を引いておきたい。

（『新青年』という雑誌を出していながらも誰もまだ反応を返してくれない友人たちについて）かれらは寂寞におちいったのではないか、と私は思った。だが言ってやった。

《かりにだね、鉄の部屋があるとするよ。窓はひとつもないし、こわすことも絶対にできんのだ。なかには熟睡している人間がおおぜいいる。まもなく窒息死してしまうだろう。だが昏睡状態で死へ移行するのだから、死の悲哀は感じないんだ。いま、大声を出して、まだ多少意識のある数人を起こしたとすると、この不幸な少数のものに、どうせ助かりっこない臨終の苦しみを与えることになるが、それでも気の毒と思わんかね》

《しかし、数人が起きたとすれば、その鉄の部屋をこわす希望が、絶対にないとは言えんじゃないか》

そうだ。私には私なりの確信はあるが、しかし希望ということになれば、これは抹殺はできない。なぜなら、希望は将来にあるものゆえ、絶対にないという私の証拠で、ありうるというかれの説を論破することは不可能なのだ。

内に「寂寞」を根深く抱え込みながら、「希望」の有無と真摯に対峙するさまが描きこまれている。

さて、結末部分における「思うに希望とは、もともとあるものとも言えぬし、ないものとも言えない。」の原文「希望是本有、無所謂無的」をめぐって、中国思想研究者竹内実はつぎのように述べる（『魯迅遠景』田畑書店、一九七八年）。

中国語の表現では——中国の思想における基本的発想では、といってもいいとおもいますが——

「有《ゆう》」というのは、〈ある〉、これはわたしたちにもわかりますね。「無《む》」というのは、〈ない〉、これもわかるんですが、中国思想の「無」というのは、わたしたちが考える〈ない〉よりも強くて、〈無が、ある〉ということです。「有」というのが、〈ある〉ということで、十なら十の力があるとしますと、「無」にも、十の力があるのです。「無」が実在するのです。

ですから、ここで、魯迅は「有」を否定するとともに、「無」を否定していますが、この否定には、ひじょうに力がこもっている。（中略）――ここのことばを日本語的に理解してしまうと――、うわついてしまうんじゃないかとおもいます。

この指摘を踏まえ、『中国思想文化事典』（溝口雄三・丸山松幸・池田知久編、東京大学出版会、二〇〇一年）で「無」の項目を繙くと以下のように説明されている。

有の否定、存在するものが何もないこと。また、有の否定的な根源としての実在の意でもあり、その場合は有が物をさすのに対して、無は道をさす。道としての無は、また虚無・大莫などというかたちでも表現される。

〈月〉の二重映しのプロットにおける〈無〉の響き合いは、「有」に依拠しがちな我々が真に拠り所とすべき「道」とは何か、という生きることへの思索に誘《いざな》ってくれる。『故郷』の〈ことばの仕組み〉を読み解く内に〈無〉の思想に行き着いた。

中国思想は深淵であり、そう軽々に作品と結びつけて引くことは慎まねばなるまい。しかし、魯迅が封建制と対峙し、「近代」という時代を厳しく意識的に生きながら、なおその作品が中国思想の根深い〈伝統〉の土壌のもとに生みだされたことは確かであろう。

「東アジア」の思想的伝統という視野で『故郷』の教材研究を進展させることは、異文化であると同時に、長年の交流のもとに文化の深層で身体化されてきた「東アジア」の思想的脈流をいかに自覚的に継承していくかという大いなる課題と向き合うことになる。『故郷』の作品に孕まれた幾重にも仕組まれたプロットの響き合い（二重映しの〈月〉の風景、「閏土《ルントー》」と「希望」をめぐる〈無〉という〈ことばの仕組み〉を読むということは、そうした意味を担うのではあるまいか。

その意味で、国語教科書における『故郷』の位置づけが軽くなることは、何としても避けなければなるまい。

近代国民国家形成期の「国民的教養」創成の次元とは異なる質で、「東アジア」の〈伝統〉との対峙のありようを探究していかなければならない。『故郷』の教材研究を「東アジア」の思想的脈流という次元からとらえ返すことは、日本国土の言語文化と思想的土壌をいかに豊かにしていきうるかを問う。魯迅の『故郷』の〈ことばの仕組み〉に孕まれた問いは、グローバル化により東アジアとの関わりがさらに複雑で多層的になるであろう、そしてそれが豊かな可能性をもたらすことになるであろうポスト・ポストモダンの日本の文学教育論においてあらためて深く、重い。二重映しの〈月〉の風景のメタプロットは、〈無〉の意味を絶えず、つきつけ続けるであろう。

〔附記〕本稿は、拙論「『故郷』のプロット――二重映しの〈月〉の風景」（『国文学 解釈と鑑賞』二〇〇八年七月）

に加筆修正を施したものである。

《章末注》

なお、西郷竹彦「文芸の筋と象徴——魯迅『故郷』における〈月〉と〈壁〉」（科学的「読み」の授業研究会『研究紀要』(5) 二〇〇三年）は、つぎのように論じている。

故郷の不平等な人間関係を象徴する冬景色の世界→平等な人間関係を象徴する〈金色の月〉の世界→不平等な階級差のある現実の社会・生活のリアルに描出された世界→平等な人間関係を意味する〈新しい生活〉への〈希望〉を託した、未来を志向する〈道〉を語る〈金色の丸い月〉に象徴される世界。

以上が、かいつまんで要約した「故郷」の筋である。

西郷の論は、『故郷』における周到に織り込まれたプロットと象徴（表象）の展開過程を指摘した教材論の嚆矢として位置づけられよう。しかしながら、この論考では、語り手「私」の外部＝「不平等な階級差」という社会矛盾に、プロットの因果関係の源を求めている。本論では、この作品の価値を、そうした語り手「私」の社会矛盾への近代主義的科学的批判にとどまらないところにあると論じた。すなわち、二重映しの〈月〉のプロットは、「手製の偶像」という語り手「私」の透徹した自己省察（批評）を転回点として、東アジアの思想的脈流をも抱え込み、「手製の偶像」の意味を反転させ、「希望」という〈言葉の力〉をこんこんと湧出する。〈無〉に支えられてはじめて生まれる「道」は、ポストポストモダンにおいて向き合わねばならぬ〈伝統〉をめぐる我々の思索をより深みのあるものへと導くだろう。

『故郷』という作品の尽きせぬ魅力に比し、本論は不十分きわまりない。今後の一生の問いとしてさらに深めたい。

芥川龍之介『羅生門』の語りをどう読むか

中島敦『山月記』の新しい「学習の手引き」に向けて
——「読むこと」の共通理解を形成するための前提条件

既成認識と生成認識
——夏目漱石『こゝろ』における書くこと

豊太郎の母〈諫死〉説の再検討

近代小説の一極北——志賀直哉『城の崎にて』の深層批評

『レキシントンの幽霊』におけるアジア戦争の記憶
——村上春樹〝デタッチメント〟時代の終わりをめぐって

芥川龍之介『羅生門』の語りをどう読むか

丸山《まるやま》 義昭《よしあき》

1 定番教材『羅生門』の教材価値を再考するために

高校一年の小説教材、『羅生門』は「定番教材」と呼ばれ、高校に入学してきた生徒たちに、最初に〈という場合が多い〉小説の読み方を教える教材として長年扱われてきた。比較的明快で把握しやすいプロット、主人物（下人）の心理の推移を因果関係として逐一追うことのできる展開、人物（下人）の行動をあらわす文から人物（下人）の性質や心理を読みとることができる点や、人物造型に関わって多用されている比喩表現など、小説の読み方の入門教材としては、適した条件を有していると言えよう。

そこには、ある程度自明な「小説の読み方」があり、『羅生門』について定説化されてきた教材研究、主題観があったと言ってよいだろう。しかし、肝心の「小説とは何か」については、それほど自明ではなかった。近年、私は田中実の「小説＝物語＋〈語り手〉の自己表出」という言説に導かれながら、小説の〈語り〉とは何か、特に田中氏の言うところの〈機能としての語り〉とは何か、〈語り――語られる関係〉を読むとはどういうことか、高校の定番教材における今までの自分自身の読みを検証し、かつ再構築しようとしながら、考え続けている。

十年くらい前までは、私は一年で『羅生門』、二年で『山月記』と『こころ』(「先生と遺書」の一部分)、三年で『舞姫』という不動の教材配列に依りながら、「小説の読み方」習熟のための指導(言語技術教育)を追究してきた。『羅生門』における「小説の読み方指導」、それはそれとして否定はしないし、今でも大事だと思っている。しかし、私の、言語技術教育を前提とした『羅生門』の読み(私の〈文脈〉)は、主人物(下人と老婆の関わり合い)を中心とした人物主義にとどまっていたし、やはり、下人の心理の推移を、因果関係を読みとりながら押さえるプロット主義に陥っていた。

そして、その結果、次のような主題の読みに収斂させて事足れりとしていた。

人間誰しも、規範や周囲の呪縛を無視して、感情のままに、本能のままに、自己の生のエネルギーをそのまま肯定して、野性的に爽快に生きてみたいと思う。そうした生き方は、限りなく私たちを誘惑する。しかし、一方で、そうした生き方は、底知れぬ恐ろしさや不安のある世界を現出させる。(魅惑的だが、底知れぬほど恐ろしい世界、下人の行った世界はそういう世界であった。)

右の読みは、私たちの「日常」を肯定するような読みになっている。もちろん、「日常」を肯定する読みしか出せないし、それで十分、というような作品もあろう。そうした作品に価値がないと言いたいのではない。

だが、『羅生門』という小説は、そのレベルにとどまる作品なのだろうか。違うのではないか。そうした疑いを持って自分の読みを見直した時、『羅生門』の教材価値とは何か、改めて考えざるを得なくなった。

そこで、「日常」に回収される読み、「日常」をそのまま肯定する読みになることを避け、読み手自身の認識・価値観が超えるべきものとして突きつけられるような読みを追究しようとして、『羅生門』の語りを読みこむ方向に私は舵を切ったのである。(注1)

そのような私にとって、「〈物語〉ではない〈小説〉とはいったい何か」「人間や人生についてどのようなことを生徒たちに考えさせたいために小説はあるのか」「成熟するとはどういうことか」「他者と出会うことはなぜ難しいのか」というような問いを持ち続けることが、読み進める上で不可欠であった。

そのような問いを持ち続けながらの読み(それはそのまま『羅生門』の語りをどう読むかという課題を自らに課す作業であったが)を本稿では述べていきたい。

2　現代青年としての下人と、〈物語〉の興味

下人には「右のほおにできた、大きなにきび」がある。「大きなにきび」から十代、ないしは二十歳ちょっと過ぎくらいと言えよう。そのことを押さえた上で「永年、使われていた」ということになると、少なくとも七、八年以上、多くて十二、三年働いていたと考えるのが自然である。つまり、六〜八歳の頃から奉公に上がって、十年前後を経過、現在は十代後半から二十歳ちょっと過ぎくらいのまでの年齢と言える。つまり、下人は若者、青年であることを語り手は語っているのである。

にきびは青春の象徴と言われるが、にきびは若い下人の内部にあるエネルギー、生命力をあらわしている。さらに、「赤くうみをもったにきび」ということになると、噴出するエネルギー、精力がありあまっているといった感じである。

「大きなにきびを気にしながら」とあるが、にきびを気にするのは、することがない時、ぼんやりしている時、考え事をしている時の下人の癖として描かれている。これは青年期の特徴で自意識のあらわれである。自意識とは、(そこに人がいようといまいと)人の目から見える自分を意識することである。語り手は、人から見える自分を意識する青年、つまりは現代青年のような人物として、下人を語っているのである。

同様のことは、「平安朝の下人のSentimentalisme」という箇所にも言えよう。「サンチマンタリスム」とは現代的でしゃれた言葉である。語り手は、下人を平安朝の古ぼけた人間としてしまわないで、現代青年的に扱おうとしているのである。(もちろん、語り手のペダンチックな傾向もそこにあるのだが。)平安朝という時代の規定を受けずに、心理分析は現代的な方法でしていくことを語り手が示しているとも言えるわけである。

下人が行動を起こす(大儀そうに立ち上がる)前までの部分を、「導入部」と呼んでいるが、その導入部の最後の一段落は次のように語られている。

どうにもならないことを、どうにかするためには、手段を選んでいるいとまはない。選んでいれば、築土の下か、道端の土の上で、飢え死にをするばかりである。そうして、この門の上へ持ってきて、犬のように捨てられてしまうばかりである。選ばないとすれば――下人の考えは、何度も同じ道を低徊したあげくに、やっとこの局所へ逢着した。しかしこの「すれば」は、いつまでたっても、結

(注)

1 章末注(227ページ)を参照。

局「すれば」であった。下人は、手段を選ばないということを肯定しながらも、この「すれば」のかたをつけるために、当然、その後に来るべき「盗人になるよりほかにしかたがない。」ということを、積極的に肯定するだけの、勇気が出ずにいたのである。

「飢え死にをする」ことを「善」、「盗人」になることを「悪」とすれば、「善」に生きようがない、「悪」にしか生きようがない、ということは語り手にも下人にも最初からはっきりと分かっている。したがって、語り手は善悪の価値観にとらわれていない。（下人の方はとらわれているのかも知れない。だからこそ行為の一線を越えられないのだろう。）善悪の価値観にとらわれていない語り手は、下人の、行為の「勇気」の方を問題にしている。「『盗人になるよりほかにしかたがない。』ということを、積極的に肯定するだけの、勇気が出ずにいたのである」と語っていて、「悪」を為す「勇気」の欠如を指摘する。

言い換えれば、今の場合には、自明の結論である「悪」を為すことが、下人にとっては「勇気」であることを語り手は語っているのであり、別の場合には「善」を為すこと（飢え死にをすること）が下人にとっては「勇気」となるかも知れないことも、言外に語っているのである。(注2)

下人は洛中側の石段にすわっていたのであろう。盗人になる勇気は出ないものの、「盗人になるよりほかにしかたがない」という結論に理屈の上では到達していた下人であるのだから。理屈の上では結論が出ているのに（善悪の価値観にとらわれているせいか）、行為に踏み出すことを迷っている下人、下人の迷いはあくまでも結論が出ている上での迷いであった。

したがって、〈物語〉の興味は、理屈の上では結論の出ている下人がどのような契機を経て、行為の勇気を出すかに絞られていく。だが、〈小説〉の興味としては、その下人の飛躍の過程描出にどのような「語り手の自己表出」がうかがえるか、が挙げられよう。

3　語りを読むことで「メタ・プロット」へ

(1) 下人の性格《キャラクター》の相反する二面性

「下人は、大きなくさめをして、それから、大儀そうに立ち上がった」以下の行動を見ると、まず、下人の受動的で消極的な性格(人物像)が読みとれる。当てがないから当然そういう行動になるわけであるが、自然条件に追い立てられて、やむなく面倒くさそうに立ち上がるわけである。「首を縮めながら」「肩を高くして、門の周りを見回」す姿は、さえない格好であり、寝所を探すのに、「雨風の憂え」の次に、「人目にかかる恐れ」を考えるのは、身の安全や人から咎められることを避けるためとはいえ、繊細で気の弱ささえ感じさせる。

ところが一方、下人は、誰もいないとはいえ、あたりをはばからぬ「大きなくさめ」をする。大胆である。というより下郎根性で、誰もいないと図々しくなるのか。そして、案外元気である。(注3)

それに、生きている人の目は確かに恐れるが、死人は恐れないのである。「上なら、人がいたにしても、どうせ死人ばかりである」とある。勿論、当時の平安京の状況からして、下人も死体などは見慣れていたのかも知れないが、それにしても随分気味の悪い所へ自ら行くものである。無神経とも言えるが、やはり

(注)

2　章末注(228ページ)を参照。

3　章末注(228ページ)を参照。

大胆であり、生命力のなせるわざとも言えよう。(注4)

以上のような下人の二面性をまず押さえておく必要があろう。

(2) 動物的な下人への変化

「それから、何分かの後である」以降のところで、下人の性格《キャラクター》の最初の変化がある。場面の緊迫感を出すために、まず「一人の男」と語られる。まさに下人は別人となったのである。「猫のように身を縮めて、息を殺しながら、上の様子をうかがっていた」というように、行動的で動物的な下人に変貌する。そして、語り手は「楼の上からさす火の光が、かすかに、その男の右のほおをぬらしている」と、下人の脂ぎった顔をクローズ・アップし、「短いひげの中に、赤くうみをもったにきびのあるほおである」と、下人のあり余るエネルギーを語る。「下人は、やもりのように足音をぬすんで、やっと急なはしごを、いちばん上の段まで這うようにして上りつめた」とあるが、この〈恐いもの見たさ〉の感情による行動は、まさに下人の若さ(生命力)に基づくものである。

(3) 下人の通俗的な規範意識と感傷的判断

「この雨の夜に、この羅生門の上で、火をともしているからは、どうせただの者ではない」というのは、(一応地の文ではあるが)語り手の判断であると同時に下人の判断でもある。これが語り手の判断であることからも分かるように、この時代の人々からすれば常識的な判断であると言えよう。ところが、これと同様の判断が後にも出てくるが、そこでは「下人にとっては」と、限定付きであった。

下人には、もちろん、なぜ老婆が死人の髪の毛を抜くかわからなかった。したがって、合理的には、それを善悪のいずれにかたづけてよいか知らなかった。しかし下人にとっては、この雨の夜に、この

羅生門の上で、死人の髪の毛を抜くということが、それだけで既に許すべからざる悪であった。（傍線・引用者。以下同じ）

これはまさに感傷癖を持つ青年である下人がなした「感傷的判断」である。客観的な判断でなく感傷的判断ではあるが、しかし、老婆の行為を悪となすのは、常識的な、世間一般の見方に基づく判断であると言ってもよく、下人ならずとも無理からぬ判断である。ただ、それを「あらゆる悪に対する反感」とか「許すべからざる悪」という形にまで増幅させるところに、やはり、下人の感傷的傾向の働きをみてとることができるのである。

下人は〈恐いもの見たさ〉の感情から、はしごを一番上の段まで上りつめ、楼の内をのぞいてみた。下人は老婆を発見し、六分の恐怖と四分の好奇心を覚える。ところが老婆によって死骸から髪の毛が一本ずつ抜けるのに従って、下人の心からは恐怖が消えていく。と同時に「老婆に対する激しい憎悪」「あらゆる悪に対する反感」が強さを増していく。そして、前述のような〈感傷的判断〉が読み手に示されるわけなのである。

老婆の行為の内容が分かって恐怖が消え、と同時に老婆に対する好奇心(注5)もかなりの程度減じた結果、下人が永い勤めの間に培ってきた規範意識、通俗的な善悪の価値判断が頭をもたげてきたのではないだろうか。そして、何より注意したいのは、それが「あらゆる悪に対する反感」「許すべからざる悪」というふ

（注）

4　章末注（228ページ）を参照。

5　章末注（229ページ）を参照。

うに増幅することであり、その原因には、下人の感傷的傾向という性質が挙げられるのである。

（４）下人と下人の世界を相対化する語り手

田中実が既に指摘しているように、[注6]「作者」を自称する語り手の登場は、語っている現在（現代）の時間を読み手に意識させる。そのことは、ともすると下人と一体化しがちな読み手に、下人および下人のいる世界と距離をとらせ、相対化させる働きを持つ。

> 下人は、六分の恐怖と四分の好奇心とに動かされて、暫時は息をするのさえ忘れていた。旧記の記者の語を借りれば、「頭身の毛も太る」ように感じたのである。すると、老婆は、（以下略）

衒学的な語り手は、傍線部でまた旧記の記者の語を引用する。そのことによって、下人と半ば一体化して「恐怖と好奇心」にとらわれつつある読み手の興奮は冷まされる。読み手は、語り手の〈語りの位地〉に一時的に浮上し、そこから下人を眺めることとなる。

さらに、「それほど、この男の悪を憎む心は、老婆の床に挿した松の木切れのように、勢いよく燃え上がり出していたのである」の文で、語り手の冷笑的態度をおさえておく。「勢いよく」とは言っても、せいぜい「松の木切れ」が「燃え上がり出していた」くらいのものでしかなく、語り手は下人の正義感の高まりを皮肉っぽく見ているのである。とすれば、以降の下人の心理変化も、語り手は、距離をおいて、冷たく見ていると考えるのが自然である。

（５）初めて他人を支配した下人

下人は、今まで主人に仕える使用人であり、主人の命のままに働く忠実な奉公人でしかなかった。つまり行動は他律的であり、他人に支配される人生だったということである。その下人が羅生門の二階で、初めて他人を逆に支配する側に立つ。「これを見ると、下人は初めて明白に、この老婆の生死が、全然、自分の意志に支配されているということを意識した。そうしてこの意識は、今までけわしく燃えていた憎悪の心を、いつのまにか冷ましてしまった。後に残ったのは、ただ、ある仕事をして、それが円満に成就したときの、安らかな得意と満足とがあるばかりである」とある。感傷的な下人の、観念的な正義感は、即物的な支配から来る満足感に弱いわけであるが、注目すべきは、他人の生死を支配した自分の力（エネルギー）に対する大きな自信を、下人がここで得たことである。これは、盗人への転身のためには必要なものであった。

ただし、この自信は、たかが力弱い老婆の生死を支配しただけのことからくる自信である。このようなことくらいで、自分の力（エネルギー）に対する大きな自信を得たというのは、相対的にはきわめて危ういものと言えよう。

（6）非凡な答えを期待していた下人

「何をしていた。言え。言わぬと、これだぞよ。」と下人が老婆に聞いたのは、もちろん老婆の行為の理由・目的を知りたかったからだが、かつらにするとの答えを聞いて、「下人は、老婆の答えが存外、平凡なのに失望した」となる。では、どのような非凡な答えだったら満足したというのだろうか。また、なぜ、下人は非凡な答えを求めたのだろうか。

下人は「この雨の夜に、この羅生門の上」にふさわしい、おどろおどろしい答え、日常性をはるかに超

（注）
6　田中実『小説の力――新しい作品論のために』大修館書店、一九九六年

えるような答えを期待していたに違いない。（たとえば、この髪を抜いて喰うのじゃ、といったたぐいの答え。）

では、なぜ、下人はそういう答えを求めたかだが、いくつか考えられる。

①「ただの者ではない」者が羅生門の二階にいると思っても、はしごを上っていったのは、若さゆえの、〈恐いもの見たさ〉の感情、好奇心からであった。非凡な答えでなければ、その好奇心が充分には満たされないからである。

② 非凡な答えであればあるだけ、その非凡なことを行っていた「ただの者ではない」者を支配したという下人の得意と満足の度合いも強まるわけだから、自分の力（エネルギー）に対する、いっそうの満足・自信を得たいわけである。（相手がたかだか、かつらのために髪を抜いていた平凡な老婆では得意と満足もしぼんでしまうというものである。）したがって、さらなる力の行使が下人には必要になってくる。これが引剝へとつながっていく。（若くて世間慣れしていない青年の持つ、強い全能感欲求が基底にあると考える。全能の、力ある者に自らをしたいわけである。）

③（②と重なるが）日常世界ではなく、羅生門の二階という「雨の夜の異空間」(注7)へと自ら進み入ってきた青年である下人には、日常レベルを超えた、非日常世界――それはあくまでも幻想にすぎないのだが――への飛翔願望のようなものがあったのではないか。（死人の髪の毛をかつらにするというのは日常レベルの答えである。）

(7) 老婆の弁解話を下人はどう受け取ったか

老婆の長い弁解の弁を、その前後の文とともに読んでみる。

老婆は、（略）口ごもりながら、こんなことを言った。

「なるほどな、死人の髪の毛を抜くということは、なんぼう悪いことかもしれぬ。じゃが、ここにいる死人どもは、皆、そのくらいなことを、されてもいい人間ばかりだぞよ。（略）わしは、この女のしたことが悪いとは思うていぬ。せねば、飢え死にをするのじゃて、しかたがなくしたことであろ。されば、今また、わしのしていたことも悪いこととは思わぬぞよ。これとてもやはりせねば、飢え死にをするじゃて、しかたがなくすることじゃわいの。じゃて、そのしかたがないことをよく知っていたこの女は、おおかたわしのすることも大目に見てくれるであろ。」

老婆は、だいたいこんな意味のことを言った。

「老婆は、だいたいこんな意味のことを言った」とあるように、語り手が、老婆の弁解話を整理している。実際の老婆の話は、もっと長く、回りくどく、分かりにくいものだったに違いない。語り手の整理は、老婆の弁解を短く分かりやすいものにしているが、これは、下人が理解した（下人の理解の範疇に入った）老婆の三つの理屈（論理）が浮かび上がるように編集していると言えよう。逆に言えば、下人の理解の範疇外のものは、この弁解には表現されていないと考えられる。

その三つの理屈とは、（A）悪いことをしていた人間は悪いことをされても仕方がない、（B）飢え死にをしないためにおこなう行為は、「悪いこと」とはならない、（C）そのことを知っている者はお互いに許

（注）

7　平岡敏夫「『羅生門』の異空間」「雨の夜の異空間」（ともに『芥川龍之介と現代』大修館書店、一九九五年）

し合える、というものである。
（B）の理屈は、すでに下人が門の下で到達していた、「飢え死にをしないためには盗人になるのもしかたがない」という理屈とほとんど同じである。つまり、門の下の下人の理屈と「対応」しているのであり、この「対応」に気づかせることが、実際の授業では必要になる。
また、（C）の理屈は、片方が死んでいるから許し合えるわけで、生きている者どうしが許し合えないことは誰にでも分かる。（A）にしても、相手が生きていれば、この理屈に平伏することはあり得ない。

悪をなしても、それが飢え死にしないためのものであるなら、悪ではないというのが半ば強弁であることは、老婆自身分かっているし、女が死んでいるから、「わしのすることも大目に見てくれる」のであることもよく分かっている。（逆に、老婆が女を許せるのは、自分は女にだまされてはいなかったからであるとも言える。）

それでは、なぜ老婆はこのような理屈を展開したのか。それはどういう人物かも分からず、いま自分の生死を握っている男の若者（下人）から、危害を受けることなく、この場をやり過ごすためである。そのために、自分のやっていることは仕方のないことで、悪くはなく、女も自分を許してくれるだろうと、弁解したのである。したたかで、しぶといと言える。この老婆の精神は「肉食鳥のような、鋭い目」に現れ出ている。

老婆が女の髪を抜く様子は、「ちょうど、猿の親が猿の子のしらみを取るように、その長い髪の毛を一本ずつ抜き始めた」と語られていた。動物的で気味の悪い老婆の存在（およびその動作）だが、非常に慎重・丁寧な動作であり、その理由は、かつらにするからであり、同時にまた、知り合いの女だったから、ということがここで分かる。「猿の親が猿の子のしらみを取るように」というのは、愛情深そうな行動のようにも、語り手には見えたということである。自分が搾取する他者へのいたわりともとれる。老婆の行為は下人とは対極にあり、語り手とは違って、下人は最初からそのことを見てとれなかった。

老婆の悪は、少なくとも生きている人間には危害を加えない。人をだましていた、知っている女の死体を選ぶことで、自らの罪の意識を軽減しつつ、（注8）乱暴ではなく丁寧に根元から髪を抜く。そして、見つけられれば、理屈をつけて弁解し、許しをこうて、何とか生き延びようという、弁解付きの消極的な悪である。ぎりぎりのところで他者との共存をはかる悪。老婆の生き方は、一見弱くは見えるが、実は、したたかで、ふてぶてしい世間知を持っている。

ところが、田中実も言うように、（注9）下人は、自分が聞き取った老婆の理屈の向こう側にある老婆の生き方を見ようともせず（見ることができず）、老婆の使った（と自分が受け取った）理屈にのみ反応してしまう。なぜなら、表層の理屈だけが下人にとって理解できたものであり、理解できたがゆえに蹴倒せるものだったからである。

（8）下人の、皮相上滑りの転身

下人は「冷然として、この話を聞いていた」のであり、「冷然として」とある以上、下人は、老婆の弁解、

（注）

8　助川幸彦は「『羅生門』の成立」（浅野洋編『芥川龍之介作品論集成　第1巻　羅生門』翰林書房、二〇〇〇年）で「自己の良心がなるべく痛まぬようにわざ〳〵悪事を働いた女の死骸を探し、その髪を抜いた老婆」と述べている。

9　注6に同じ。

理屈に何らの感銘も受けていない。しかも、にきびを気にしながらである。老婆の話に没入しているといった態度・反応ではない。大体、生きていくためには悪をなすのも仕方がないという論理は、さっき門の下で下人が既に到達していた論理であった。下人にとって未知の、新鮮な論理というわけではなかったのである。それに、老婆の三つ目の論理にしても、片方が死んでいるから許し合えるのであって、生きている者同士なら許し合えないのは火を見るより明らかであった。

下人は老婆の話に何ら感動はしていないが、「しかし、これを聞いているうちに、下人の心には、ある勇気が生まれて」くるのである。どうしてだろうか。

「きっと、そうか。」

老婆の話が終わると、下人はあざけるような声で念を押した。そうして、一足前へ出ると、不意に右の手をにきびから離して、老婆の襟がみをつかみながら、かみつくようにこう言った。

「では、おれが引剝をしようと恨むまいな。おれもそうしなければ、飢え死にをする体なのだ。」

下人は、すばやく、老婆の着物をはぎとった。

「老婆の話が終わると、下人はあざけるような声で念を押した」とあるが、下人は何をあざけっているのか。下人は老婆の三つの理屈をあざけると同時に、生きるためには悪を為すこともやむを得ないという理屈にとらわれていた自分（老婆の二つ目の論理に到達していた門の下の自分）をあざけっているわけである。前述のように、老婆＝門の下の自分という「対応」があるのである。生きるためには悪もやむを得ないという論理にとらわれつつも、行動を起こす勇気に欠けていた自分をあざけるわけである。ということは、行動を起こす勇気に欠けていた自分をあざけるだけでなく、生のためには悪も仕方ないという論理にとらわれていた自分をあざけることなのである。論理（理屈）にとらわれていた自分を下人はここで否定する。

下人の侮蔑の対象は、つまらぬ理屈をつけて悪を為す老婆と、同じような理屈にとらわれていた、さっきまでの自分に焦点化され、それが踏み台となって、盗人になる勇気が生じたのである。

次に、「そうして、一足前へ出ると、不意に右の手をにきびから離して、老婆の襟がみをつかみながら、かみつくようにこう言った」とあるが、「不意に右の手をにきびから離して」は、象徴的に読むと、下人は自意識を棄てたと読める。つまり、人から見える自分というものを意識しなくなった、外部の人々が下人の内部に形成する規範意識に、もうとらわれないということ、同時に、他者の感情への配慮など問題にしない人物になったということを示すものである。老婆の理屈は、人からどう思われるかを気にするためにある理屈であり、老婆には自意識がある。他者との共存をはかろうとする老婆とは随分違う人物になったと言える。あえて対比的に整理すれば、下人の方は、他者を顧慮しない悪であり、他者認識に欠けた皮相上滑りの「自己解放」の生き方であり、老婆の方は、他者を意識する悪であり、他者との共存をはかる生き方であると言えよう。

「老婆の襟がみをつかみながら、かみつくように」と、下人は一挙にその狂暴性をむき出しにする。若さのエネルギー、本能的な生のエネルギーに身を任せるわけである。

下人は、「では、おれが引剝をしようと恨むまいな。おれもそうしなければ、飢え死にをする体なのだ」と言うが、もちろん老婆が恨まないなどとは思っていない。老婆の理屈が、生きている者に対しては通用しないことを老婆に思い知らせるだけである。

そして、「下人は、すばやく、老婆の着物をはぎと」る。着物・衣装とは自分を装うものである。老婆は日常レベルの小さな悪を行う自分を弁解と許し合いの論理で装っていた。老婆のそのごまかしをまさにはぎ取るのである。老婆がさせられた、生まれたままの、本能的な人間の姿、これこそ今の下人が目指すものであった。

ここで下人は、（下人から見て）ちっぽけな悪に理屈をつけて、言い訳しながら生きるような生き方を否定したわけである。善悪など全く気にせず、本能のままに、内部から噴出するエネルギーのままに生きる道に踏み出すのである。そこには爽快ささえある。

下人は、老婆の論理が生きている者に対しては通用しないということを老婆に思い知らせるという形で、悪を為す勇気、本能に身を任せて動物的に生きていく勇気を持ち得た。老婆の論理の向こう側にある、老婆の現実世界に何かを学んで盗人に転身していったわけではない。全能感欲求と非日常世界への飛翔願望のようなものが基底にあり、そこに直接のきっかけとして、老婆の自己弁護の理屈に対する反感が加わって、盗人へと転身できたと考えられる。

すなわち、ここでも感傷的な心の動きのままに、きわめて表層的な心の動きのままに、下人は動いたのである。

結局、下人は老婆とは出会っても、老婆の使っている論理にのみ反応しただけで、老婆の論理の向こう側にある老婆の現実世界とは出会っていない。出会えないで終わった。もちろん、成長もしていない。あるのは、感情的な心の動き、皮相な観念の、自己流の貫徹だけである。つまり、下人は、ここでは老婆を通して「自分」にしか出会っていない。その「自分」を否定することで、新しい自分になった気がするわけだが、それも元々自分にあったものである。

以上のような文脈の読みを通して、読み手は自身の内にある、観念的に他者を理解して事足れりとする「下人」的な面、「下人」的性格に気づく。「下人」をそのまま肯定したい誘惑は断ち切られる。

(9)「黒洞々たる夜」とは何か

下人は「またたくまに急なはしごを夜の底へ駆け下り」る。外に広がっている「黒洞々たる夜」。この闇の世界は、(8)までの読みに沿って考えれば、他者の言動の向こう側に広がっている世界や生き方の意味が見えず、その世界や生き方の意味を、自分の内にある既成の認識の枠内に入れてしか理解できないという、人間の他者了解における〈闇〉、自己化の〈闇〉を指し示していると言えよう。

(10)「下人の行方は、誰も知らない」という語り手の批評

よく知られているように、大正四年初出の末尾「下人は、既に、雨を冒して、京都の町へ強盗を働きに急ぎつゝあった」は、最終的に、大正七年「下人の行方は、誰も知らない」へと改稿され、これが定稿となる。ここには、どのような意味があるだろうか。

下人は「黒洞々たる夜」に駆けて行った。その〈闇〉の中にいるのだから、誰も知り得ないと、即物的に読むだけでは全く不十分であり、ここは、下人は、もちろん夜昼関係なく、〈自己化〉の〈闇〉の中、もっと一般化して言えば、認識の〈闇〉の中にある、と象徴的に読める。「下人の行方は、誰も知らない」の一文によって、語り手は、そのことを確認し、下人に対する批評を完成させる。

しかし、同時に、この批評は語り手にも読み手にも返ってくる。なぜなら、認識の〈闇〉とは、対象(世界)を認識することがいかに不可能であるか(捉えた対象は、所詮、個別の認識主体にとっての対象でし

かない）、そのことの〈闇〉であるからである。(注10) 語り手自身は対象（世界）を認識し得るのか。語り手も下人と全く同じであり、認識し得ないということが、ここまで語ってきた語り手には分かっている。認識し得ないことが分かっているのだから、これ以上語ることはできない。「下人の行方は、誰も知らない」と語り終えるゆえんである。

語り手は、対象を〈自己化〉して捉える下人の〈闇〉を剔抉することによって、対象そのものには永遠に辿り着けない人間の認識の〈闇〉を語り得た。その語りが反作用を引き起こす。今度は、語ってきた自分自身を相対化せざるを得なくなる。この語り手の相対化は、読み手が為しているわけでもある。だから、この〈作用→反作用〉は読み手には明確に見える。（改稿の意味がよく分かる。）

同様に、この〈作用→反作用〉の働きは、読み手にも及ぶ。読み手自身も他者了解の〈闇〉、世界認識の〈闇〉を抱えていることを認識せざるを得ないからである。

4 「羅生門」の教材価値をあらためて考える

前述のように、下人は、自身の内に対立・葛藤を抱えながら、同時に、老婆と出会い、老婆との対立・葛藤を繰り広げながらも、老婆の言動の向こう側にある世界・生き方には出会わずに、「自分」にだけ出会う。読み手が、その対立・葛藤の過程の表層だけをなぞるだけでは、つまり、下人の心理の推移を、〈原因→結果〉の連なりとして押さえるだけでは、プロット主義に陥ってしまう。プロット＝対立・葛藤の過程がどう語られているのか、その「語り」を読みこんでいくことで、プロットを相対化していく。そうした過程を通して、『羅生門』が持っている批評性が浮かび上がってくる。この、読み手に突きつけてくる批評性こそ、『羅生門』の教材価値と言えよう。

＊『羅生門』の本文は『国語総合　改訂版』（教育出版、二〇一〇年版）に拠る。

《章末注》

1　田中実は、「芥川の小説の主眼は登場人物どうしの対立（ドラマ）であるより、そうした人物を〈語り手〉がどのように捉え、批評していくのかに特徴がある」、「その醍醐味は登場人物たちのドラマ（葛藤・対立、あるいは主人公の内部における葛藤）を対象化し、登場人物（主人公）に対して〈語り手〉がその人物の内奥まで解明し、批評の断案を下すところにあ」ると述べている。ドラマ（対立・葛藤）をきちんと読みとった上で、それを乗り越えていくべき方向性が田中によって指し示されていると考えたい。（田中実『小説の力──新しい作品論のために』大修館書店、一九九六年）

（注）

10　章末注（229ページ）を参照。

2　後に、下人の最後の心理変化を説明するところで、「さっきこの門の上へ上がって、この老婆を捕らえた時の勇気」と語り手が述べていることも、その証左となろう。そして、これは「なんの未練もなく、飢え死にを選ぶ勇気でもある。（それにしても、「この時、誰かがこの下人に……なんの未練もなく、飢え死にを選んだことであろう」という一文も、下人を揶揄的に語っている。）

3　辞めさせられた時に持っていた食料もしくは多少の金品によって暮らしていたのが、この「四、五日」と考えられる。したがって、今は太刀以外持っていないが、まだ飢えてはいない。というより、飢えを示唆する語りがない。首藤基澄は「下人はこの時点では、まだ飢餓に陥っていないという条件を私は看過したくない。飢餓の極限における人間の餓死か盗人かではなく、その一歩手前の、ともかくも飢餓を感じない状態で、明日を思いわずらって低徊しているのである」と述べている。（首藤基澄「『羅生門』論――下人の行動を中心に――」〈宮坂覺編『日本文学研究資料新集19　芥川龍之介・理智と抒情』有精堂、一九九三年〉）

4　笠井秋生は「〈上なら、人がゐたにしても、どうせ死人ばかりである〉と考えて楼上に上る下人の心理と行動は、早瀬輝男氏が指摘するように、〈「一晩楽にねられさうな所」として、遺棄された身元不明の死体が群がる場所を選ぶ〉のは〈普通の人間の神経ではほとんど不可能なこと〉であるから、〈常識とは反対〉だと批判することは許されても、〈当然の保身の行為〉だとは断じられない。従って、作者への批判は、〈上なら、人がゐたにしても、どうせ死人ばかりである〉と考え、〈楼の上〉を〈一晩楽にねられさうな所〉として選ぶ下人の心理描写のみに限定されねばならない」と述べ、最終的には作者を批判する。(笠井秋生『芥川龍之介作品研究』双文社出版、一九九三年)だが、それは妥当だろうか。下人の性格の一面、若さ(生命力)ゆえの大胆さがこの心理に現れていると読めばよいのではないか。

この「好奇心」は、平岡敏夫の言う「唯の者でない」存在に対する「期待」に近い(「雨の夜の異空間」〈『芥川龍之介と現代』大修館書店、一九九五年〉)。ただ、ここでの下人を主に支配していたのは、通俗的な倫理観から下した〈悪〉の判断であり、「雨の夜」の「羅生門の上」で「死人の髪の毛を抜く」という、非日常的諸条件が、感傷的な下人をして、その日常的な判断(「昼間」の倫理)を徹底、加速させたものと読みとった。老婆に本当に失望し、「期待」を裏切られるのは、「かつらにしょうと思うたのじゃ」という老婆の答えを聞く箇所である。

田中実は『小説の力——新しい作品論のために』(大修館書店、一九九六年)で次のように述べている。

下人は観念の闇から脱出し得ないにしろ、〈語り手〉が下人の捉えている問題を明確に批評することで、下人の陥穽の問題をさらに超えることができるのではないか。こうした下人の現在を超えていくところに、この小説の〈語り〉の批評の意義がある。(略)〈語り手〉は下人のあらかじめ所有していた観念を観念として保証させるものの無根拠さを説き、そうした〈語り手〉こそ下人の生きる観念の闇というアポリアに立ち向かうのである。

中島敦『山月記』の新しい「学習の手引き」に向けて

——「読むこと」の共通理解を形成するための前提条件

髙野《たかの》 光男《みつお》

はじめに

小論では、近年の国語教育研究における「語り」論の成果をふまえた『山月記』の新しい「学習の手引き」の構築に向けて、いま何を考え、どのような問題を克服しなければならないか、その課題について検討する。では、なぜ「学習の手引き」なのか。確かに、「学習の手引き」を媒介とせず、直接教材に向き合うことを理想とする考えもあるだろう。自由な読み、個性的な読みを引き出すためには「学習の手引き」はむしろ邪魔であり、また、その方が生徒は能動的、主体的に教材を読もうとする。だから、読むための課題は読者である生徒自身に作成させた方がよいのだ、と。

だが、その際想定される、問いを立てる力、課題を設定する力とは、何によって培われてきたものなのか。「学習の手引き」は、知らず知らずのうちに、そして良くも悪くも（登場人物の心情や行動に偏りがちな生徒の課題設定は「学習の手引き」の画一性にも一因していよう）、そのような力の形成にかかわってきたと見るべきではないだろうか。だとすれば、重要なのは、問題の設定や解決の方略を吟味する力、メタ認知能力としての課題形成力を育てることに自覚的な「学習の手引き」である、ということにはならないか。「学習の手引き」は、教材研究と教育内容の接点に位置し、生徒の教材との出会いを方向づけている。にもかかわらず、これまでの教材論では、そこで主張される「読み」が生徒にとって読むための具体的な手立てである「学習の手引き」で達成できるのか、授業という現実を審級にしてそれを問うことはほとんど見られなかった。『山月記』も例外でなく、「学習の手引き」が取り上げられる場合でも、国語教育の制度性を批判する格好の対象とされるだけで、「学習の手引き」の構造的な均質性に変更を迫るといった、生産的な議論に結びつくことはなかったのである。

「学習の手引き」に拠らないのなら、教科書という「商品」の「必要悪」と割り切ってしまえばすむことである。だが、最近では、教科書どおりに授業を進めてほしいという声が学校の内と外の両方から高まっているという。ならばなおのこと、「読むこと」の新しい成果をふまえた「学習の手引き」の構築は、国語教育の喫緊の課題となるのである。

1　「学習の手引き」批判の位相、あるいは「制度」批判の再帰性

「学習の手引き」は、ポストモダン思想の特徴の一つである制度批判という枠組みのなかでしばしば批判の対象とされてきた。これらの批判はもちろん、国語教育という「大きな物語」批判の全体を構成する一要素であり、教師用指導書の「教材のねらい」を具体化するための「学習の手引き」が、国語教育に潜

在するイデオロギー――それは「思想教育」であったり、「道徳教育」であったりと論者によってさまざまだが――を具現化する装置として批判の対象とされたのである。

批判の内実は論者によって異なるが、その担い手の多くがテクスト理論を方法論とする近代文学研究者であったことは、ある意味で興味深い事実である。専門領域を超え、国語教育や国語教科書を論じることへ向かわせたものは何か。その動機もまたさまざまに違いないが、現象的には、ポストモダンにおける文学研究の、近接分野への文化研究的なシフトチェンジの実践であったととらえることはできるかもしれない。いずれにしても、そこでなされた批判は、教育に支配的なイデオロギーを暴き、内面の自由を推し進めたにもかかわらず、結果として、制度の内側で日々苦闘する教師をエンカレッジメントするような批評性や創造性にはつながらなかったのではないだろうか。

「読むこと」でいえば、制度批判は差異と多様性の思想によって、確かに「読み」を拘束する見えない力を可視化し、相対化してみせた。だが、田中実が「八〇年代問題」(注1)として指摘するように、そこでは、この思想の代表的論者、ロラン・バルトが「作品からテクストへ」で主張する「還元不可能な複数性」が「容認可能《アクセプターブル》な複数性」のレベルで受容され、「還元不可能な複数性」という真正のアナーキズムに正対することはなかった。そのため、国語教育では、教材本文を実体とする読みの「ナンデモアリ」状態、つまり読みの恣意性を不問にする「読者論的な読み」の流行がもたらされたのである。結果、「読むこと」をめぐる大勢が今どのような状況にあるかといえば、旧態依然とした「正解主義」に居直るか、「読者論的な読み」にとどまってエセ相対主義に埋没するか、「読むこと」を荷厄介なものとして「言語技術教育」に「読み」を限定するかのいずれでしかない。ともに、相対主義を超える方途としての「読むこと」の原理の探求を断念、回避しているといわざるをえないのである。

『山月記』の「学習の手引き」批判については、その嚆矢といえるものに蓼沼正美の論考がある。(注2) 蓼沼はそこで、教師用指導書の「指導目標」や「学習の手引き」に布置された「〈自意識〉や〈エゴイズム〉といった問題」は、『山月記』の「物語の構造」から導かれたものではなく、「『国語』の教室において教師と生徒が言わば共犯的に作り上げてしまった、極めて強固なイデオロギー、『国語』という物語のパラダイム」ではないかとの批判を行っている。また、最近では、小森陽一が『山月記』の「学習の手引き」をつぶさに検討し、そこに配置された学習課題が、主人公の李徴が虎になった原因を一様に「性格」や「人間性」の問題へと還元する、特定の「解釈の方向性」へと「誘導」するものだと指摘している。(注3)

両氏の論に接したとき、なぜ両氏は「学習の手引き」を批判する際に、たとえば、蓼沼なら李徴の告白が抱える「自己劇化」作用、小森なら「玄宗皇帝政権のなかで、最も剝き出しの暴力的な部分を担っていた官僚」、袁傪に対する李徴の批判という作品解釈を導く方法を、「理想の国語教科書」ならぬ「理想の学習の手引き」として示さないのか、素朴な疑問を抱いたのを覚えている。蓼沼が「これまでの『国語』教育を撃ち、新しい（本当の）『国語』教育への指標《メルクマール》を創造すること」を企図するならなおのこと、代案の

(注)
1 田中実「文学の『原理主義』――失われた二十年と《新しい作品論》のために――」(『社会文学』第18号、二〇〇三年一月)
2 蓼沼正美「『山月記』論――自己劇化としての語り」(『国語国文研究』一九九〇年一二月)及び「いま、『国語』の教室を『読む』――消費される〈感動〉／〈感動〉のパラダイム」(『日本文学』一九九一年一二月)
3 小森陽一『大人のための国語教科書――あの名作の〝アブない〟読み方!』(角川書店、二〇〇九年)

提示こそ、建設的かつ公平な批判のあり方ではないか、と思ったのである。

今ならば、両氏の批判のあり方は、私にウルリッヒ・ベックの「何をしてはいけないかを教えるが、何をしたらよいかは教えてくれない」（「政治の再創造―再帰的近代化理論に向けて―」）という一節を呼び起こす。制度批判の制度性という問題である。だが、ここで重要なのは、田中の「八〇年代問題」に遡って教材の「読み方・読まれ方」をとらえ直すことであり、それに基づく教材研究と教育内容をつなぐ通路（「学習の手引き」もその一つである）の構築である。それが構築されないのは「学習の手引き」を批判する論者の「手抜かり」というより、国語教育の側の「怠惰」に帰すべきものであろう。この「怠惰」な性格のために、『山月記』においては、丹藤博文が指摘するように「教材として四〇年以上の伝統がありながら大きな変化はなく、また現在でも一六種類もの高校教科書に掲載されているにも拘らず教科書間に教材観の差異は殆どみられない[注4]」という「教材研究の画一性」が今日まで温存されてきたのである。

それでは、この「怠惰」を克服し、「教材研究の画一性」を破るためにはどうしたらよいか、そのことが検討されなければならないはずだ。

2　「多様性」信仰と「活動」主義

『山月記』の教材研究の最近の動向を示す論考に、渡辺通子の「『山月記』（中島敦）の授業実践史[注5]」がある。渡辺はそこで、渥美孝子・柳沢浩哉・森田真吾らの先行研究を参照し、「一九九〇年を境に、『山月記』研究の方法」が「李徴の『告白小説』という捉え方から、袁傪の存在に注目した『李徴の語り』の研究」へ、「『告白』の〈内容〉面から『告白の為され方』という〈行為〉面」へと「大きく変化」したと整理している。また、渡辺は研究方法のこのような変化に対応する授業の歴史を、丹藤博文や中村敦雄の指摘に拠りながら、「教材としての『山月記』が抱える課題」に「教材研究の画一性」があり、「作者中島敦の伝記的事実に還元する素朴な反映論の読み」を脱して「語りという行為を問題にすべき」であるが、「語りをめぐる新解釈も、具体的な授業を構成していくという現実問題には対応していない」とまとめている。

二つの引用から、「読むこと」の課題の核心が「語り」の問題にあることがわかるのだが、だとすれば、「語りという行為を問題に」し、「語りをめぐる新解釈」を「具体的な授業を構成していくという現実問題に対応」させていくことがめざされなければならないはずである。しかし、渡辺の論述はそういう方向へは進まず、「『山月記』が定番教材として長く採録されてきたことは、安定した指導法が確立してきたとみることもできる」と現状肯定へと回帰し、教科書の「学習の手引き」を「全般的な傾向としては、文学研究における作品評価を教室にスライドさせているというよりも、指導方法に工夫が施されるようになっている」と評価してしまう。

さらに、渡辺は「これからの課題と授業づくりのヒント」として「より多くの生徒に（『山月記』に・引用者注）出会わせるために」、「『山月記』カルタ」や「『山月記』双六」作り、「登場人物になって語り合う」言語活動を提案し、次のように論を締めくくっている。

（注）

4 丹藤博文「『山月記』あるいは自己解体の行方」（『〈新しい作品論〉へ、〈新しい教材論〉へ3』右文書院、一九九九年）

5 浜本純逸監修、田中宏幸・坂口京子共編『文学の授業づくりハンドブック 第4巻』（溪水社、二〇一〇年）

例えば、「『山月記』双六づくり」は、一見、単純な遊びのようであるが、いわゆる従来の読みを行わなくてもよいという前提が生徒を読み手として能動的にさせていく。科挙の試験に合格し、詩人を目ざす李徴が虎になっていく経緯、袁傪との出会い、告白、別れに至るまでを双六に制作するには、本文をきちんとたどらなければならない。自作双六に変化をもたせようとすれば、叙述を順を追って読むのではなく、深く読みに入っていかざるを得ない。「登場人物になって語り合う」場合にも、李徴・虎の姿の李徴・袁傪・袁傪の部下・李徴の妻・李徴の子ども・月等の役割をもって、それぞれの視点から各自の読みを語り合うことで新たな読みの発見につながるだろう。

ここで渡辺のいう「従来の読み」が何を指すのかは不明だが、仮にこの論のなかで渡辺が批判する「いわゆる定番とされる読みを意識するあまり、書かれたことを洩らさず詳細に丁寧に読もうとする」ことや、「講義中心の一方的な読みの伝達や正答探しの読み」のことだとすれば、渡辺が主張する「本文をきちんとたど」ることや「叙述を順を追って読むのではなく、深く読みに入ってい」くことと「従来の読み」との違いが明らかにされなければならなかったはずである。

小説の文章、小説に描かれた世界はすべて「語り―語られる」関係としてあり、「読む」とは、読み手内部にそれを「文脈」として現象させることである。「文脈」は読み手内部の現象である以上、常に恣意性、田中実のいう「〈わたしのなかの他者〉」の問題にさらされている。「深く読みに入ってい」くとは、いったん成立した「わたしのなかの文脈」を掘り起こす、つまり「語り―語られる」関係のはたらきをとらえることで脱文脈化し、再文脈化していくことにほかならない。この「語り―語られる」関係を捨象し、登場人物が経験した出来事のレベルで〈本文〉をたどり直すだけではそれは達成されない。また、このレベルで視点を変えて登場人物をとらえたとしても、作品の一貫性、「文脈」を切断するだけである。そうした「読み」は断片であって、部分として全体を指向／志向することはない。このような活動をとおして「発見」される、渡辺のいう「新たな読み」とは、『山月記』とはまた別の物語を創り出すことなのである。したがって、渡辺が構想する授業プランは、たとえそれが「生徒を読み手として能動的にさせていく」としても、活動のための活動、「活動」主義に堕さざるをえないのだ。

渡辺論が「語り」の問題を「読むこと」の課題としていったんはとらえながら、それを回避し、「学習の手引き」の現状肯定や「活動」主義に陥ってしまうのはなぜなのか。この問題は、実は渡辺に限ったことではなく、国語教育全体に構造化された問題だと私は考えている。その端的な例を学習指導要領(注6)の「読むこと」に見ることができる。

たとえば、必修科目の「国語総合」では、「文学的文章」にかかわる「読むこと」の「指導事項」として、

ウ　文章に描かれた人物、情景、心情などを表現に即して読み味わうこと。

エ　文章の構成や展開を確かめ、内容や表現の仕方について評価したり、書き手の意図をとらえたりすること。

が設定されている。ここに見られるのは旧態依然の、「人物」や「心情」に焦点をあてる読み方であり、「作者」還元主義という実体論、反映論である。

（注）

6　平成二一年三月に改訂、告示された新学習指導要領の記述に基づく。後掲の『高等学校学習指導要領解説　国語編』は教育出版から二〇一〇年六月に発行されている。

この「指導事項」を達成するための「言語活動例」として「ア　文章を読んで脚本にしたり、古典を現代の物語に書き換えたりすること。」があげられている。これについて『高等学校学習指導要領解説　国語編』では、

読むことの指導事項を身に付けさせるためには、読むという言語活動だけでは不十分である。そこで、「脚本に」する、「物語に書き換え」るなどという、表現する言語活動を通して読みを深めることが大切である。

と説明されている。「脚本にする」「物語に書き換える」という表現活動を一概に否定するつもりはない。このような活動によって、学習者の物語を紡ぐ力を伸ばしたり、物語るという行為の基本原理の理解を進めたりすることはあるだろう。しかし、これらの活動が直接、対象作品の「読みを深める」ことにつながると考えるのは短絡にすぎよう。この短絡さは、『解説書』が小説の「語り」の問題を看過し、小説を出来事、つまり「物語《おはなし》」のレベルで読んでいることに起因している。先に渡辺論に見たのと同様の問題である。「学習の手引き」が、小説の「語り」を看過する学習指導要領に制約される以上、小説を「物語」として読んでしまうのは、ある意味で、当然の帰結なのである。

再び渡辺論に戻っていえば、なるほど、渡辺論では「カルチュラル・スタディーズの影響から、教室の中では、より多様な読みが可能になっていった」「各自が『私の読み』を持ちつつ、多様な読みを認める風土が育っている」等の表現によって、学習指導要領の反映論的な読み方は影を潜めているかに見える。しかし、「読み」の恣意性の問題を不問にする渡辺論は学習指導要領の実体論をそのまま引きずっている。渡辺論では、「多様」であることの価値が無媒介的に表出されており、それは「多様性」信仰とでもいう

べきものである。学習指導要領の「読むこと」と「言語活動」が引き裂かれているように、渡辺論の「読み」の立場も引き裂かれている。

3 「物語」という陥穽

渡辺の論考と同じ時期に『山月記』の実践研究が発表されている。小山千登世の「他者に向けて教室を開く――『山月記』袁傪を可視化する志向――[注7]」は、李徴の自己分析の様態をとらえることを通じて「コミュニケーション不全」という「現代社会に巣くう病理」をあぶり出そうとした授業実践とその反省的検証からなる論考である。小山はこの論で、田中実の『山月記』論[注8]をふまえつつ、その到達点を、田中の「他者論」の内側から突破しようと試みている。田中の「八〇年代問題」をとらえたところで『山月記』の新しい授業を構想するという点で小論の問題意識とも重なり、小山論を検討することは、「語り」をふまえた「学習の手引き」を考えるための足がかりになると考える。

それでは小山の授業実践を見てみよう。小山論についてはすでに、服部康喜が「教材の分析を通して生徒が生きる状況へと回帰していくこと、そしてその状況の中で考える主体として自己形成していくこと」をめざす方向性を「『問題意識喚起の文学教育』（荒木繁）と呼ばれた方法の正統を行くもの」と評価して

（注）

7 『日本文学』（二〇一〇年三月）

8 田中実「〈自閉〉の咆哮―中島敦『山月記』」（『小説の力――新しい作品論のために』大修館書店、一九九六年）

いる。（注9）「〈故人〉と〈友〉の使い分け」「〈還る〉の意味」などの「文字の語りの発掘」に代表されるように、小山の教室の生徒は「読み」の回路を自力で発見し、「李徴―袁傪」というコミュニケーションの様態と李徴の自己認識との関係性に迫っていく。その追及が反転し、生徒自身のコミュニケーションのありようを批評する地平がひらかれるというのが小山実践の急所である。

だが、服部も「通約不可能なものとの接続」の問題として危惧を表明するように、「コミュニケーション不全」という「生徒の問題」を李徴に直接接続する小山の方法は、田中論が剔抉した李徴の「自閉」という「闇」を現代の若者像と等身大の了解可能な状態に引き寄せ、その分だけ「李徴の他者性」は後退せざるをえない。「紆余曲折の中で」小山の教室で必然的に求められた形態であるとしても、小山実践の「発問や聞き手の生徒との質疑応答その他、すべて生徒に任せるという授業の方法」が、李徴と袁傪という登場人物、『山月記』の物語内容のレベルに生徒の「読み」を囲い込むという問題を抱えたことは否めないのではないだろうか。生徒は「この場面だけどうして〈袁傪〉ではなく〈袁〉と言っているのか？」と「語り」の問題の入り口にたどり着きながら、その扉を開けてさらに「読みに深く入ってい」くことはなかった。生徒のこの「気づき」は、「人々は最早、事の奇異を忘れ、粛然として、この詩人の薄倖を嘆じた」という箇所と併せ、「語り手」が李徴の独白に「同化」「吸収」されるという「語りの批評性」の後退ないしは「消滅」（注10）の問題につながるべきものだった。それを看過した結果、副題にもあるように、「李徴の成長」説を担保する「袁傪を可視化する志向」という生徒の期待の地平が小山論では前景化されることになってしまったのである。

小山は、小説の最後の場面で李徴が自ら虎としての姿をさらけ出し、咆哮するとき「観念でしかなかった不条理が、生きた不条理」として立ち現れ、その「生きた不条理」としての「意味なく死んでいくことへの恐怖」を『山月記』の全体に響くモチーフであるととらえる。このように李徴の内面のドラマを鋭く描出しながらも、「袁傪の存在が『意味なく死んでいく』ことから李徴を掬い上げる」という袁傪像に小山自身が「吸収」され、次の引用に見るように、『山月記』を「友情の物語」、あるいは「救済としての物語」へと転落させてしまうのだ。

袁傪という身近な他者との交感により、〈他者〉（了解不能の他者）へと李徴が導かれていく可能性を生徒たちには示唆したい。聞き手袁傪も李徴の語りに揺り動かされている。李徴の悲しみを分有し、一緒に泣いてくれる友の存在こそが、この間虎である李徴の飢えを押しとどめ友を食らうことを自制させ、友のために醜い姿をさらけ出す行動を自然に促していく。

小山論の「袁傪を可視化する志向」は、これを「読み」の手続きとしてみるならば、これまでの『山月記』論にごく一般的に見られるものである。李徴の「独白」の聞き手である袁傪を立体化することは、李徴の自己認識の内実をとらえるうえで不可欠の作業だろう。だが、その「志向」が無媒介に実践されれば、前出の小森論に見られるように、作品の外部である歴史的文脈を借用し、「監察御史の袁傪とは、そうした腐敗堕落していた末期の玄宗皇帝政権のなかで、最も剝き出しの暴力的な部分を担っていた官僚」であ

（注）
9 服部康喜「小説と他者——通約不可能なものとの接続——」（『日本文学』二〇一〇年三月）
10 馬場重行「文学という〈毒の力〉——『山月記』に触れて、〈読むことの倫理〉を考える——」（『社会文学』第16号、二〇〇一年一二月）

り、李徴の「即席の詩」は「権力にすがり続けていた」袁傪を批判したものだという特定の「解釈の方向性」で物語を成形したり、さらには「袁傪が李徴の詩を認めなかったのも、自分自身が（「即席の詩」で──引用者）批判されたことと無関係ではなかった」と、出来事の順序性を逸脱した誤読さえ生んだりすることにもなる（出来事は、李徴の「記誦せる」詩の伝録の依頼↓袁傪の感慨「缺ける所があるのではないか」↓李徴「即席の詩」の披露、の順で叙述されている）。

そもそも李徴と袁傪との「對談」は、李徴の自己認識の変容をもたらすような性質のものではなかった。すでに丹藤博文が「李徴の一方的な分析や解釈は披瀝されるものの、対象化がなされない以上、そこには対話も批評もない」と指摘していることだが、少し補足的に述べておきたい。心理学者の浜田寿美男は、発話行為を「対話というゲシタルト」という用語でとらえ、発話者を単位とするのではなく、「〈語る─語られる〉」関係、「自分と相手が相互に〈能動─受動〉をやりとりするその対話的関係が原初の単位」と考えるべきだと述べている。(注11)小山は「李徴は決して壁に向かって独白をしているのではない」「袁傪とその一行という聞き手を前に他者を意識し、他者の反応に影響を受けながら告白を続けている」「袁傪は他者として大きく意識されている」と、「対話」性を強調する。だが、袁傪は、李徴の自己分析にかかわってひと言も肉声を発していないように、李徴の発話行為に対する関与性はきわめて希薄である。浜田のことばでいえば「一人語り」、つまり「内なる他者」との対話ということになろう。李徴の場合、この「内なる他者」が、田中論のいう「あらかじめ他人の視線を先取りし」「相手を一方的にイメージし、勝手に描き出した他者」であり、「〈他者排除装置〉」という自意識の病に冒されていたのである。したがって、李徴の自己分析は空転するしかなく、「ゲシタルト」（円環）を構成しえない。李徴の自己分析が自己省察へと至る道は閉ざされているのである。

4　「語りの批評性」を批評する

小山は、李徴が「正に変化を遂げたかに見えたそのときに、自嘲を李徴に語らしめ」るのも「語り手」で、その「語り手」が「成長の物語として成立していないことを暴く『物語』の瑕疵」を「語り手の自己表出」ととらえ、それによって「物語は小説に転ずる」と述べる。『山月記』は「『近代小説』というより『近代の物語』であ」るとする田中のジャンル論による分類[注12]を批判的に摂取し、小説としての教材価値を再定位しようとする小山の意図がここには示されている。李徴における自己省察の不可能性という「語り手が用意した仕掛けに気づかせること」で、「自分で自分を見つめることの限界を生徒が認識することに繋げ」、「彼らの読みの意味をもう一段深いところで彼らに投げ返すことができたのではないか」、小山は『山月記』の授業の可能性をこのように検証する。ここが小山実践の急所、『山月記』の「読み」が「生徒の問題」に反転しうるかどうか、その勘所だと思われる。だが、小山の読み方で「反転」が可能かどうかはさらに検討が必要だろう。

小山は「『山月記』には『文字の語り』とでも呼ぶべき独特の語りが機能として働いているのではない

（注）

11　浜田寿美男『私と他者と語りの世界』（ミネルヴァ書房、二〇〇九年）

12　田中実「『近代小説』が、始まる――〈知覚の空白〉、〈影と形〉、〈宿命の創造〉――」（『日本文学』二〇〇九年三月）

か」と述べる。「〈故人〉と〈友〉」の使い分け、「〈還る〉」の意味、「〈自分〉と〈おれ〉」という自称の変化の問題である。これらは従来の『山月記』研究でも指摘されてきたことだが、それを「語り」の問題ととらえたのは、小山が初めてだろう。だが、「文字（エクリチュール）」と「語り（ナラティブ）」という異なる位相の概念を直結する「文字の語り」論は、「語り手」を「作者」のレベルでとらえる反映論に回帰する問題を抱え込んでいる。それが如実に表れるのは「語り手は〈自分〉から〈おれ〉そしてまた〈自分〉へと呼称を変化させる」「『文字の語り』という生徒たちが開いた文脈は文字に宿った作者の影を浮かび上がらせる」（傍点・引用者）という箇所である。李徴の独白における自称の変化が「語り手」による行為だとすれば、李徴の登場人物としての自立性は失われ、小山が主張する「小説」としての存立基盤そのものが解体してしまう。小山はここで、「〈語り手〉が物語を語るという形式に拘束されながら、それをふり切る困難さと葛藤に『小説』の独自性がある」という田中の「『小説』論[注13]」の一節を想起する必要がある。李徴が登場人物として自立していなければ、そもそも「それをふり切る困難さと葛藤」も必要もなく、「『小説』の価値の源泉」としての「〈語り手〉による《他者》への越境」も無化されるのである。

しかも、「文字の語り」、読み手が「見える」文字に注目することは、読み手に「見えない」ものを見ることを忘却させる。李徴と袁傪の「対談」が「見えざる声の対談」、つまり「声」の「物語」であることを隠蔽してしまうのである（李徴が虎としての身体を隠す行為は李徴の生のかたちそのものを象徴する）。袁傪は、そして袁傪を視点人物として出来事を語る「語り手」も、物語の進行とともにこの「見えざる声」「叢中の声の語る不思議」に呑み込まれていく。袁傪は「どこか（非常に微妙な点において）欠けるところがあるのではないか」と李徴に批評的な眼差しを向けながら、やがて「涙を浮かべ」、この悲劇に「吸収」されていく。「語り手」は冒頭において「文名は容易にあがらず」「己の詩業に半ば絶望した」と詩人としての李徴を否定したにもかかわらず、物語の後半では「この詩人の薄幸を嘆じた」と「人々」と同じ地平に立って李徴を「詩人」として認定してしまう。李徴もまた、自らの「声／咆哮」に酔い、「己の運命」を格調高く歌いあげ、自身の悲劇への陶酔を増幅していくのである。だとすれば、「見えざる声」をめぐる劇は、「物語」を「小説に転ずる」というよりは、むしろ「物語」を「詩／歌」に変えていくというべきだろう。李徴の自己分析が小山に「鮮やかさ鋭さ」と映ずるのも、その「声」が増幅させる「自己劇化」作用のためであり、小山はそこに田中のいう「自己を貶めることに伴って生じるナルシスティックな陶酔感」「対象（他者）に向き合う緊張よりもそれを緩和させ、嘆き苦しむ思いを促進させる表現の演劇性」こそ読み取るべきではなかったか。そこに李徴の自己分析が自己省察に向かえない根本原因もあった。「文字の語り」は「見えないものを見る」ことを遮断し、李徴が抱える「闇」の「他者性」を後退させてしまうのだ。

小山は「語りの批評性に気づかせることができると、主人公の物語が自身の物語を批評し、物語自体を超えていこうとする自己批判の文脈を読むことになる」と述べている。だが、すでに指摘したように、『山月記』では「語りの批評性」が発揮されることはない。では、「物語」という陥穽を超えて、『山月記』の「『小説』の価値の源泉」に迫る道は閉ざされているのだろうか。ここで想起しなければならないのは、『山月記』の「語り手」が、物語の最初から李徴の悲劇に「同化」「吸収」され、その悲劇性を高めること

（注）

13　田中実「『小説』論ノート――小説の『特権』性」（鷺只雄他編『文学研究のたのしみ』鼎書房、二〇〇二年）

に奉仕していたわけではない、ということである。田中が述べるように、「〈語り手〉は作中人物の李徴の〈語り〉に吸収され、『物語』に収まりながらも、これを内破しようとぎりぎりの闘いを挑んで」おり、結局は「同化」「吸収」されるとしても、重要なのは、「語り手」の変容の過程を田中のいう「闘い」の相においてとらえることである。『山月記』の「語り」を李徴の独白とそれをメタ・レベルで語る「語り手」による「語り」との「見えざる」「闘い」の劇としてとらえ、「語りの批評性」の後退あるいは「消滅」という事態を批評する読み方が要請されているのである。そこに、可能性として、小山がめざす「反転」の契機もあるのではないだろうか。

5 「二つの文脈」問題から「学習の手引き」の再編へ

田中は『山月記』の「語り」の構造の特徴を次のようにとらえている。

『山月記』という小説を読む際、私が注意すべきだと思うのは、全体の状況（文脈）のなかで主人公の李徴をその外部から捉えて説明する（甲）の文脈と、李徴の肉声でみずから過去の自分を分析的に省みる（乙）の文脈との、この二つの文脈が成立していることである。

この指摘は、「二つの文脈」問題として、『山月記』の本文全体を地続きの一つの文脈として読んできた従来の読み方に大きな変更を迫る、画期的なものであった。『山月記』における「語り」の仕組みが、李徴の一人称の「語り」・「(乙)」と、それを外部からとらえる「語り手」による「語り」・「(甲)」という重層構造にあることを示すことによって、「李徴─袁傪」の「物語」を相対化する視点を読み手にもたらすと同時に、「語り手」の、李徴の「物語」への「同化」「吸収」という「語りの変容」に目を向けることが可能になったのである。

ところが、この「語りの変容」という問題は、ナラトロジーに依拠する「語り」論の枠組みでは理解できず、視点や人称の問題として処理され、歪曲されてきた。たとえば、『山月記』の詳細な言説分析を実践する長谷川達哉の論考でも、[注14]田中のいう「同化」を「語りの批評性」の問題としてではなく、視点論、人称論のレベルで矮小化されて理解されている。長谷川は、「例えば『山月記』の〈語り手〉とは作中人物（主人公）に〈同化される語り手〉』であり、ついには『一人称の〈語り手〉の物語に化してしま』う、といった田中実の解釈に与するわけにはいかない」と述べ、その理由を次のように説明する。

例えば物語の結末部分では（中略）語り手は、あきらかに「虎」の姿を目撃する袁傪の側に立って出来事を描き出している。袁傪を焦点化子として（あるいはフィルターとして）、語り手は「虎」の姿を捉えているのだと言ってもいいだろう。ここにおける語り手は、「虎」（＝李徴）に「同化」されてはいない。そもそも田中が語り手と作中人物（＝李徴）との「同化」だとする部分についても、田中の解釈が妥当だとは考えられない（以下略）

長谷川のこの理解はナラトロジーに依拠する「語り」論の限界[注15]を端的に示すものであるが、このような

（注）

14　長谷川達哉「『山月記』の言説分析の試み――人間＝李徴が失ったもの、虎／李徴がたどり着いたところ――」（『紀要文学科』第87号、中央大学文学部、二〇〇一年三月）

15　ナラトロジーに依拠する「語り」論の問題については、拙稿「語りを読むとはどういうことか――ティム・オブライエン（村上春樹訳）『待ち伏せ』における記憶と物語――」（『日本文学』二〇一〇年八月）でも論じたことがある。

問題は長谷川に限ったことではない。従来の『山月記』論の多くが、田中のいう「甲」と「乙」の文脈を地続きのものとし、それぞれにある表現を論者に都合よく結合させることで李徴の人物像を成形するといったこともしばしば行われてきた。そうした作業は「二つの文脈」の関係を看過するため、論者による恣意的な解釈を相対化したり、李徴の「物語」を「語り手」による「語り」というメタレベルからとらえ直したりする契機を喪失させている。小山が田中の理論を積極的に摂取しながら、小山の「語り」論が授業実践において十全に機能しなかったのも、田中の『山月記』論の基本線である「二つの文脈問題」が視野に入っていないことが原因だと考えられる。そのために、小山の実践では生徒の「読み」が登場人物のレベルに収斂し、これまでの『山月記』論が陥ってきた問題を反復してしまうことになったのである。

さて、小論での関心は、田中の提起した「二つの文脈」問題が、研究のレベルだけでなく、授業においても学習者が理解可能な、「語り」の領域に目を向けるための有効な方法でありうるか、ということである。そこで、そのための検証を「学習の手引き」に即して進めてみたい。『山月記』の「学習の手引き」については、前出の蓼沼が「教材観の定着している『山月記』の場合、いずれの教科書の『学習の手引き』もまさに同じ内容となって定着している」と、その「画一性」を指摘している。蓼沼のいう「同じ内容」とは、①李徴の性格設定、②虎になった理由、③袁傪のいう「微妙な点」とは何か、④李徴の自己分析にある「憶病な自尊心」「尊大な羞恥心」とはどういうことか、という四つの「読みのポイント」を指す。ここで、確認しておかなければならないのは、この四つのポイントを対象から外した『山月記』の「読み」が考えられないように、「学習の手引き」の「画一性」の問題は、読む箇所の問題ではなく、「読み方・読まれ方」の問題、学習者にどう読ませるかというレベルで検討されなければならないということである。

では、蓼沼が示す四つの「読みのポイント」のうち、李徴の性格や人物像を問う課題が実際にはどのようになっているのか、手元にある現行版教科書から列挙してみよう（三社の教科書をその代表例としてとりあげるが、他の教科書もこの三社とほぼ同様である）。

A社……主人公李徴の性格を、本文に即してまとめてみよう。

B社……虎になる前の李徴はどのような人物として描かれているか、また虎になった原因について李徴はどのように自己分析をしているか、まとめてみよう。

C社……虎になる前の李徴はどのような人物だったか、その性格・生き方を中心にまとめてみよう。

A社版では「本文に即して」と条件が示されており、本文全体を通して課題を解いていくことが想定されていると考えてよいだろう。B・C社版では「虎になる前の李徴」という限定は同じだが、課題が想定する範囲は異なっているようだ。C社版は範囲の限定はなくA社版と同様に本文全体を対象としていると考えられる。それに対して、B社版の場合は、「描かれている」という表現によって冒頭部分（「隴西《ろうせい》の李徴は」から「だれもなかった」まで）の「語り手」が李徴の経歴を紹介する箇所から「人物」を読み取らせ、それを李徴の自己分析に結びつけて「虎となった原因」を把握させるという意図がありそうだ（実際『教師用指導書』の「扱い方」もそうなっている）。この場合、「甲」と「乙」の「二つの文脈」を想定しているように見えるが、それは違う。因果関係という一続きの文脈としてとらえており、いずれの教科書の場合も、本文全体から（「甲」と「乙」とを区別せず）李徴の性格や人物像を読み取らせる課題だと考えてよい。

したがって、現行版「学習の手引き」には『山月記』本文を、語る主体の違いによって「二つの文脈」に分ける発想はなく、学習者もそれを地続きのものと理解し、「甲」「乙」それぞれの文脈のなかから李徴の性格や人物像にあたる表現を抜き出すことになる。その際、「語り手」による李徴の性格把握（「甲」）と李徴の自己分析（「乙」）にある微妙な「ずれ」は、作品としての一貫性のなかの「誤差」として不問にされたまま、解答はまとめられるに違いない。(注16) 言い換えれば、「学習の手引き」の問題点はこの「ずれ」を問う審級が存在しないことにあり、そのため『山月記』の「語り」の重層構造に目を向ける契機も成立しないのである。

そこで、次のように改めてみたらどうだろう（ここでは「語り手」という用語を、「学習の手引き」の実際に合わせて禁じ手としている）。

試案……虎になる前の李徴はどのような人物だったか、その性格や生き方を、作品の冒頭（実際は具体的なページを示す）と李徴の自己分析からとらえてみよう。

この試案は、C社版の課題を改めたものだが、A社版・B社版でも同様の改変は可能である。李徴の性格や人物像に、「甲」と「乙」では微妙な「ずれ」があること、またその原因がそれをとらえる（語る）主体の違いにあることを、読む範囲を明示することによって把握できるように改めてみたものである。従来、李徴の経歴の概要を説明した物語の導入部として従属的な扱いをされてきた冒頭部分を、「李徴―袁傪」の物語と対等の地位に引き上げることになり、元の指示文とさほど変わっていないように見えても、学習者の「読み方」に与える影響は大きいと考える。

実をいうと、この「学習の手引き」の改変は、高木信の『山月記』論(注17)に示唆を受けてのものである。高木論は『山月記』の「語り」の重層的な構造を「〈真実の語り〉システム」という「詐術」として析出するが、その解析を進める手続きの前提として田中の「二つの文脈」問題を据えている。その意図するところは、「田中が正しく指摘しているように『山月記』は地の文と李徴の語りが連続的に存在しているので、その語りのあり方の分析抜きでは、物語内容の分析は可能であっても、『山月記』というテクストの分析にはならない」という点にあった。そこで、高木は『山月記』の物語内容を二十二の断片《セグメント》に分け、それらを「甲」「乙」に分類、対照させることで「矛盾する二人の語り手の言説の並存」という分析結果を導き出している。「甲」による李徴の説明と「乙」による「自己語り」が「李徴について近似の情報を提示しながらも、ときに相反する」事態を生じていることを、「性格」「詩作をめぐる評価」「妻子をめぐって」という三つの相でとらえたのである。このうちの「性格」が「学習の手引き」の「試案」に重なるが、それについて高木は次のように述べており、示唆的である。

　A（李徴の性格―引用者）において、語り手・李徴は「人々は己を倨傲だ、尊大だといった」「自尊心が無かったとは云わない」とし、語り手（甲）の「狷介、自ら恃む所頗る厚く」「李徴の自尊心」を受ける形である。しかし、語り手・李徴は、自己の態度について「実は」羞恥心によるものと告白し、誰も自己の内心を理解してくれないと訴える。この本人以外には内面は分らないとする李徴の発言により、語り手（甲）もまた、「人々」と同じだということになる。（中略）語り手（甲）が冒頭に

（注）

16 山本欣司「『後悔の深淵』―『山月記』試論」（『日本文学』一九九八年一二月）は、冒頭部分と李徴の自己分析の「齟齬」をとらえた論だが、この「齟齬」を「後悔と自己否定が李徴の語りを支配している」「歪み」として、物語の一貫性のなかで解消してしまっている。

17 高木信「〈語り／騙り〉としての『山月記』――『欠ける所』と漢詩への欲望、あるいは李徴は『変化《へんか／へんげ》』したか？」（鈴木泰恵ほか編『〈国語教育〉とテクスト論』ひつじ書房、二〇〇九年）

示した〈李徴〉の評価は、語り手・李徴による内面の告白により外面的なものとして相対化され、反転・否定されるものとなっている。

しかし、語り手（甲）と語り手・李徴のどちらが〈真実〉を語っているのかは、実はわからない。語り手（甲）と語り手・李徴の語りの内容には差異があり、その真偽を決定する審級はテクストには設定されていない。

高木はこれに続けて、「それでも読者は、語り手・李徴の語りを聞く袁傪に同化するテクストの仕組みに巻き込まれ」、「李徴の語りこそが〈真実の語り〉であると認めてしまうシェーマが形成される」と述べている。とすれば、必要なのは、学習者の「読み」の起源としての「シェーマ」を学習者自身が対象化する作業ということになる。

授業において、「学習の手引き」に取り組む段階は、教材作品の通読後というのが一般であろう。通読後の短い感想を書いたり発表したりする活動を通じて、学習者の内部に緩やかな「文脈」が成立する。この「文脈」を掘り起こしていくための課題として「学習の手引き」を位置づけたい。「試案」はその最初に位置するもので、学習者はこの課題を通じて「甲」と「乙」という「二つの文脈」、小説の表層の物語を背後で支える「語り」の領域を前景化することになる。だが、この「二つの文脈」は「李徴について近似の情報を提示しながらも、ときに相反する」事態を生んでおり、しかも「その真偽を決定する審級はテクストには設定されていない」以上、学習者は自己の「文脈」に生じた、微妙に「ずれ」た二つの李徴像について「決定不能」の状況に置かれる。その不安定さゆえに「外部の物語」（「友情の物語」もその一つである）の介入という陥穽も生じるが、「矛盾する二人の語り手の言説」の並存を維持したまま、再読（文脈化→脱文脈化・再文脈化）を続けていくのである。これによって、学習者は、「語り手」（甲）が李徴の悲劇（乙）に「同化」「吸収」されていく「語りの変容」、小説の深層の「見えざる」「闘い」の劇に向き合うことになる。その上でどのような「読み」が可能なのか。「甲」と「乙」という「二つの文脈」の力学関係が、全体の文脈のなかで、何を達成しているのか、それを読むことが『山月記』には要請されている。高木が行った分析作業は、以上のように、学習者が「語り」の領域に向き合うための活動の前提となる読みの作業として有効な方法なのである。（なお、高木の分析結果では、「性格」より「詩作をめぐる評価」「妻子をめぐって」のほうが「矛盾する二人の語り手の言説の並存」がより鮮明である。）

蛇足ながら、高木は『山月記』の「語り」を「語り手（甲）」「語り手・李徴（乙）」そしてその両方を語る存在として「〈語る主体〉」を措定している。田中論における「語り手を超えるもの」「機能としての語り」という問題とどのように重なるのか、興味深い問題である。ただし、この「語り」の重層的な構造が一体となって「〈真実の語り〉システム」として機能しているという主張には異論がある。この問題については稿を改めて論じたいと考える。

以上、「語り」の問題をふまえた「学習の手引き」再編について、李徴の性格や人物像の把握に焦点をあてて述べてきた。先の渡辺論は、「学習の手引き」を「工夫が施されるようになっている」と評価するが、これまで述べてきたように、「学習の手引き」は「読むこと」の研究や実践の成果をふまえて再編され、実践の場において検証されるべきものと考えている。

おわりに

小論では、副題に示したように、「読むこと」の共通理解を形成するための前提条件について、『山月記』論のみならず、「文学研究と国語教育研究の交差」を提唱し、そのなかで重要な問題提起を重ねてきた田中実の理論を軸に、近年の作品研究や実践研究の成果を視野に入れつつ、考察を進めてきた。小説を小説として読むとはどういうことか、これまでの国語教育は小説という形式を生かしきれていないのではないかという問題意識に立って、「読むこと」の課題を「物語」から「語り」へという大きな文脈のなかでとらえ、国語教科書の「学習の手引き」再編の方向性を示すことを試みたのである。

「学習の手引き」を利用した授業が実際にどれくらい行われているか、データとして把握しているわけではない。だが、仮に「学習の手引き」に拠らないで授業を行っている場合でも、教材へのアプローチの参考になるという意味で、やはり「学習の手引き」の授業への影響は大きいと考えなければならない。「語り」の問題をふまえた、新しい授業を構築するための「学習の手引き」再編という戦略は間違っていないと考えている。

だが、そうした授業が広く行われるためには、「学習指導要領」の「読むこと」に変更を迫っていくことが不可欠である。そのためにいったい何ができるのか。参考になるのは浜本純逸の次の提言である。浜本は「文学の授業デザインのために　中・高等学校」(注18)において「学習用語の使用に習熟させる」ことを提案し、「作品の構造に関する用語」として「虚構」「語り手」「視点人物（主人公、対象人物）」という「語り」に関する用語をあげている。「語り手」という語は「学習の手引き」でまったく使用されていないというわけではなく、現行版では、志賀直哉『城の崎にて』と宮沢賢治『なめとこ山の熊』の二例で使用されている。ただ、この二例の場合でも、「語り」の領域を「積極的」に読むためというよりも、作品の特異性ゆえの、学習課題を指示する都合上「仕方なく」使われているという意味合いがつよい。

授業を変えるその第一歩として思い切って「語り手」という用語を使ってみる。もちろん、混乱もあるに違いない。だが、使わなければ共通理解は進まず、また使うことによってこの概念そのものが鍛えられていくことも考えられる。「語り」、「語り手」という用語を小説を読む授業の「共通語」として一般化し、積極的に「学習の手引き」で使用されるような状況を教室から創り出す。それによって「学習指導要領」を囲い込んでいくことが求められているのではないだろうか。

＊『山月記』の本文は『新版現代文』（教育出版、二〇〇八年）に拠る。

（注）

18 注5に同じ。

既成認識と生成認識
――夏目漱石『こゝろ』における書くこと

小林《こばやし》　幸夫《さちお》

1　はじめに

夏目漱石の『こゝろ』（一九一四〈大正三〉年四月二〇日～八月一七日『東京朝日新聞』『大阪朝日新聞』に連載、のち大正三年九月、岩波書店より刊行）は、過去を書くという行為によって成り立つ小説である。作中の「私」――かつて学生であった「私」が、先生と出会ってその先生に死なれるまでの過去を書く。一方、先生は「私」に向けて自らの過去を書く。この二つの過去の記述がそのまま作品の全体である。「私」の過去の記述は純然たる「私」の記述と見てよい。しかし、すでに多くの指摘（注1）があるように、先生の記述は純然たる先生の記述ではない。「私」がリライトし編集した先生の記述である。「私」がどの程度、またどのようにリライトし編集したか、その詳細は不明であるが、先生の記述が「私」の知りえなかった内容に満ちている点において元の先生の記述を強く反映していることは、まちがいあるまい。

　過去を書くということは、書く主体が自らの過去を想起し、その記憶のなかから書く事柄を選択し、描写と叙述によって過去を編成し物語化することである。またその一方で過去を書くということは、書く以前に既に獲得していた知識や認識を動員して過去を再現するとともに、書きながら書いている事柄に対する知識や認識を発見する営為でもある。前者の知識・認識を過去を書くことにおける〈既成認識〉とすればそれは書く行為の基盤であり、書く事柄の選択にも関与する認識である。また、後者の知識・認識は、書く行為のなかで成立してくるという意味でいわば〈生成認識〉と呼ぶべきものであり、書く行為がもたらした贈り物である。

最近の研究では、作品の構造の解明を足がかりとして、先生の記述と「私」の記述の差異や「私」の記述のなかにある「私」の先生に対する批評が注目され、多くの成果が上がっている。その手法は、文脈を精緻に辿って文章がもつ意味内容を新たに掘り起こすものである。いわば、文章の意味論である。ゆえに物語内容の解明に寄与する。『こゝろ』の研究は、漱石の思想を読み取ることから始まり、作者と作品を切り離して作品の構造や作品の内容の自立性を意味論的に読むところまできた。そして今、その精緻さと新しい読みが競われているように、論者には見える。それはそれで行き着くところまでゆくのであろうが、研究としてすこし窮屈な感じがする。そこで、書くという行為が結果としてもたらした文そのものの構造、つまり構文や、一文が包蔵している論理から見えてくるものはないか、小説の構造や物語内容の直接的な研究とは別の角度から、ささやかなアプローチをしてみたい。

（注）

1　小森陽一「『こころ』を生成する『心臓《ハート》』」（『成城国文学』一九八五年三月）、田中実「『こゝろ』という掛け橋」（『日本文学』一九八六年一二月）、高田知波「『こゝろ』の話法」（『日本の文学』有精堂、一九九〇年）、戸松泉「『こゝろ』論へ向けて――『私』の『手記』の編集意図を探る――」（『相模女子大学紀要』一九九四年三月）など。

2　既成認識を示す構文

この作品には、例えば、「学校の授業が始まるにはまだ大分日数があるので、鎌倉に居つても可《よ》し、帰つても可いといふ境遇にゐた私は、当分元の宿に留まる覚悟をした。」（上・一）とあるように、主語に長い連体修飾節の付く表現が多い。この点に注目したのは、十川信介であった。(注2)氏は、原稿それ自体における改変によるものが二八例、当初から記述されたものを含めて八五例あることを指摘した。これは、文及び構文から作品にアプローチする研究として重要な研究である。しかし、この、主語に長い連体修飾節が付く語法の効用については、「『私』の主観的な理由づけが、連体修飾句となることによって焦点化され、動かすことのできない過去の事実であったかのように押しつけられる」として、否定的である。確かに、例として挙げた一文で言えば、主語に付く長い連体修飾節は、述部「当分元の宿に留まる覚悟をした」の原因を示す説明として機能しているだけで、それ以上の効果は無い。氏は、この考察において、「『色気のついた私は』、『何も知らない私は』などの単純な形容例」には特別な言及をされていないが、私見では、先に述べた、書くことにおける既成認識及び生成認識の問題を考える上で、この単純で短い連体修飾節の付く主語の意義は大きいと考える。

「先生と私」の「四」には、次のような一文がある。

傷ましい先生は、自分に近づかうとする人間に、近づく程の価値のないものだから止せといふ警告を与へたのである。

これは、「私」が、先生の家へ時々訪ねていってもよいかと問うたとき、「えゝ入らつしやい」と言いながらもその口吻が素っ気ないので胸傷む思いがしたことを始めとする、先生の「私」への「素気《そっけ》ない挨拶や冷淡に見える動作」に対するものである。

この文は、〈連体修飾語＋主体＋は、～である〉というかたちを取っている。文に内在している書き手「私」の意識を加えてみると、次のようになる。

〈私が〉傷ましい〈存在であると思っている〉先生は、自分に近づかうとする人間に、近づく程の価値のないものだから止せといふ警告を〈私に〉与へたのである〈と私は判断する〉。

〈　〉内は、「私」の意識である。この文を「傷ましい」という連体修飾語の付かない文と比較すると、この文の特質がより明確になる。

先生は、自分に近づかうとする人間に、近づく程の価値のないものだから止せといふ警告を与へたのである。

ここでは、主体の先生が「警告を与へ」る行為をしたと「私」は判断した、という「私」の先生に対する説明になっており、主部と述部がスムースに繋がる。しかるに、当該の本文では、「傷ましい先生」だからこそ「警告を与へた」と「私」は判断できたのだ、または、「傷ましい先生」だからこそ「警告を与へた」と「私」は判断できたのであるしそのように「先生」は「傷ましい」のだ、というような主部と述部の間に葛藤が起きている。具体的には、原因と結果の間に逆流が起こり、原因と結果の境界が溶解してゆくのである。主部における主語に付く連体修飾語は、主語を飛び越えて述部と濃厚な関係を結んでしまう

（注）

2　十川信介「活字と肉筆のあいだ――『心』の『原稿』から」（『文学』一九九八年一月）

のである。主語に付く連体修飾語と述部は意味内容の上で等価であり、互いの意味内容を深め合っているのである。それだけに、〈連体修飾語＋主体＋は、〜である〉という構文は、書き手の意識を強く発信させる。

さらにこの構文で注目すべきは、「傷ましい先生は、」という〈連体修飾語＋主体＋は、〉の部分である。先ほどの意識を加えた文――「〔私が〕傷ましい〔存在であると思っている〕先生は、」で明らかなように、ここには「私」の先生に対する見方、それが観念として表出している。「私」は先生をめぐる手記を書くに当たって、先生とは「傷ましい」存在なのであるという認識を既に形成していたのである。だからこそ「先生は、」ではなく「傷ましい先生は、」という〈連体修飾語＋主体＋は、〉という構文を取ってしまったのである。これは、冒頭で述べた、書くことにおける既成認識である。「私」は手記を書くに当たって既に「傷ましい先生」という先生に対する基盤認識を持って書く行為に入ったのである。この構文を以て先生を記述している文が、この一文だけであることからすると、先生と交流し、先生から先生の過去が詰められた長い手紙を読み、先生の死を確認し、今手記を書くに至るまでの間に、受け取り創り上げた先生の像が、「傷ましい先生」ということであり、これが少なくとも手記を書くまでの「私」の先生への総括であった。その意味で、この「傷ましい先生」という観念は重視されるべきものと考える。

さて、この一文に続いて、次のような一文がある。

他《ひと》の懐かしみに応じない先生は、他を軽蔑する前に、まづ自分を軽蔑してゐたものと見える。

これは、〈連体修飾語＋主体＋は、〜である〉の構文になっていて、主体に付く修飾部分が先ほどの構文よりすこし長い。しかし、最初に引用した「私は、」の上に接続する長大な連体修飾節に比べればはるかに短い。長い修飾節は主体の説明であるが、修飾部分は短くなればなるほどその抽象化の作用によって観念化の度合いは高い。この連体修飾節はかなり短く、説明というよりは観念化が進んでいるので、「私」の既成認識と考えてよいと思われる。そして、連体修飾語や短い連体修飾節を主語の前にもつ「先生は、」という構文が以上の二文であることからすると、「私」は、手記を書く以前において、先生を「傷ましい」存在で「他の懐かしみに応じない」存在と捉えていたことになる。手記を書く前の「私」に先生とはどういう人かと問うたならば、彼は即座に「傷ましい」人、「他の懐かしみに応じない」人と答えたであろう。前者は「私」が先生を悲劇的な人物として捉えていた証拠であり、後者には親炙しようとしても「私」の期待する親しみをついに得ることができなかった「私」の傷みと軽い失望とが込められている。

「私」は、この〈連体修飾語・節＋主体＋は、～である〉という構文を自身にも使用している。

　無遠慮な私は、ある時遂にそれを先生の前に打ち明けた。（上・三十二）

「それ」とは、「先生の談話は時として不得要領」であることを指す。つまり「私」は、先生の話は曖昧でよく解らないと先生に向かって言ったのである。この行為を「私」は、「無遠慮な私」と結びつけているのである。「私」は、自らを「無遠慮な私」と自己認定し、それを観念化している。このあとのやりとりのなかで先生は、「私の過去を残らず、あなたに話して上げませう」と言い、このときのことを後に先生は長い手紙のなかで、「あなたが無遠慮に私の腹の中から、或生きたものを捕《つら》まへやうといふ決心を見せたから」「私の過去」（以上、下・二）を話すと書いているように、「無遠慮な私」という「私」の自己認識は、先生の「私」に対する認識と呼応している。ということは、先生の手紙を読んだ上で「私」は手記を書いているのであるから、「私」は、先生が、「私」に向けて言った「無遠慮」から、「無遠慮な私」という観念を成立させたとも考えられる。

他に「私」は、「無経験な私は、」（上・三十四）と〈連体修飾語＋主体＋は、〜である〉の構文を使用しており、類似的な構文としては、「無頓着な私には、」（上・三十二）「事実を知らない私には、」（上・三十三）を使用している。これらはいずれも先生にかかわる内容を記述していたところに現れていることからすると、「私」は、先生との対応において「無遠慮」「無頓着」を以てし、先生から「無経験」な自己を突きつけられ、先生の「事実を知らない」存在である自己を「私」は強く認識していたことが窺われる。「私」は、父母に対しては、この構文を以て、「迂闊《うかつ》な父や母は、不相当な地位と収入とを卒業したての私から期待してゐるらしかつた」（中・六）、「事情にうとい父はまた飽く迄も其反対を信じてゐた。」（中・八）と書いている。いずれも「私」の就職が云々されている場面での記述であり、「私」は、世知や人の内面に不敏感な人として父母を観念化していた。

さて、この構文を多用していたのが、他ならぬ先生であった。妻に対して先生は次のように記述する。

何も知らない妻《さい》は次の室《へや》で無邪気にすや〳〵寝入つてゐます。（下・三）

これは、先生が「私」へ向けて最後の手紙を書いているときの記述であり、「何も知らない妻」とは、直接には先生が自殺を決心した上で「私」に手紙を書いていることを妻が知らないということを指すが、この「何も知らない」には、Kが妻（当時のお嬢さん）へ恋心を抱いたこと、Kの自殺をめぐるKと先生とのいきさつ、自分の死の理由、これらすべてを知らない、という意味も含まれていると考えられる。そして、この「何も知らない妻」という観念は、先生が意志して妻に知らせないことによって創り上げた観念である。この点が他の構文に表れている観念とは異なる。他の観念は、自己を見つめたり、他者のありようを判断したりして成立してきた観念であった。しかるにこの観念は先生によって積極的に創られた。

その証拠をきわやかに示しているのが、先生の手紙の末尾に記された次の記述である。

私は妻《さい》には何にも知らせたくないのです。妻が己れの過去に対してもつ記憶を、成るべく純白に保存して置いて遣りたいのが私の唯一の希望なのです（下・五十六）

先生は、「知らせたくない」という意志のもとに知らせず、その結果として「何も知らない妻」という様態が生まれ、それを妻に対する観念として保持して生きてきたのである。ゆえに、「純白」とは「何も知らない妻」と等価であるばかりでなく、隠し通してきた先生の営為の象徴でもあったのである。しかも、この構文で記述された妻はこれひとつであり、先生の妻への意識がいかに「何も知らない妻」に収斂されていたかを知ることができる。

この構文で記される自分についての例は多い。「子供らしい私は、故郷《ふるさと》を離れても、まだ心の眼で、懐《なつ》かしげに故郷の家を望んでゐました。」（下・五、以下すべて下）に始まり、「子供らしい私は」（六）、「単純な私は」（七）、「鷹揚に育つた私は」（七）、「金に不自由のない私は」（十）、「正直な私は」（十二）、「卑怯な私は」（四十六）と記述してゆく。「子供らしい私は」から「正直な私は」までは、Kを自分の下宿に引っぱり込む前の自分に対する先生の自己認定であり、「卑怯な私は」は、Kのお嬢さんに対する恋心を知り、Kを出し抜いて奥さんにお嬢さんとの結婚を申し込んだ直後の自分に対する先生の自己認定である。これを見ると、先生の自己認定は、結婚の申し込みを境にして明らかに変化している。より詳しく言えば、「子供らしい」「単純な」「鷹揚に育つた」私はすべて叔父に財産を横領される以前のものであり、それらは無心で伸び伸びしていてゆとりのある先生の内面や態度を表象している。このような既成認識をもって先生が手紙を書いているということは、逆に書いている時点において、このような自分であったからこそ叔父に騙《だま》されたのだという思いに先生が囚われていることを表出してくる。

Kに対して先生は、この構文を以て次のように記述する。

頑固な彼は医者にはならない決心をもつて、東京へ出て来たのです。（下・十九）

これは、真宗の寺の子として生まれ、医者の所へ養子に出されたにもかかわらず医者にならない決心で上京したKを記述したものである。このあと同じ章で先生は、たて続けに、「大胆な彼は」「一図な彼は」と記述する。このKの観念化と「子供らしい」「単純」「鷹揚」という自己の観念化を比べてみると、先生がKを自分とは異なる頑《かたく》なで苛烈な存在として受けとめていたことが判然とする。他にKに対して、「罪のないKは」（四十一）、「何にも知らないKは」（四十六）と記述している。この「罪のないK」は、Kが先生に打ち明けたお嬢さんへの恋心と戦うために先生自身が身構えていたことに対して記述されていることからすると、無防備なKという意味であり、「何にも知らないK」とは、先生がKを出し抜いてお嬢さんとの結婚を申し出たことを指している。

先生は、以上のように、妻と自分とKに対して、〈連体修飾語・短い連体修飾節＋主体＋は、～である〉という構文を書いた。しかし、「私」に対してはこの構文を書かなかった。それは、先生の手紙が、「私」に自らの過去を語ると言ったその約束を果たすために書かれたものであり、その先生の過去に「私」が入っていないことがその原因のひとつと考えられる。しかし、先生は「私」と交流をした。その時間があったのであるから、例えば〈若い貴方は、〉などと書く可能性はあったはずである。にもかかわらず先生は、この構文を以て「私」を書かなかった。ということは、先生が、手紙を書く時点において、「私」に対する既成認識ができるまでに「私」が先生に食い入っていなかったことを示している。つまり、観念化される存在までに「私」はなっていなかったのである。これは、「私」においてはひとつの悲劇である。そして、「私」はその悲劇を充分に知っていた。なぜなら、先述したように、「私」は自らの手記を書く時点において、「他《ひと》の懐かしみに応じない先生は、」と、先生に対する既成認識を保有しているからである。この「他《ひと》」のなかには、当然「私」も入っている。

〈連体修飾語・短い連体修飾節＋主体＋は、～である〉という構文は、書き手の書く時点における、書く対象としての主体に対する既成認識を示すものとしてある。それは書き手の、対象としての主体に対する基盤認識としてその人物を記述する推進力となる。それゆえ、物語内容の要素や細部を導く力として物語内容に深く関与してくる。その点においてこの構文は重要である。

3　個の一般化の思考

先生の会話や記述のなかには、一文のなかに論理が包蔵されているものがある。次のような一文である。

私は彼等を憎む許《ばかり》ぢやない、彼等が代表してゐる人間といふものを、一般に憎む事を覚えたのだ。

（上・三十）

これは、「私」が手記のなかで再現した先生の会話のなかの一文である。「彼等」とは先生の叔父・叔母のことで、叔父に財産を横領されたことを踏まえて言っているのであるが、「私」はそれを知らない。先生は「彼等」を憎み、その上で「人間」を憎んでいる。「彼等」が憎いならその「彼等」を憎めばよい。それが正当というものだが、「人間」まで憎まれたら「人間」はとんだとばっちりを受けたことになる。この「彼等」と「人間」とを繋いでいるのが「代表」という思考回路である。一部は全体の性質や特性を表す、ゆえに「彼等」と「人間」は等価である。だから「彼等」を憎むことは「人間」を憎むことに繋がる、という論理である。ここには、個を一般化する思考がある。

この、個の一般化の思考は、先生の手紙のなかの記述にも多く見られる。Ｋの女性観について先生は、「女の代表者として私の知つてゐる御嬢さんを、物の数とも思つてゐないらしかつたからです。」（下・二十七）と記述している。ここでも先生は、お嬢さんという個人を女という性をもつ人間に一般化し、お嬢さんを以て女という類の特性を受け取っているのである。また、お嬢さんに彼女への恋を打ち明けることをしなかった理由として、次のように言っている。

日本人、ことに日本の若い女は、そんな場合に、相手に気兼なく自分の思つた通りを遠慮せずに口にする丈の勇気に乏しいものと私は見込んでゐたのです。（下・三十四）

この一文には、お嬢さんが思ったとおりのことを個としては口に出すことがあり得るにもかかわらず、「日本人」「日本の若い女」とお嬢さんを一般化して、お嬢さんが思ったとおりを口に出さないものと見定めている。

他にも個の一般化の思考は見られ、妻の母が病気になったとき、その看護を「もつと大きな意味からいふと、ついに人間の為でした。」（下・五十四）と言っている。この、病気に対する看護に関連して、先生は次のように記述している。そこには、個の一般化の思考が不可避的にもつ負の機能が如実に表れている。

私はたゞ人間の罪といふものを深く感じたのです。其感じが私をＫの墓へ毎月《げつ》行かせます。其感じが私に妻《さい》の母の看護をさせます。さうして其感じが妻に優しくして遣れと私に命じます。
（下・五十四）

注目すべきは、Kの墓参も妻の母への看護も妻への優しさも、自らの罪を感じたからではなく、「人間の罪」を感じたからだ、と言っていることである。先生は、Kを出し抜いてお嬢さんとの結婚を申し出たことで傷ついているのであるから、この「人間の罪といふもの」を感じた基点に自らの罪があったはずである。本来ならば自らの罪に居座るべきである。にもかかわらず、その自らの罪を飛び超えて「人間の罪といふもの」という一般化された大概念に身を寄せる。これは、良く言えば自らの罪意識の深化であるが、悪く言えば自らの具体的な罪を棚上げして人間一般の罪という抽象に逃げ込む自己逃避である。人間の一代表として人間全体を背負って大きなところへ出て、その地点に立って心を傷めている自分を感じることによって、自らの具体的な罪との直接対面を避けようとする、自己慰籍である。先生のもつ個の一般化の思考には、自己回避という負の機能があったのである。

さて、先生の保有する個の一般化の思考は、思いがけないところで発揮されている。

すると夏の暑い盛りに明治天皇が崩御になりました。其時私は明治の精神が天皇に始まつて天皇に終つたやうな気がしました。最も強く明治の影響を受けた私どもが、其後に生き残つてゐるのは必竟時勢遅れだといふ感じが烈《はげ》しく私の胸を打ちました。(下・五十五)

この部分は、先生が明治天皇の死に衝撃を受けたことを記したところであり、研究のうえで「明治の精神」の唐突性が論議されるところである。ところで、先生は、「私」の手記のなかの会話で、明治の時代を「自由と独立と己れとに充ちた現代」(上・十四)と概括的に定義しており、それはその後に続く「淋しみを味はなくてはならないでせう」に表われているように個の内面を見据えて明治の現在を捉えたものである。この先生の明治という時代に対する認識と「明治の精神」という言葉で明治の時代を支え貫く根本を感じとることとは、位相を異にする。その意味では確かに突如先生の会話や記述の中に出現した言葉である。しかし、唐突ではない。「明治の精神が天皇に始まつて天皇に終つたやうな気がしました」ということは、天皇は明治の日本を統括した個人であり、「明治の精神」の代表であるという思考がそこには働いているということである。「その時私は」の一文のなかには個の一般化の思考が内包されている。つまり、先生は、自らが保有し、多方面において働かせていた個の一般化の思考を、天皇崩御の際にも発動させたのである。このように一文に包蔵された論理を見ると、「明治天皇」から「明治の精神」が出てくるのは、「叔父」から「人間」が出て来たり、「お嬢さん」から「日本の若い女」が出て来るのと同様に先生の個の一般化の思考のシステムゆえのことであったのである。

4　先生における生成認識

先生は、「私」に会って、直接、自分の過去を話すつもりであった。しかし、「私」が父の病気のために東京へ来られないので、手紙を書くことにした。つまり、話すことから書くことへ切り換えた。そこに、書くことによる生成が生じることになる。

先生は、「私」に宛てた最後の手紙を、「下・二」の冒頭で「私はそれから此手紙を書き出しました」と記している。そして、書き出したのは、自分の過去を話す約束を果たすためだと述べる。その直後、次のような記述をしている。

其上私は書きたいのです。義務は別として私の過去を書きたいのです。

「私」との約束を果たす義務から書き出した手紙を、その義務とは別に書きたい、と言う。ここには、書くことが書き手にもたらす一つの作用が表出している。先生は書く行為を遂行するなかで、「書きたい」自己を発見したのである。この発見とそれに連動する認識は、論者の言葉で言うと、書くことにおける書き手の生成認識である。この「書きたい」自己の発見以降、文体はそれまでとは異なり、短めの文でテンポよく、いわば一気に躁状態に入ったような勢いで書き進めてゆくのである。そして、その「書きたい」自己の発見には、先生にとっての「私」への認識の変更が伴っていた。「私」の手記のなかで、「私」は「真面目に人生から教訓を受けたいのです」と言い、「人を疑りつけてゐる」先生は、「私は死ぬ前にたつた一人で好いから、他《ひと》を信用して死にたいと思つてゐる。あなたは其たつた一人になれますか」（以上、上・三十一）と言っていた。そして、そのやりとりのなかで、「私の過去」を「私」に話す約束をするはめに先生は陥った。これに対して、手紙のなかで先生は、「貴方といふ一人の男が存在してゐないなら」「私の過去はついに私の過去で」終ったと言い、「私は何千万とゐる日本人のうちで、たゞ貴方丈に、私の過去を物語りたいのです。あなたは真面目だから。あなたは真面目に人生そのものから生きた教訓を得たいと云つたから。」（以上、下・二）と言っている。先生は、かつての「私」の言葉を思い起こし、「私」の「真面目」を確信し、「私」を、「たつた一人になれますか」という未定の人間から先生における「たつた一人」という決定へと変化させたのである。この、先生における「私」の認識の変容も、先生が手紙を書く行為のなかで生まれているものであり、書くことにおける先生の生成認識である。

先生は、「私」への「義務とは別」に、「私」という「一人の男」を選び取って自らの過去を語った。その手紙の最後で、次のように言う。

私は私の過去を善悪ともに他《ひと》の参考に供する積《つもり》です。然し妻《さい》だけはたつた一人の例外だと承知して下さい。私は妻には何にも知らせたくないのです。

妻を例外として「私の過去」を「他《ひと》の参考に供する積」だと先生は言う。ここも論議され続けてきたところである。この「他《ひと》」には、「私」以外の他人も入っている。先生は手紙の始めの方で、「たゞ貴方丈に、私の過去を物語りたい」（下・二）と言いながら、その末尾では、過去を他者に開く心位に変化している。なぜ変化したのか。その理由のひとつは、書くことにおける認識の生成作用が働いたからである。その変化の芽は、すでに書き始めのなかにあった。先に述べた、先生における「私」の再発見の部分、先生の手紙の「二」に次のように書かれている。

実際こゝに貴方といふ一人の男が存在してゐないならば、私の過去はついに私の過去で、間接にも他人の知識にはならないで済んだでせう。

「実際こゝに」とは、手紙を書いている自分の前に、ということである。手紙を書く・書いている先生の営為のなかで既に「私の過去」が「間接にも他人の知識に」なることが予感されていたのである。先生は「私」という「一人の男」に向けて書く、受け取った「私」が何らかのかたちで先生の過去を伝播させてしまうことは、先生にはわかっていた。「私」は、窮極的には先生の過去を他者に伝えることを禁止されてはいない。先生が自らの過去を他者に開くことは、書くという営為のなかで生起していたのである。先生が自らの過去を他者に開くことになった理由はもうひとつある。「私」から「他《ひと》」へという方向性自体のなかに、個の一般化の思考と論理が内蔵されているからである。先述したように、先生は個の一般化の思考を数々行ってきた。その思考は、この、「私は私の過去を善悪ともに他の参考に供する積です。」の一文のすぐ前のところでも発揮されていた。

私は酔興に書くのではありません。私を生んだ私の過去は、人間の経験の一部分として、私より外に誰も語り得るものはないのですから、それを偽りなく書き残して置く私の努力は、人間を知る上に於て、貴方にとつても、外の人にとつても、徒労ではなからうと思います。（下・五十六）

「私の過去」は「人間の経験」に一般化され、「私の努力」は「貴方」を経由して「外の人」の労力に一般化されている。先生という個は先生の意識のなかで人間の代表になってしまっている。しかも、この、個の一般化の思考は、「酔興に書くのではありません」というように、書くこと、その営為と深く結びついている。とすれば、先生が他者に自らの過去を開く心位に到達したのは、書くことによって起こった生成認識と、先生の思考の特質である個の一般化の思考、この二つが出会ったからである、と言えよう。

論者は、この考察において、先生の遺書という言い方を用いなかった。一貫して先生の手紙と書いた。それは、先生が「私」へ宛てた最後の手紙のなかで自らの記述に対して遺書という言葉を一度も使用していないからである。遺書というものが、死ぬ前に死後のために書き残したものであるとすれば、先生の手紙は遺書に相当する。しかし、書く行為を遂行する先生のなかに、自らの記述が遺書であるという意識はない。あるのは、「長い自叙伝の一節」（下・五十六）という意識である。単行本における「先生と遺書」という名辞が「私」によるのか作家漱石と考えた方がよいのか、それは研究の方法と認識において議論のあるところと思うが、ともかく書いた当の先生においては、「私」に宛てた、「私」との約束に応える、先生自身のための長い手紙だったのである。

＊『こゝろ』の本文は『漱石全集　第九巻』（岩波書店、一九九四年）に拠り、ルビは適宜、省略・加筆した。

◉森鷗外『舞姫』

豊太郎の母〈諫死〉説の再検討

大塚《おおつか》 美保《みほ》

1　はじめに

森鷗外『舞姫』(注1)の太田豊太郎は、「五年前」に洋行の「官命」を受け、「某省」から派遣されてドイツに留学、「一課の事務を取り調べよ」との任務をプロイセン官庁に出入りして果たしつつ、「官事の暇」に大学に学び、かくて「三年ばかり」を経た頃から、「奥深く潜みたりしまことの我は、やうやう表にあらはれて、きのふまでの我ならぬ我を攻むるに似たり」という内心の変化を経験する。「まことの我」つまり〈ほんとうの私〉と思える自己像を発見し、それに即したこれまでとは異なる生き方、すなわち「所動的、器械的の人物」とは「ならじ」という望みを懐《いだ》いた時、豊太郎の官務に対する姿勢が変わる。

「今までは瑣々たる問題にも、極めて丁寧にいらへしつる余が、この頃より官長に寄する書には連りに法制の細目に拘ふべきにあらぬを論じて、一たび法の精神をだに得たらんには、紛々たる万事は破竹の如くなるべしなどゝ広言しつ」とあるように、〈官〉のあり方を批評し、自らの意見を表明するようになる。

このように変化した豊太郎が踊り子エリスと出会う。二人の交際は他の日本人留学生たちに「色を舞姫の群に漁するもの」と了解され、豊太郎が「屡〻芝居に出入して、女優と交る」との「讒誣」が日本の官長の許へ送られる。「官長はもと心のまゝに用ゐるべき器械をこそ作らんとしたりけめ。独立の思想を懐きて、人なみならぬ面もちしたる男をいかでか喜ぶべき」「余が頗る学問の岐路に走るを知りて憎み思ひし」とあるように、変化した豊太郎に悪心証を醸成していた官長は、この讒言を契機に彼を「免官」にする。

官長は、遂に旨を公使館に伝へて、我官を免じ、我職を解いたり。公使がこの命を伝ふる時余に謂ひしは、御身若し即時に郷に帰らば、路用を給すべけれど、若し猶こゝに在らんには、公の助をば仰ぐべからずとのことなりき。余は一週日の猶予を請ひて、とやかうと思ひ煩ふうち、我生涯にて尤も悲痛を覚えさせたる二通の書状に接しぬ。この二通は殆ど同時にいだしゝものなれど、一は母の自筆、一は親族なる某が、母の死を、我がまたなく慕ふ母の死を報じたる書なりき。

免官の通告と時を同じくして、豊太郎にとってただ一人の家族である母からの手紙と、その母の死の報がもたらされる。豊太郎はこの母の最後の手紙について、「余は母の書中の言をこゝに反覆するに堪へず、涙の迫り来て筆の運を妨ぐればなり」と述べ、その内容を語らない。母の死に関する記述がここ以外に手記にないため、死の原因も不明である。

この母の死を、免官になった我が子を命を賭して諫めた〈諫死《かんし》〉であると見る説がある。免官との時期の近さを重視した説で、母の死について記述がないのは豊太郎が意図的に語らない、もしくは語れないた

（注）

1　以下、『舞姫』の本文は『鷗外全集 第一巻』（岩波書店、一九七一年）に拠る。

めだとする。一方でこれに反対する説もあり、母の死は病死など自然な死であり、諫死ではないとする。試みに各教科書会社の教師用指導書を見ると、A社は積極的に諫死説を打ち出し、(注2)B社は「諫死説がとられる場合もある」と述べるに止めてそれが成り立たない理由を併せ記し、(注3)C社は諫死説をとらず、むしろそれが成り立たない理由の方に力点を置いて、これを発問・解答例の内容としている。(注4)いったい授業実践者はこの諫死説を教室でどう扱ったらよいのだろうか。

豊太郎の母の死は作品の細部に過ぎないかもしれないが、後に見るように、『舞姫』全体をどう捉えるかという問題にまでつながっていく細部である。こうした問題意識から、諫死説を考え直してみたい。

2 船便か電信か、諫死説成否のかなめ

諫死説が成り立つかどうか、その成否を分ける条件は、すでに研究史の中で明らかになっている。先の引用にもあったとおり、豊太郎は公使から免官の通告を受け、直ちに帰国するかどうかの返答に「一週日の猶予」を請うたが、その一週間のあいだに母と親族某からの「二通の書状」を受け取った。「書状」とあることから、船便で郵送されて来たことが明らかである。当時、日本からヨーロッパへの船便には四〇日前後を要した。(注5)したがって、母が手紙を書いたのは約四〇日以上前のことである。一方で、豊太郎の免官が日本で官報に載ったことは、東京にいる相沢謙吉が「余が免官の官報に出でしを見て」、新聞社通信員の職を斡旋してくれたという叙述に明らかである。

諫死説をとる人々は、豊太郎の母は官報によって息子の免官を知り、諫めの書状を書いたうえで自害し

たと見る。前述の船便に要する日数を考え合わせると、これら一連の出来事はすべて約四〇日以上前に起きたことになる。豊太郎はこの約四〇日余りの間、日本で下され、官報で衆人の知るところとなっている自らの免官処分を、知らずに過ごしていたことになる。

ここで浮上するのが、免官通知は船便か電信か、という問題である。豊太郎免官の報は、約四〇日のタイムラグを持つ船便でベルリンの日本公使館に届いたのだろうか、それとも速報性ある電信でだろうか。『舞姫』本文にはどちらとも記されていない。にも関わらずこれが論点となるのは、船便なら諫死説が成り立ち、電信なら成り立たないためである。船便の場合、日本からの免官の報もまた約四〇日以上前に発送されたことになる。つまり、免官決定・官報掲載・母の死のすべてが約四〇日以上前の出来事となるため、免官処分が発令直後に官報に載り[注6]、豊太郎の母がこれを知った可能性が出てくる。母が息子の免官のために死んだ可能性が出てくるのである。一方、電信の場合、日本での免官決定はそれが豊太郎に通告さ

（注）

2 『高等学校 改訂版 現代文 指導と研究 第5分冊』（第一学習社、二〇〇八年）執筆担当者・山崎一穎

3 『精選現代文 改訂版 教授資料4』（教育出版、二〇一〇年）執筆担当者・長谷川充

4 『精選現代文 指導書 Ⅱ部 小説・詩歌』（東京書籍、二〇〇八年）執筆担当者・宮越勉、日沼滉治、木戸雄一、村田勇司

5 宗像和重「『舞姫』の一問題」（『国語科通信』八六号、一九九三年六月）は、滞独時代の鷗外にあてた森篤次郎書簡（明治一八年六月五日付）に「米船は三十余日」「欧船ニテハ四十五日」とあることから、当時の船便の所要日数を「四〇日前後」としており、肯ける。なお鷗外の留学の場合、明治一七年八月二四日横浜出港、一〇月七日マルセイユ着で四五日間（『航西日記』）。天方大臣のモデル山県有朋の欧州視察の場合、明治二一年一二月二日横浜出港、二二年一月一一日マルセイユ着で四一日間（徳富蘇峰『公爵山県有朋伝 中巻』原書房、一九六九年、第四篇―第六章）。

6 明治二〇年前後、官報は日曜日を除く毎日発行。某日付で発令された辞令は原則として翌日または翌々日に掲載される。

れる直近の出来事だったことになる。官報に掲載されたとしても、母はすでに約四〇日以上前に亡くなっている。つまり、母は息子の免官より前に、それを知ることなく死んだので、諫死ではありえないことになる。前述のB社・C社の教師用指導書も、諫死説が成り立たない理由として同様のことを挙げている。

研究史をさかのぼると、「もし母の死が自殺だとしたら、諫死であろう」と、諫死の可能性に最初に言及したのは竹内好（「エリスは空想の産物である」〈『国文学 解釈と鑑賞』26巻5号、一九六一年五月〉）であった。ついで長谷川泉が『森鷗外論考』（明治書院、一九六二年）中の『舞姫』論で、「母の自筆書状は、諫死の自殺の書状であろうか（中略）一人息子の立身にすべてをかけた老母の失望の死」と指摘した。これら最初期の諫死説は、船便か電信かの問題に言及していない。推測であるが、この時点では思い及ばなかったのであろう。

近年では、最新の『舞姫』注釈である『新日本古典文学大系 明治編25 森鷗外集』（岩波書店、二〇〇四年）の校注者小泉浩一郎が、「母の書簡執筆とその死との時間的接近からして竹内の見解は説得力に富む」（補注二五）と、右の竹内好説を支持している。また、山崎一穎は第一学習社の教師用指導書において[注7]、「長谷川泉氏の指摘するごとく『諫死』であろう」と先の長谷川説を支持した上で、諫死と読む理由を次のように挙げている。「①豊太郎の免官が官報に出て母はそれを知る。②母は武士の娘で、当時の日本は封建性の色濃く残る風土であった。母は親戚や近所の人への体面があったであろう。③父の死後、母は一人で豊太郎を育ててきた。母は母である以上に家長として父の役目を負っている。それ故に自ら死をもって子を諫めることは、太田家の名誉を守るため考えられる方法である。④あまりに突然の死であり不自然である。⑤病死ならば病名を書いても差し支えないはずである。⑥豊太郎が口を閉ざしている」。以上の小泉、山崎の論も船便か電信かの問題に触れていない。この問題を検討した上での諫死説なのだろうか。
一方、諫死説に反論する人々の多くは船便・電信問題を論点とする。宗像和重は「森鷗外作『舞姫』」（『国語教室』60号　大修館書店、一九九七年二月）において、「『免官』というようなきわめて重大な辞令が、本人に発令されるはるか以前に、『官報』に掲載されて母の知るところとなる、ということがはたして考えられるだろうか」、それゆえ公使館への免官通知が船便によったとは「得心できない」と述べ、さらに、諫死説は「テキストの言葉に即するかぎり、どうしてもそうは読めない」「豊太郎の母や豊太郎自身の人間像に、どうしてもうまく結びつかない」、として、これに反対している。千葉俊二、戸松泉らが宗像に賛意を表している。（注8）
小熊牧久は「森鷗外『舞姫』と藤山治一のドイツ留学体験について」（『解釈』53巻七・八月号二〇〇七年八月）で、留学生藤山治一の事例を挙げて電信説を主張し、諫死説を否定する。藤山治一はドイツ留学中に無断で専攻分野を変更したため、「帰国を命じられ、明治十五年に電報が来た」と後年回顧している。この証言に基づき小熊は、「帰国の命令は明治十五年時点においても電報で来ていた（中略）藤山の事例からして、太田の場合も免官の通知はその決定の数日後に、電報で齎されたことが確実である」とする。豊太郎が官費留学であるのに対し藤山は旧佐賀藩からの公費留学、豊太郎への処分が免官である

（注）
7　注2に同じ。
8　千葉俊二「明治の才子佳人」（『エリスのえくぼ』小沢書店、一九九七年）、戸松泉「『我中心に満足を与へん』ものを問うて」（『小説の〈かたち〉・〈物語〉の揺らぎ』翰林書房、二〇〇二年）。なお、宗像には諫死説をめぐって他に注5の論文および「『時と紙筆とを費やす者』」（『投書家時代の森鷗外』岩波書店、二〇〇四年）がある。

の対し藤山は帰国命令、といった差はあるものの、留学生の処分に関わる電信の使用実態に踏み込んだ点で注目される。

船便・電信問題を論じながらも、右とは逆に船便説を主張することで、諫死説に立つ人々もいる。嘉部嘉隆は「『舞姫』についての諸問題（二）」（『森鷗外研究』5号、一九九三年一月）で、「公使館への免官の連絡も、船便によるものであったであろう。第二次大戦の戦前・戦後でさえも、電報は誤りが多かった。まして、電信の初期の頃であれば、正式の通知を電報でとは考えにくい」と述べる。また、三浦吉明は「『舞姫』の太田豊太郎の母の死をめぐって（一）」（『鷗外』75号、二〇〇四年七月）において、官吏の罷免に際して「口頭のみの決定・通知ということは有り得ない」、辞令が「手渡されている」はずであり、「その辞令は当然日本から船便で送られてきている」とする。

ところで、『舞姫』の本文に船便・電信の別が述べられないのは、いかなる理由からだろうか。この種の省筆は、それに関してことさら記すまでもないという了解があらかじめ書き手と読み手の間にある、つまりコードの共有を前提になされる、と見るのが最もふさわしいだろう。小説内部の書き手・読み手の関係（手記の書き手豊太郎と、彼が想定する読者（注9））に照準を合わせて考える場合にも、小説の外の書き手・読み手関係（『舞姫』の書き手鷗外と、彼が想定する読者（注10））を考える場合にも、ここでコードを共有する人々とは、洋行事情について知る人々、ならびに〈官〉の事情に詳しい人々、と推定される。それでは、『舞姫』の同時代、日本と海外を結ぶ官設連絡網において、船便と電信はどのように使用されていたのだろうか。次に見てみたい。稿者の見解を先に述べておくと、前掲の嘉部、三浦の船便肯定・電信否定説は、同時代の在独日本公使館における電信使用状況に照らす時、疑問である。

3　急ぎの電信、免官の要速報性

『舞姫』の豊太郎の免官は明治二〇年中、どんなに遅くとも明治二一年初めの出来事と考えられる。(注11)この前後の在独公使館の通信事情を伝える資料に『青木周蔵自伝』（平凡社東洋文庫、一九七〇年、坂根義久校注）がある。青木周蔵は明治七年から一八年まで（一八七四〜八五）ドイツ公使を務め、在任期間が鷗外の留学初期と重なることから『独逸日記』や後年の『大発見』にも登場する。帰国して外務大輔、明治一九年（一八八六）に外務次官となり、後任のドイツ公使西園寺公望と連絡をとりあう立場にあった。

（注）

9　手記の中で豊太郎は読み手の反応を予想した語りをたびたび見せている。自分を讒言した日本人留学生の名を秘して「その名を斥さんは憚あれど」と述べたり、「我一身の大事は前に横りて、洵に危急存亡の秋なるに、この行ありしをあやしみ、又た誹る人もあるべけれど」と弁疏するなど。こうした配慮が向けられる読者とは、豊太郎がこれから日本で交わることになる、味方と批判者の双方をあわせた官界・政界関係者であろう。

10　小金井喜美子「森於菟に」（「文学」4巻6号、一九三六年六月）は『舞姫』成立当時に想定されていた受容者として、森家の家族と賀古鶴所のほか、「ちらちら同僚などの噂にのぼるので」と陸軍軍医部関係者を挙げている。また田中実「『舞姫』背景考」（「国語と国文学」55巻3号、一九七八年三月）は『舞姫』執筆の背景に、石黒忠悳、西周、赤松家門閥に対する鷗外の挑戦と離脱の覚悟を指摘している。彼ら政官界人に読まれることが意識されていたといえよう。

11　『舞姫』の物語世界の年立てには曖昧な点も多いが、ここではロバート・キャンベル、戸松泉、宗像和重「『舞姫』注釈」（「文学」季刊8巻3号、一九九七年夏）により、免官を明治二〇年と見る。なお、免官後、新聞社通信員となった豊太郎は「維廉一世」（ヴィルヘルム一世）の「崩殂」を報道した。これは一八八八（明治二一）年三月の出来事であり、免官はそれより前でなければならない。

ドイツ公使在任中の明治一六年（一八八三）、ヴェトナムの支配をめぐって清と交戦状態に入ったフランスは、複数の外交ルートを通じて日本に対清戦への参加を働きかけた。在独フランス大使から同盟参戦の提議を受けた青木は、日本の井上馨外務卿と「電信」を用いてやりとりし、井上からの「回電」（電信による回答）を受けて拒絶の回答をした（『青木周蔵自伝』「第十回」）。つづく明治一七年には、「四月十八日、在独青木公使〔周蔵〕は、独逸政府が本邦駐剳公使『フォン・ホルレーベン』氏及び領事『ザッペー』氏に条約改正に関する独逸政府の意見を開陳すること委任したる旨電報したり（条約改正電信集参照）」（同「第十三回」、傍線・引用者）という記事があるように、条約改正交渉に関連して電信が使用された。

外務次官時代の明治二一年から二二年にかけては、西園寺ドイツ公使との間でやはり条約改正に関する連絡がたびたびなされた。明治二一年一一月二六日、「此の日、在独侯爵西園寺公使〔公望〕へ訓令及び条約書類を郵送す」、明治二二年一月七日、「在英・仏・墺・露・伊五個国の帝国公使に新条約草案を郵送し、併せて訓令を発せり。同月二十六日、在伯林西園寺公使より電報あり。曰く（以下略）」、「同年六月十二日、在独西園寺公使電報して曰く（以下略）」（同「第十三回」、傍線引用者）などのように。このように、『舞姫』と同時代の在独公使館と本国政府との間では、連絡に郵送（船便）と電信が併用され、電信は即時速報を要する件に積極的に利用されていたことがわかる。

では、豊太郎のような留学中の官吏の免官の報は、速報を要する件なのか、船便郵送で足りる件なのか。残念ながらぴたりと当てはまる事例を発見できなかったが、前者であると考える。前出の宗像和重も述べていたように、免官は直ちに本人に通知されるべき重大な身分の変化である。それに加え、本人に与えられている官吏ならではの待遇や特権が、発令後、技術的に可能な限り速やかに剝奪されねばならないからである。

待遇剝奪の中でも特に注目したいのが月給の支払い停止である。留学中の官吏には学資と旅費のほかに月々の給与が支給される。陸軍省からの派遣で官費留学した鷗外のケースを参照すると、給与は月給形式で鷗外の許に支給され、ただし途中からその半額を留守家族が受け取れるようにしたことが、父静男、弟篤次郎の手紙(注12)に記されている。ここで重要なのは給与が月給である点で、豊太郎が所属する「某省」でも同じであろうことは、同時代に全省の官吏に適用されていた「官吏懲戒例」(明治九年、太政官達)からも明らかである。懲戒の一種である「罰俸」の規定に、「毎月給俸」の一部または最大三か月分を取り上げる、とあるからだ。これらのことを考え合わせると、某月某日付である官吏に免官の処分が発せられたら、それ以降の月給は本人にも留守家族にも支払われないが、このような重大な処遇の変化は必ず本人に通知されてしかるべきである。船便による通知では、四〇日前後の輸送期間のうちに翌月の月給日が来てしまう。免官と給与停止の事実を、本人にも監督機関たる公使館にも知らせないまま、その日を迎えるという事態は考えられない。正式な手続きは船便によるとしても、まずは電信が使用されると考えるゆえんである。

稿者はこのように船便・電信問題に関して電信説をとるので、諫死説には反対である。豊太郎の母の死を、急ではあるが自然な死と見ることは、『舞姫』の成立状況から見ても妥当だと考える。次にそのこと

(注)

12 『日本からの手紙』(日本近代文学館、一九八三年)収、明治一九年七月一七日付森静男書簡および森篤次郎書簡。「家兄月俸半額下賜ノ件」が実現し「今七月ヨリ下賜ニナル」旨が、鷗外あてに報じられている。

について述べたい。

4　自然死説を支持する成立事情

まず一点目として、『舞姫』本文の生成過程で母の年齢設定が変更された件を取り上げたい。周知のとおり『舞姫』は明治二三年（一八九〇）一月の『国民之友』附録に発表されたが、この初出に先立つ鷗外自筆草稿が残っており、本文生成の跡をたどることができる。草稿では、当初「四十を踰えて漸く老いんとする母」となっていたのを見せ消ちにして、現行の「五十を踰えし母」に改められたことが確認できる。この改稿については次の嘉部嘉隆の解説(注13)が肯ける。「平均年齢が四十歳代の時代」であり、「『四十を踰えて漸く老いんとする母』にならば、留学から帰っても、再び会える可能性は高い。しかし『五十を踰えし母』には、一旦留学したならば再会の可能性は少なくなる」。このように母の年齢は、豊太郎の留学中に彼女が死（自然な死）を迎える可能性が高くなる方向で設定しなおされていた。

二点目として、ドイツ三部作執筆当時の鷗外が抱いていた小説観に注目したい。明治二二年一一月発表の評論「現代諸家の小説論を読む」(注14)において鷗外は、小説をNovelle（短編小説）とRoman（長編小説）に二分類するドイツ文学のジャンル概念を踏まえ、Novelleを「単稗」、Romanを「複稗」と呼んで、両者の性格の違いを説明している。中で目を引くのは次のような記述である。──「複稗」は「夥多の人生の圏線、交錯層畳して」「許多の縈結と分解と」を描く。それに対し、「単稗」は「人生の単圏中にて生ずる一縈結、一分解」を描く──と。「縈結」とは糸の結び目やからまりを意味する漢語、「分解」はそれがほどける意である。ここでの「縈結」は物語において葛藤・緊張が極点に達する高まりをさし、「分解」はその解決・解消をさす。つまり「単稗」についてここで言われているのは、〈短編小説とは「一縈結、一分解」を描く〉、すなわち〈(複数ではない)一つの葛藤の高潮と解決を描く〉ということだった。すでに指摘があるとおり、(注15)『舞姫』を含む初期の鷗外の創作や翻訳は、ドイツの文学・美学に由来するこうした小説観、中でもとくに「単稗」の理念に基づき、その具体的実践をめざして展開されていた。(注16)『舞姫』もまた、「一縈結、一分解」を描く「単稗」として企図されたと見ることができる。

『舞姫』の「縈結」が極点に達し「分解」を迎えるのは、「明治廿一年の冬は来にけり」とある明治二一年の末から翌年初めにかけてのことである。主人公豊太郎が二つの欲望の間で引き裂かれ、二者択一を迫られる葛藤こそが、「縈結」の内実である。「故郷を憶ふ念と栄達を求むる心」あるいは「本国をも失ひ、名誉を挽きかへさん道をも絶ち、身はこの広漠たる欧洲大都の人の海に葬られんかと思ふ念」などと豊太郎が語るように、天方大臣と相沢の慫慂に従って日本へ帰り、免官の汚名を雪ぎ、立身出世の可能性

(注)

13 嘉部嘉隆「本文改稿過程の検討 鷗外自筆草稿」(『森鷗外「舞姫」諸本研究と校本』桜楓社、一九八八年)

14 『しがらみ草紙』二号。以下の本文はこの初出に拠る。

15 鷗外の参考文献であるゴットシャル『詩学Poetik』には〈Die Novelle darf nur e i n e n Knoten schürzen und lösen〉とある。「結び目 Knoten」「結ぶ schürzen」「解く lösen」の語が使われ、「結び目」には「ただ一つのnur e i n e n」と冠されている。

16 松木博「『水沫集』の構成をめぐって」(『日本近代文学』29集、一九八二年一〇月)、竹盛天雄「鷗外 その出発」連載10~11、91~92(『国文学 解釈と鑑賞』57巻4~5号、一九九二年四~五月、および67巻5~6号、二〇〇二年五~六月)参照。

を再び手にし、自らの「学問」「才能」を活かして故国の社会に受け入れられたい、という欲望が彼の中にある。だが同時に彼の中には、「貧きが中にも楽しきは今の生活、棄て難きはエリスが愛」と、今手にしている幸せを失いたくない欲望もある。これら二つの欲望を、豊太郎は絶対に両立不可能と認識しており、彼のこの認識が葛藤を葛藤たらしめている。大臣に「承はり侍り」と帰国承諾の返答をした時、豊太郎は事実上この葛藤に一つの決断を下した。その決断――エリスを棄てる[注17]――を豊太郎人事不省の間にいわば代理執行したのが相沢である。相沢は「縈結」の「分解」を目に見える形で遂行する。『舞姫』の「一縈結、一分解」は、この時期、この一連の出来事にあって、それ以外ではない。

もし母の死を諫死とした場合、物語は別な時期の別な「縈結」をもう一つ抱え込むことになるだろう。すなわち、母の死の報が届いた時点で、命を賭けてまで自らを諫めた母にどう応えるか、別言すると、母を選ぶかエリスを選ぶかという二者択一の葛藤を、豊太郎に負わさずにいないだろう。その場合、エリスと「離れ難き中」になることは、免官の原因となった張本人を豊太郎が選んだことを意味し、母の期待に背き、母を棄てるという一つの「分解」を、彼が自ら遂行したことを意味する。諫死説はこうした新たな物語、「縈結」と呼ばれるに十分な重みをもつ物語を避けがたく分泌するが、それゆえに、『舞姫』が「一縈結、一分解」に集中する「単稗」であるためには過剰なのである。

振り返ると、諫死説に最初に言及した竹内好（前出）の論旨は、正確には次のようなものだった。母からの手紙について、「たとえば、母の死は自殺であり、手紙は遺書ではないかという想像へまで読者を駆り立てる重味をもつている」、「もし母の死が自殺だとしたら、諫死であろう」、「そうなれば悲劇性はいつそう濃くなり、太田のここでの決断はそれだけ重大になる」、「したがつて『舞姫』は別の作品になつたかもしれない」が、しかし作者はそうしていない、と。つまり、実際の『舞姫』はもう一つの「縈結」を抱えて「別の作品」になることはしていない、と述べていた。そのことを確認しておきたい。

5　母の死の位置づけ

以上を踏まえて改めて『舞姫』本文に帰る時、母の死をどのように位置づけることができるだろうか。豊太郎の手記の中で、母に関する叙述はしばしば対句表現の一部となって現れる。「余は父の遺言を守り、母の教に従ひ、人の神童なりなど褒むるが嬉しさに怠らず学びし時より、官長の善き働き手を得たりと奨ますが喜ばしさにたゆみなく勤めし時まで」、「我母は余を活きたる辞書となさんとし、我官長は余を活きたる法律となさんとやしけん」（傍線・引用者）のように。これらの表現は、豊太郎にとって母がどのような人々の一員であったかを示している。母は、父に代表される〈家〉、官長に代表される〈官〉、「人」つまり〈世間〉が一連のものとして接続された世界の住人である。

豊太郎はまた、「父をば早く喪ひつれど、学問の荒み衰ふることなく」、自分が一貫して優秀な学業成績を挙げたことで、「一人子の我を力になして世を渡る母の心は慰みけらし」と語る。「学問」への邁進は

（注）

17　大臣に返答した後、豊太郎は自罰的に厳寒の市街を彷徨するが、この間彼の心を占めていた「帰りてエリスに何とかいはん」「我は免すべからぬ罪人なり」等の罪悪感は、すべてエリスを棄てることを前提としている。大臣に帰国を辞退する選択肢や、エリスとともに善後策を考える選択肢は排除されている。

「某省」への「出仕」という進路を開き、「故郷なる母を都に呼び迎へ、楽しき年を送ること三とせばかり」という幸福を母子にもたらした。ここから、母（および母と価値観を共有していた時代の豊太郎）にとって、学問は〈官〉および〈国家〉への奉仕に結びつくものであり、そのような人生行路に価値と満足を見出していたことが知られる。洋行が決まった当時の豊太郎は、留学先での学問を〈官〉における出世や〈世間〉からの評価、〈家〉の興隆に結びつけ、「我名を成さむも、我家を興さむも、今ぞ」という抱負を抱いていたが、これらの期待は同時に母のものでもあったろう。

こうした世界に生きる母は、豊太郎の手記に両面価値的な存在として語られる。一面では、前述のように母子二人で「楽しき年を送」った相手、「我がまたなく慕ふ母」として。つまり、愛し愛される対象として。だが一面では、「余が幼き頃より長者の教を守りて、学の道をたどりしも、仕の道をあゆみしも、（中略）人のたどらせたる道を、唯だ一条にたどりしのみ」とある「長者」の一人として。限られた価値観――「学の道」と「仕の道」、つまり、学問と官・国家への奉仕を最優先する価値観を豊太郎に強いて逸脱を許さない、のみならず、与えられた軌道の外へ出ようとする「勇気」をもあらかじめ奪ってしまうような、抑圧する力としての母である。（注18）

こうした二面性の結果として、母の死は豊太郎にとって、愛し愛される対象を失う苛酷な喪失体験であると同時に、異性関係へと向かう「勇気」を殺いでいた抑圧（「赤く白く面を塗りて、赫然たる色の衣を纏ひ、珈琲店に坐して客を延く女を見ては、往きてこれに就かん勇気なく」）の消滅をも意味する。彼が母の死を知るとともに「悲痛感慨の刺激によりて常ならずなりたる脳髄」という混乱に陥ったこと、一方でエリスを「愛づる心の俄に強くなり」、常ならぬ精神の「恍惚」に後押しされて彼女と「遂に離れ難き中と」なったことは、母の持つ二面からの解放の必然的な結果といえる。

母の死と免官が同時に起きることで、豊太郎は自分を待つ人、自分に期待する人を故国に誰ひとり持たない状態に置かれる。〈家〉とも〈官〉とも〈国家〉とも絆を断たれ、かつて予想もしなかったであろう類いの、孤絶と背中合わせのある意味苛烈な〈自由〉が彼に訪れる。それが、ベルリンの陋巷におけるエリスとの愛の生活を可能にする。

唐突な母の死や、それが免官と同時に起きるなりゆきを不自然だと指摘する声は多いが、じつは豊太郎免官のいきさつも同時代の洋行事情に照らすと異例で不自然である。というのも、留学者が身分の異動をともなうような重い処分を受ける場合、まず帰国命令が出るのが通例だったからだ。鷗外が留学中に実際に出会った免官処分者で、豊太郎のモデルの一人といわれる武島務陸軍三等軍医も、まず帰国命令を受けてそれに従わず、最終的に現地で免官になったのだった。(注19) 東京大学卒業生から学業優秀者が選ばれて官費留学に派遣される場合も、「若シ不精励ナルカ其他不都合ノ所行アルトキハ直ニ帰国ヲ命スヘシ而シテ帰

（注）

18 豊太郎が語ろうとしない母の最後の手紙の内容は、右に見た母の価値観ならびに母がもつ二面を反映したものだったと考えられる。母からの通信は何度もあったであろう中、「尤も悲痛を覚えさせたる」と特に言及されるこの手紙は、おそらく健康状態が急に悪化した母が、死を意識して自らの思いを息子に書き残したものだろう。今、手紙の内容に沿う形で帰国しようとしている豊太郎は、母が自分にかけた期待と愛情、その蔭で犠牲となったエリスの双方を思って、「書中の言」を「反覆するに堪へ」ないのではないだろうか。

19 鷗外『独逸日記』明治二〇年六月三〇日、一〇月二六日に記事がある。詳しくは長谷川泉「痛哭、武島務の生涯と『舞姫』」（『続鷗外『ヰタ・セクスアリス』考』明治書院、一九七一年）参照。

国ノ上相当ノ処分ヲ為スヘシ」（「官費海外留学生規則」第七条、明治一五年）[注20]とされていた。小熊牧久が紹介した藤山治一のケース（前出）も同様だった。ところが豊太郎の場合、帰国命令はおろか、何らの事前警告もなく、いきなり免官されている。免官は予測できない形で突然豊太郎に襲いかかり、母の死とあいまって彼を「悲痛感慨」の混乱状態に陥れ、彼をエリスのもとへと押し流す。偶然はそれだけではない。「このまゝにて郷にかへらば、学成らずして汚名を負ひたる身の浮ぶ瀬あらじ」とドイツに留まることを望む豊太郎に、その希望を伝えて相談したわけでもないのに、相沢が在独通信員の職を一方的に用意してくれる。

これら不自然にも見える複数の出来事が、短期間に輻輳する設定がさすところは一つである。すべては豊太郎がドイツに留まり、エリスとの愛の生活に入ることを可能にするよう動いている。母の死はこうした物語の駆動力の一環に位置づけられる。

以上、諫死説について、電信をめぐる同時代状況（本稿3）、鷗外の創作意識（本稿4）、『舞姫』本文の分析（本稿5）という三つの角度から再検討し、この説が妥当性を欠くことを述べてきた。授業の現場で、何らかのねらいの下にこの諫死説を利用することは今後もありうるかもしれない。だが、その際にも授業実践者は、この説が一定の留保の上に成り立つものであること、『舞姫』享受史の中の一説にすぎないこと、を学習者に明示すべきだと稿者は考える。

＊『舞姫』の本文は『鷗外全集 第一巻』（岩波書店、一九七一年）に拠る。
本文・資料の引用に当たり、漢字の旧字体を新字体に、異体の仮名を通用の字体に改め、ルビ・傍線を省略した。また文献名を挙げる際、副題を省略した。

（注）

20 『東京大学百年史 資料一』（東京大学、一九八四年、第一部―九）

近代小説の一極北
――志賀直哉『城の崎にて』の深層批評

田中《たなか》　実《みのる》

1　〈本文《ほんもん》〉の誕生／深層批評の生成

文学研究を文学教育研究からも進め、相互乗入れしていくというのが多年のわたくしの立場です。ところが佐藤学氏は国語科教育を含めた「教科教育」を、「領域としては成立しても『教科教育学』という学問領域は成立しないし、その専門研究者が必要なわけではない。」と述べ、むしろ「個別科学の研究者と教育研究者と教師との協同による『実践研究』において、専門家教育として実りある成果をもたらすことができる。」と瞠目すべき指摘をなしました。(注1)天の声でしょう。その際個別科学の一つ、文学研究それ自体もまた旧来のままでは通用しないとわたくしは考えます。そもそも〝近代小説とは何なのか〟というジャンル論、例えば伝統的な「物語」文学と〈近代小説〉の領域を峻別しようという明瞭な共通理解さえありません。いえ、さらに基本的な読みの原理、〝客体の文学作品の文章を読むとはいかなる行為か〟というグランドセオリーをも欠落させているのです。かつて三好行雄の「作品論」が、ロラン・バルトの「物語の構造分析」とその立場と一八〇度異なる同じバルトの「文学の記号学」が混在した「テクスト論」

という鵺《ぬえ》的なもので批判され、それが学会を席巻したことがありました。**〈読み方〉の基本の基準**は瓦解し、客体の対象が何ものかが問われないまま、今日までなしくずしに文学研究の衰退が続いています。これを克服するには、「言語論的転回」を潜り抜けていることを条件とし、次に従来のテクスト論の立場である読書主体と客体の文章の二項のままでよいのか、それとも客体そのものという第三項で考えるべきなのか、すなわち〈原文《げんぶん》〉＝オリジナルセンテンスの〈影〉を抱えた〈本文《ほんもん》〉＝パーソナルセンテンスを客体の対象として読むと新たに考えるべきなのかが問われているとわたくしは考えています。

「読むこと」とは、読書行為によって生じる〈文脈《コンテクスト》〉が原理的虚偽となり「還元不可能な複数性」である行為なのですが、「文学の記号学」の時のバルトのように記号にすれば、文学の価値可能性が剝奪されるし、かと言って、スタンリー・フィッシュの「解釈戦略」やナラトロジーのパラドックスも「解釈」それ自体の矛盾を克服したとはわたくしには思われません。(注2) 松澤和宏の「ロラン・バルト『明るい部屋』とソシュール――審美的個人主義・共通感覚・伝統的時間をめぐって――」（松澤和宏・田中実編『これからの文学研究と思想の地平』右文書院、二〇〇七年）が説くように、ソシュール言語学に時間概念がないかの如く考えられていたところから考え直さなければならなかったのではないでしょうか。

（注）

1 佐藤学「『教職専門大学院』のポリティクス――専門職化の可能性を探る」（『現代思想』二〇〇五年四月）

2 拙稿「『読みの背理』を解く三つの鍵――テクスト、〈原文〉の影・〈自己倒壊〉そして〈語り手の自己表出〉」（『国文学解釈と鑑賞』二〇〇八年七月）及び、拙稿「〈原文〉と〈語り〉再考――村上春樹『神の子どもたちはみな踊る』の深層批評――」（『国文学解釈と鑑賞』二〇一一年七月）参照。

〈近代小説〉を学問研究として「読む」には、客体の対象の文章＝「エクリチュール」を「作品」という旧来の実体概念に戻そうとしても戻すことはできません。これではアナクロニズムです。そこには選択肢はないのです。読書行為自体が正解のない「還元不可能な複数性」なのですから「読むこと」が原理的に虚偽であることから目を塞ぐこともできません。我々人間は**客体そのものは捉えられない。しかし、客体そのものがないのではない、これをないとするままの「テクスト」理論に留まるのでは、文学研究の再建、再生はないとわたくしは考えています。**例えば、『城の崎にて』という作品のオリジナルセンテンス＝〈元の文章〉はある。あるから、それぞれ一回性の〈読み〉が生成される。ところが、その**オリジナルセンテンス〈客体そのもの〉＝〈原文《げんぶん》〉という第三項には永遠に到達不可能、その〈影〉が現れた〈本文《ほんもん》〉、即ち、読み手自らに現象したその内なる〈文脈〉、パーソナルセンテンスが我々読者の読んでいるもので、これをいかに正確に言語化するか、これを文学研究における「読むこと」の原理とする、このシンプルな共通認識から始めることが従来の文化研究を新たな文学研究へと奪還、再生させる、そう考えます。**

言語は客体そのものを指さないのですから、人類の文明も言語による空中楼閣、時間も空間もアプリオリにあるのではなく、言語の差異の大系にあることになります。そのなかで読み手に現象した、第三項の〈影〉の働いた〈本文《ほんもん》〉に〈**ことばの仕組み**〉が働いています。ここでは「読むこと」が対象の発見を自己発見に、自己発見を対象の発見に反転させ、その過程で、読み手の内なる瓦解、〈**自己倒壊**〉を促します。〈影〉に拘束された〈読み〉が読み手自身の感性や認識の共同体性を瓦解させ、〈読むことの倫理〉・〈読むことの価値〉を創り出す、「読むこと」の究極は〈**宿命の創造**〉を実現させる、こうわたくしは信じています。そこで、わたくしのこの個人的立場は、ロラン・バルトの「文学の記号学」と蓮實重彦の「表層批評」に敬意を表してこれを斥け、**空中楼閣の領域に深層批評を押し立てる**ことです。

2　近代小説の「お話」／「詩」／「末期の目」

それでは具体的に〝近代小説とは何か〟を考えてみましょう。芥川龍之介は最晩年、谷崎潤一郎と交わした所謂プロット論争で、「『話』らしい話のない小説」（『文藝的な、余りにも文藝的な』〈『改造』一九二七年四月〉）を「通俗的興味のない点から見れば、最も純粋な小説」と述べ、それを「最も詩に近い小説」あるいは「絵に近い小説」と説明、当然谷崎は「筋の面白さを除外するのは、小説と云ふ形式が持つ特権を捨てゝしまふ」と反発、「構造的美観」（『饒舌録』一九二七年二〜一二月）を強調して、両者の主張は真向うから対立、芥川の自殺で論争は中断しました。思うに、この論争の急所は「詩」の純粋さと「お話」の「筋の面白さ」の双方を如何に関わらせるか、表現の「詩」と構造の「筋」の本質的な対立という単純明快なものでなく、両者の乖離と補完の相克でした。それが「最も純粋な作家たちの一人」志賀直哉の評価をめぐっての闘争だったのです。芥川自殺の直後、当の志賀直哉は、『沓掛にて――芥川君のこと――』（『中央公論』一九二七年九月）で、「芥川君の技巧上の欠点」として『奉教人の死』の筋（最初語り手は主人公を「この国の男じや」と言い、最後に女だと明かす）を例にして、「仕舞ひで背負投げを食はすやり方」と指摘し、「あれでは読者の頭には筋だけが残り、折角の筋道のうまさは忘れられ」、「読者の鑑賞がその方へ引張られる為、其所まで持つて行く筋道の骨折りが無駄になり、損だと思ふ」と注意を与えます。志賀は「夏目さんの物でも作者の腹にははつきりある事を何時までも読者に隠し、釣つて行く所は、どうも好きになれない」と批判し、漱石の方法論との違いをほのめかし、「芥川君はそれらを素直にうけ入れてくれた。そして、『芸術といふものが本統に分つてゐないんです』といつた」と回想しています。ここで言う志賀のこの一言、「筋」と「筋道のうまさ」・「筋道の骨折り」の相違が表現者芥川龍之介の生死を分けるほどに決定的な意味を持ち、その昏迷の深さは今日まで文学研究の課題として残っているし、このことがとっさに理解できる読者がそういるとは思えません。「筋」とはストーリーを抱えたプロットのこと、谷崎で言えば「構造的美観」の「構造」のこと、「筋道のうまさ」とは筋を筋たらしめるメタプロットのこと、ここに読み手の捉える「詩」の領域、「美」の領域があります。「筋」はお話の造りであり、志賀はこれの上澄みを徹底的に排除し、純化することで「詩」＝「美」の究極に生きようとし、谷崎も究極はそこに到ろうとしますが、物語世界を提出することに価値を見出していました。〈近代小説〉はその物語と「詩」から成り、芥川は萩原朔太郎とともに何よりも詩人だったのです。志賀直哉にとって「近代小説」の「物語」＝お話は生の濁り、擬態＝「自己弁護」だったのです。プロットをプロットたらしめ、統御するメタプロットの力は「詩」の力にあります。志賀が芥川を認めながらも芥川に言おうとしたのは、「詩」は掴まえているのに表現の仕方、小説の方法が悪い、「損だ」ということだったのです。

芥川の発見した虚偽を超える表現の方法は『地獄変』（一九一八年五月）をめぐって一九一八（大正七）年六月一八日小島政二郎宛書簡、「日向の説明」と「陰の説明」、「二つの説明はあのナレエシヨンを組み上げる上に於てお互にアクテユエエトし合ふ性質のものだからどつちも差し抜きがつきません」と解説しているところに急所があります。一人称の〈語り手〉の擬態＝嘘をもう一つのナレーションで意図的に覆す、一方で語ることにまつわりつく虚偽を超えながら、他方でサスペンスを創り出していく、そこに推理小説的な筋の面白さが増してきます。志賀は「日向」だの「陰」だのに分けず、その双方を一行で描く「詩」

を求めていたのであり、芥川は当初自ら溢れる天性の詩人の「魂」に気付かず、ストーリーテラーとして物語の面白さによる解放に生き、同時にその筋の面白さと言い換えられる、その筋を「諄々し」さと自己批判して苦闘していました。近代に生きる表現主体はそれ自体で同時に虚偽をもたらすのですから、「語ること」の虚偽を見抜き物語る主体消去の表現方法**「末期の目」**、川端康成に「芸術の極意」と絶賛された方法(注3)をもたらすのですが、その弱点の自覚は志賀直哉の方法である、語ることと語られることを即一つにする「詩に近い小説」に後年向かわせたのでした。それこそが志賀の突き詰めた人生観上の「真実」・思想の表白方法でしょう。(わたくしは本稿を書き終わってはっきりそう感じています。)我々が近代小説を読む核心は読み手に現れる**〈語り—語られる〉客体の対象を〈語り—聴かれる〉批評空間として受容するとき、そこにはいわゆる虚構(フィクション)か非虚構(ノンフィクション)かに関わりなくその双方の表現の虚偽を克服すること、それには「読みの原理」同様、客体を捉える主体をなんらかの意味で超えること、あるいは自ら焼き殺すことです。**

ところが谷崎は後に『文章読本』(一九三四年一一月)で「分かりやすさ」、「最も実用的に書くと云ふことが、即ち芸術的の手腕を要するところ」と『城の崎にて』を称賛しますが、これでは少なくとも志賀の作品が不朽の名作である所以は説明できないとわたくしは考えます。谷崎の言う「分かりやすさ」とは「実用的に書く」ことですが、それは「物語」の表層に過ぎず、谷崎のこの『文章読本』は後世に誤解をもたらす元凶の一つだったのです。『城の崎にて』は筋らしい筋もなく、一見「分かりやすい」お話に似て、その

(注)

3 「末期の眼」(『文藝』一九三三年一二月)

文学世界は世俗の常識を全く裏切る、実に「分かり」にくい深層を抱え込んでいます。谷崎がこれに関心を示さずにいたのはこれが文体論を欠いた文章論でしかなかったからです。谷崎にとって素材の奇抜さや話の面白さは方便ではなく、それ自体に価値があり、志賀はこれをそぎ落として表現に純化しました。谷崎もまた本格小説、鷗外の未完の小説『灰燼』(一九一一年一〇月〜一九一二年一二月)に匹敵する近代小説におけるアルプスの山頂を目指していたのですが、ここでは実用のレベル、小説の表層しか捉えていません。志賀の文体こそ実用から遠い、素材の奇抜さや筋の面白さも拒否した、書き手の思想・「真実」である〈語り—語られる〉現象を一体とする表現を実現していたと思います。

3　〈語り—語られる〉・〈語り—聴かれる〉/識閾下小説

芥川を自殺に追い込んだと思われる表現の〈仕組み〉、そのアポリアを具体的に見て行きましょう。そもそも〈近代小説〉は「三人称客観」を雛型にし、複数の人物をその内側からそれぞれ語る、Aを語ればBは語れないという成立不可能な文学形式です。すなわち「会話の文」であろうと、「地の文」であろうと、また実況中継の文章であろうと、すべて発話主体=〈語り手〉によって複数の人物の内奥を語ろうとすると、そこには神の技に似た、**了解不能の《他者》**=〈**絶対**〉を抱える〈**仕掛け**〉が要請されています。全知的視点とは〈近代小説〉にとってはほとんど実現不可能、この幻想を捨てなければ始まりません。どういうことかというと、そもそも人は相手から見た自分は語ることはできません。〈語り手〉も同様です。一旦Aに添ってその内奥を語ると、次のBを語ろうとすると、BはAが見たBと重なり、BそのものからAを語ることはできなくなります。〈近代小説〉に語る場の共同体性が崩壊しているせいです。これが世界観を共有する共同体の場で語るのであれば「物語」としての〈他者〉は成立しますが、近代的自我を前提にした近代社会では語ることは虚偽（自己弁護）として現れ、その虚偽を克服しなければ語ること、表現の地平は封じられていきます。そこで一旦〈語り―語られる〉場、その現実的な知覚作用の及ばない〈**超越**〉が求められ、そこに〈近代小説〉が「近代の物語」文学から峻別される急所があるとわたくしは考えています。したがって、先走って言えば、これを我々生身の読者が「読む」とは、物語読者とは決定的に違っていなくてはなりません。〈語り―語られる〉、〈語り―聴かれる〉、〈叙述する―読む〉という局面《アスペクト》が〈**語り―語られる**〉出来事の物語空間を〈**語り―聴かれる**〉という〈語り〉の領域で受け取り、これが〈作品内読者〉に叙述として読まれ、物語文学の空間は生身の読者と語られた出来事とが一つの世界観認識の共同によってそのまま共有され、齟齬がなかったのですが、これが崩壊するところに、近代小説の読者の誕生があったのです。「近代小説の読者」とは、虚構の聴き手に変容しながら、物語の対象にメタレベルの立場に立ち批評する領域を保有しています。生身の読者にとっては、例えば『城の崎にて』は虚構空間ですが、〈作品内読者や聴き手〉にとっては一人称の〈語り手〉の〈自分〉に地続きの直接聴くリアルな空間です。ここでの一人称の〈語り手〉の〈自分〉は〈**機能としての語り手**〉、この山括弧の〈**自分**〉が「自分」を語る主体です。しかし、近代小説の読者はこの〈語り―語られる〉〈語り―聴かれる〉という現象を〈聴き手〉として聴き取り、そこに物語の出来事に対してメタレベルに立つ批評空間を所有するのですから、もしこの立場をもたないまま、従来の文学研究のように手ぶらで作品世界に参入していくと、〈語り―語られる〉〈語り―聴かれる〉空間が抜け落ちて直接物語に入り込み、語られた出来事だけを読むことになります。それは先日、「座談会『故郷』の〈文脈〉を掘り起こす」（『日本文学』二〇一〇年八月）で魯迅の『故郷』（一九二一年）を題材にわたくし自身が雑駁に話題にしたばかりですが、『城の崎にて』もまた『故郷』同様、その〈語り〉の枠組は所謂回想小説ではありません。語っている現在と語られている過去との落差が実質的にないのです。単純に、あるいは機械的に「三年以上」経った末尾の時間が作品全体の〈語りの現在〉として読まれてしまう危険があると思われます。それは魯迅の『故郷』よりいっそう〈機能としての語り手〉を読みとることが困難です。この小説は、先走って言うことになりますが、魯迅の『故郷』とは違って、さらに「初め・中・終わり」の物語（ストーリー）の過程のない、物語の時間の停止した、完璧な「『話』らしい話のない小説」、「詩に近い」「絵に近い」、『焚火』（一九二〇年四月）とともに本格的な、**識閾下小説**、「筋の面白さ」を脱却し、〈超越〉を求心的に進めた志賀文学の極北のひとつです。そこに芥川の目指す志賀直哉がいて、先の谷崎が『文章読本』を書くときはこれを「分かりやすさ」のレベル、「実用」の範囲で理解しています。

『城の崎にて』を「簡単な言葉で、はつきりと現されてゐ」た「実用的文章」と呼び、これを文章の規範とするかぎり、谷崎と言えど、志賀の「文章」からその思想・生命観を解説するのは容易ではなかったと思われます。

4　二つの〈語りの現在〉

『城の崎にて』の〈本文〉は、「自分」と名のる主体が「山の手線の電車に蹴飛ばされて怪我をした、其後養生に、一人で但馬の城崎温泉へ出掛けた。」と話し始め、「背中の傷が脊椎カリエスになれば致命傷になりかねないが、そんな事はあるまいと医者に云はれた。二三年で出なければ後は心配はいらない、兎に角要心は肝心だからといはれて、それで来た。三週間以上――我慢出来たら五週間位居たいものだと考へて来た。」と、目的と場所とをまずひと筆で簡潔に示し、最末尾を次の文章で終わらせます。

三週間ゐて、自分は此処を去つた。それから、もう三年以上になる。自分は脊椎カリエスになるだけは助かつた。

「それから」を境界として、温泉滞在時「もう三年以上」経ち、「自分」は死の直接的宣告の恐怖からだけは解放されています。注目したいことは、その現在から事故直後及び温泉療養時等の心境が全く語られていないことです。現在の心境自体は語られず、時系列になって経過報告だけ、ここにこそ際立った『城の崎にて』の〈語り〉の構造上の〈仕掛け〉があります。通常、近代小説は「助かつた」現在から〈いのち〉の危うかった過去が語られ、そこに生きることの意味が再確認されて作品の主題もあるところですが、ここでは語っている〈自分〉は「三年以上」前の温泉滞在時の「自分」を何ら一切回想しません。メタレベルで構築しているだけです。

冒頭〈語り手〉の〈自分〉はお話の発端の事故を〈聴き手〉に紹介した後、温泉に着くと、「頭は未だ何だか明瞭しない。」から始め、以降、三つの小動物と一枚だけ動く葉の動きとの遭遇による心境の推移を実況中継しています。それは時系列に即して、語られている「自分」と共に移動し、これが〈語り手を超えるもの〉=〈機能としての語り手〉によって全体に絶妙に配置されています。そこには〈作品の意志〉は読み取れても、そう配置している回想する主体が直接表出しているのではありません。確かに一人称小説の多くは回想主体と被回想主体との間の時空間に距離があり、その距離に世界観や感性の違いがあって、読後の抒情や悔恨を生むのですが、ここでの主人公、語られている「自分」は自身の生と死を〈語り手〉

の〈自分〉と一体になって時空間を移動しながら、その死生観のただならなさを表明していき、これをもう一度「三年以上」後から、相対化して回想するのでなく、プロットを構築し、全体を配置している主体＝〈語り手を超えるもの〉がなしていくのです。

この〈機能としての語り手〉が表層から消え、一人称の〈語り手〉のみが透徹した心境を述べ、と言ってもよいですが、〈語り手〉の〈自分〉と「物語」の「自分」とが一つになって語られるこの作品はエッセイ（随筆・随想）と形式の上でなんら峻別出来ません。「筋の面白さ」が特にないだけでなく、「自分」を相対化する具体的人物との葛藤さえもありません。その意味で恐ろしく平板、この作品の何がレーゾン・デートルなのでしょうか。この小説を国文科の百人近い学生たちと教室で朗読すると、こぞって確かに「いい」と言います。

5　「物忘れ」／「いい気持」／「死に対する親しみ」

城の崎での実況は、「頭は未だ何だか明瞭しない。物忘れが烈しくなつた。然し気分は近年になく静まつて、落ちついたいい気持がしてゐた。稲の穫入れの始まる頃で、気候もよかつたのだ。（中略）冷々とした夕方、淋しい秋の山峡を小さい清い流れについて行く時考へる事は矢張り沈んだ事が多かつた。淋しい考だつた。然しそれには静かないい気持がある。」（傍点・引用者、以下同様）から始まります。何故「自分」は「頭は未だ何だか明瞭しない」し、「物忘れが烈し」いのに、「気分は」「静まつて、落ちついたいい気持」なのでしょうか。死の虞れ、危険が具体的にあるのですから、「沈んだ」とか「静か」とかも通常ではいられないのが人情、不安とか不快になるのではないでしょうか。「自分」は、「一つ間違へば、今頃は青山の土の下に仰向けにな」り、「青い冷たい堅い顔」をし、死んだ祖父や母の傍らでいたのです。しかし、助かったのは、「自分には仕なければならぬ仕事がある」からと思い、と言って、それを神とか天命とか、神秘的外在にゆだねるのでなく、「自分」は「妙に」心が「静まつて」、「何かしら死に対する親しみが起」こったとまで語りますが、それは心の深みの沈んだところで、静かに「死」を受け止め、受け入れている表現です。実は、この「死に対する親しみ」をめぐって「自分」の類希れな透徹した心境が語られているのです。

「或朝の事」、それまで忙しそうに働いていた蜂の一匹が死んでいるのを見つけます。すると、他の生きている蜂とその死んだ蜂が「如何にも生きてゐる物」と「如何にも死んだもの」としての対比が鮮やか、「自分」にはその光景が「淋しかつた」のですが、「如何にも静か」と受け止めます。そこは生と死がまだ対比的で両極的に浮かび上がるのですが、それが翌朝、「ひどい雨」で流され、視覚から見せ消ちになると、ここでも「その静かさに親しみを感じた」と語ります。それは死んだという事実の対象物が視覚から消えることで、蜂の死にシンパシーを強く感じ、そこに一種、自身との一体性を見ているからです。眼界から消えた対象物の死は「自分」のなかに確かに形象化され、それは先に語っている青山墓地に仰向けになっている自身の死骸のイメージに重なり、その形象は次の『范の犯罪』と緊密に連繫しています。

6　『范の犯罪』〈作品の意志〉／未曾有の生命観

『城の崎にて』を読むもうひとつのポイントは**派生〈本文〉**（＝「間《インター》テクスト」）のこの『范の犯罪』が、交通事故の直前に既に書かれつつあったことの意味です。これは志賀の伝記的事実とも符合し、読者（研究者）に取り立てて注目を呼ばないのですが、注意すべきことは妻を殺す『范の犯罪』という物語が書かれ、その後志賀が交通事故で致命傷かもしれない立場になって『城の崎にて』が書かれたのではないことです。『范の犯罪』の〈語り〉を統括する主体、即ち〈作者〉、あるいは〈作品の意志〉は『城の崎にて』が書き始められる前に既に決定していたのです。〈本文〉には次のようにあります。

……自分は「范の犯罪」といふ短編小説をその少し前に書いた。范といふ支那人が過去の出来事だつた結婚前の妻と自分の友達だつた男との関係に対する嫉妬から、そして自身の生理的圧迫をもそれを助長し、その妻を殺す事を書いた。それは范の気持を主にして書いたが、然し今は范の妻の気持を主にし、仕舞に殺されて墓の下にゐる、その静かさを自分は書きたいと思つた。（傍点・引用者）

「その少し前」とは冒頭の「山の手線の電車に跳飛ばされ」たことを指しています。この時系列を取り違えると『城の崎にて』は読み取れないと言って言い過ぎではありません。

すなわち、この小説のストーリーの発端は、交通事故に遭って、死の恐怖に立たされて現在の心境にあるのではなく、『范の犯罪』の〈作品の意志〉、その〈語り〉のヴェクトルが殺す范と殺される范の妻、その生と死の双方を等価にする立場に立っていて、物語が范の側から語られていたに過ぎないのです。その後たまたま交通事故で致命傷の可能性を負う境遇になったのです。つまり、『范の犯罪』の〈ことばの力学〉、その向かう〈作品の意志〉は殺した范から「殺されたる范の妻」へとそのまま転移し、それが『城の崎にて』の「自分」なるものを形成しているのです。

『范の犯罪』は、范が妻を観客の前で殺しながら完全な程の「快活な心持」になり、しかも「裁判官」に「無罪」と判定される、一見トンデモナイ「お話」で、通常、世俗の道徳に挑発的な、自我を最大限に肯定評価した作品と、その上澄みで読まれ、志賀文学をひいては白樺派を誤解させる元凶になっているようです。私見ではこの〈作品の意志〉それ自体が殺す范と同時に、「殺されたる范の妻」に向かわせ、死者への「親しみ」に向かわせるのです。

☆　☆

范が妻を殺したのは「故殺」か「過失」かは、范自身も結局は分かりませんでした。最後にその動機探しを放棄し、「何も彼も正直」になって告白すると、自身の罪を語る「自白」自体がありえず、それで、范は「無罪」だと主張します。范自身は「故殺」か「過失」かのどちらか「全く分らなくなつた」ことを可能なかぎり「正直」に話していることは疑えませんが、当人にとって「無罪」に見え、信じられるにしても、それを判断するのは第三者、ここでは既存の法律であるはずです。まして当人の識閾下は不明、「正直」とは擬態、ミミクリーと共にあります。問題は、本来なら先例に従った判決を下すべき法律の専門家が何故「興奮」し、范を「無罪」としたかです。小林幸夫氏は「『范の犯罪』――法を超える『正直』」（『認知への想像力――志賀直哉論』双文社出版、二〇〇四年）で、「裁判官は、『正直』ゆえに、『無罪』としている」と力説していますが、問われているのは、無論識閾下です。

范の証言を「大体に於て嘘はなささうだ」と判定した後、最後の尋問で「お前には妻の死を悲しむ心は少しもないか」と訊くと、范は「全くありません。私はこれまで妻に対してどんな烈しい憎みを感じた場合にもこれ程快活な心持で妻の死を話し得る自分を想像した事はありませんん」と応えます。その時です。「裁判官」は「興奮の自身に湧き上がるのを感じ」、そこから未曾有の領域にはっきりと足を踏み入れます。殺人行為の直接の動機・原因は確かに不明なものの、殺人の起こる要因（＝夫婦の仲違い）とその結果（妻の死〉の因果関係は明白であり、しかも、その結果に「悲しむ心」がないのみならず、究極的悦びを感じていると証言するのですから、「裁判官」の心証はことさら悪くなるはずで、「無罪」なぞ一〇〇％あり得ません。

ここに起こっていることは法的には先例のない、死生観を極限的に突き詰めた〈いのち〉との対話であり、殺すことと殺されることを等価と見なす新しい生命観の宣言がなされています。

その際のポイントは「カルネアデスの舟板」という文字通りの極限的な場を必要条件とし、殺す方は完璧な「快活な心持」であることを十分条件として、それらは日常的現実ではまず一〇〇％あり得ない、人情なり、日常感覚なりが、微塵も差し挟まれないことを意味します。つまり、常識的には交換不可能な〈生〉と〈死〉を「それ程差はない」とする生命観が拓かれているのです。この極限状況の殺人の「快活」さとは互いの、人情の差し挟まれない領域、非日常性のレベルで成立するのです。人情が挟まれば、「悪」の意識が起こるからです。このことは拙稿の『走れメロス』論（「お話を支える力――太宰治『走れメロス』〈『小説の力――新しい作品論のために』大修館書店、一九九六年所収〉を参照して頂ければ幸甚です。〈語り手〉は裁判官と全く一体化し、「お話」を相対化します。そこで、初めて、『范の犯罪』は「近代の物語」でなく、〈近代小説〉となるのです。

相手のために自分を殺すのと自分のために相手を殺すのは地上の論理あるいは現実社会の倫理では「両極」ですが、ここではその「両極」が極においていて、裏返して同一となる思想であり、それは徹底的に第三者、外部からの判断、裁判官から等価に捉えられて初めて公共的な社会問題になります。（因みに、このことを考えることと〈近代小説〉の読者の誕生を考えることとは別の問題ではありません。）そこに『范の犯罪』

の〈ことばの仕組み〉は成就し、その文学的完成に『城の崎にて』があるのです。裁判官が范の歓喜を共有し、そこに強いシンパシーを持つのは裁判官の新たなイデオロギーの獲得であり、范のそれとは別です。『城の崎にて』では、「殺されたる范の妻」の「墓の下」の「静かさ」を書こうとして「たうとう書かなかつたが」、「其前からかかつてゐる長編の主人公の考とは、それは大変異つて了つた気持だつた」からと明かしています。「自分」には范の妻の立場とそれとは別に長篇の主人公のそれとの双方が葛藤していたのであり、それに加えて、交通事故が起こり、他ならぬ自分自身の身体もまた致命傷の可能性を持ってしまったのです。繰り返します。『范の犯罪』の〈作品の意志〉が「仕舞に殺されて墓の下にゐる、その静かさを自分は書きたいと思」わせたのであり、『城の崎にて』の「作者」がこの『范の犯罪』を引用するのは、「自分」が交通事故で殺される側に物理的に立たされる以前、既に「自分」が范の妻の「静かさ」に立っていたからで、『城の崎にて』のプロットの冒頭が始まるとき、既に死の「静かさ」を受け入れる「自分」が生きていたのです。『城の崎にて』はその意味で「物語」の筋の面白さを剝奪させられていたのです。

7 識閾下の「動騒」／「一つの葉」／蠑螈の死

蜂の死を意識する「自分」の意識は「自分」の死への意識であり、「淋しい」「静かさ」が〈死〉の意識と共にあったことは疑えません。とすると、この作品の「お話」の行方はどこに行くのでしょう。

蜂の死骸が「眼界」から消えて間もなく、「自分」は「大きな鼠」の末期のあがきに立ち合います。しかも、人が鼠の首に魚串を刺し、川に放り込み、石を投げて、そのあがきを楽しもうとするものです。「自分」

も致命的な怪我だったら、この鼠のように必死で助からない〈いのち〉を助かろうと逃げ廻って抵抗するでしょう。「自分が希つてゐる静かさの前に、ああいふ苦しみのある事は恐ろしい事だ。死後の静寂に親しみを持つにしろ、死に到達するまでのああいふ動騒は恐ろし」く、これを超えないことには先の死を受け入れる感性や観念も実は全て無効、「自分」は「大きな鼠」の「動騒」の一生懸命さ、必死さを「淋しい嫌な気持」と感じるのですが、「自分」も「鼠の場合と、さう変らない」と捉えるのです。これを如何に克服するか。「仕方のない事」、そのあがき自体が生き物の常として「本統なのだ」とむしろ能動的に認め、これを丸ごと受け入れます。それは自身の「動騒」を対象化し、これに距離を取って冷静に向き合おうとしているのです。「死」は主体にとって最も受け入れ難い観念のはずにもかかわらず、冒頭から「死」自体を受け入れている「自分」にとって、その手前の恐るべき「動騒」は「死」と厳しく対峙すれば、これを受け入れざるを得ないと諦念します。

ここでも注意したいことは、読者一般が持つ死の感覚と恐らくここでの「自分」のそれとが遠いということです。

次は「或夕方」の場面です。

それは「物が総て青白く、空気の肌ざはりも冷々として、物静かさが却つて何となく自分をそは〳〵とさせた」という状態で、「大きな桑の木」の「一つの葉」だけが風もないのに、「ヒラ〳〵ヒラ〳〵と忙しく動」きます。「自分」はこの出来事を「不思議に思つた」、「多少怖い気もした」が、風が吹いて逆にその葉の動きが止まり、「何かでかういふ場合を自分はもつと知つてゐた」、自分のなかにこうした「不思議」で「怖い」ことを受け入れていたことに気付きます。即ち、ここがこの箇所のポイント、「原因は知れた。

何かでかういふ場合を自分はもつと知つてゐたと思つた。」とは、もともと自分はそうした事を了解していた、あらかじめ受け入れ、わかっていたと言う既視感（デジャビュ）、それが単に眼前の光景だけのことならここにこの光景が配置される意味はさほどありませんが、あの「動騒」の恐ろしさも、「自分」が識閾下で抱え、それを受け入れていた、この意識のあり方を明示しています。ここには過去と現在の単線的時間は意味がありません。捉えた対象が実体的現実ではなく、意識の中、即ち、〈わたしのなかの他者〉に組み込まれていて、それを「自分」が捉えているのです。この「一枚の葉」の文字通り微妙な動きが言わば、日常感覚の時空を転倒させ、**〈わたしのなかの他者〉**のなかを捉えさせています。ここに配置しているのは全体の〈語り手を超えるもの〉の力に外ならず、このエピソードは事態を既にデジャビュをもって受け入れている「自分」の識閾下を描いて見事であると思います。

さらに歩いて行き、もう引き返そうとわきの流れを見ると、蠑螈《いもり》がいます。蠑螈は「自分」は好きでも嫌いでもなく、十年前、「自分」が蠑螈に転生したら、どうしようと考えたことが想起されます。そこで何気なく、投げた石が蠑螈に当たり、「自分は飛んだ事をしたと思」い、「蠑螈にとつては全く不意な死」、そこで「自分」の想うことは、「蠑螈と自分だけになつたやうな心持がして蠑螈の身に自分がなつて其心持を感じた。可哀想に想ふと同時に、生き物の淋しさを一緒に感じた。自分は偶然に死なかつた。蠑螈は偶然に死んだ。自分は淋しい気持になつて、漸く足元の見える路を温泉宿の方に帰つて来た。遠く町端れの灯が見え出した。」とあり、殺された蠑螈と「自分」とはもはや運命共同体であり、「自分は淋しい気持になつて、漸く足元の見える路を温泉宿の方に帰つて来」ます。それから核心的言葉、「遠く町端れの灯が見え出し」、「死ななかつた自分は今かうして歩」き、「自分はそれに対し、感謝しなければ済まぬやうな気もした」が、「喜びの感じは湧き上つては来」ず、「もうかなり暗かつた。視覚は遠い灯を感ずるだけだつた。足の踏む感覚も視覚を離れて、如何にも不確だつた。」と語ります。

先行研究では、この小説を当然ながら、筋・ストーリーで読んでいます。例えば本多秋五著『志賀直哉（上）』（岩波書店、一九九〇年）は、「ここには、夢現の昏冥の世界を踰踉として歩む『自分』が描かれているだけで、無意識の世界を領略した新しい自己の誕生は描かれていない。」と読み、最末尾を「凱歌」と捉え、宮越勉「『城の崎にて』の重層構造――変転する『気分』と『頭』の働き――」（『志賀直哉　暗夜行路の交響世界』翰林書房、二〇〇七年）も帰路「生きていることはさしてよいことでもない」、「無力感に捕われていた」と言い、身体の「バランスを失い」、「また、『気分』の方も平静さを失っていて、これも城崎温泉滞在当初のそれとは大きく異なる」と、この小説を〈明るさ〉から〈暗さ〉と捉え、池内輝雄「『城の崎にて』の時間・空間」（『近代文学の領域　戦争・メディア・志賀直哉など』蒼丘書林、二〇〇九年）でも、「本多のいうように、ここにはたしかに意識の『昏冥』が見られる」と受け、「頭と眼と足が統一を失った状態」、「暗く不安定な心的状態」と結論を出します。

8　生死を超えた識閾下

『城の崎にて』冒頭の、「静まつて、落ちついたいい気持」の〈明るさ〉から「足の踏む感覚も視覚を離れ、如何にも不確」な〈暗さ〉へ到るというこれまた当然のごとく考えられてきた説をわたくしは支持できません。そうではありません。「頭は未だ何だか明瞭しない。物忘れが烈しくなつた」から視覚も足下の触覚も覚束無いことでかえって「頭だけが勝手に働く」ところに、かろうじて通常のストーリーとは呼べないストーリー性があります。

人は如何に己自身の生を捉えて生きるのか、生きることと死ぬことはそもそもどう違うのか、違わないのか、そんな茫漠過ぎる問いにこの名作の誉れ高い作品は応えているとわたくしには思われます。それは自身のなかにさまざまに湧き起こる「物語」との相克、「物語」を拒絶し、これを超えることです。『范の犯罪』の究極的な観念を抱えて登場した「自分」は、いま、三週間の城崎温泉養生での日常の枠組みの底を破り、可能なかぎりの識閾下に降りたところにあって、視覚は「遠い灯を感ずるだけ」、「足の踏む感覚も視覚を離れ」、「如何にも不確」ななか、「只頭だけが勝手に働」きます。「勝手」とは日常的に意識を離れて自在にとか、客体の対象の刺激から解き放たれるとかの意味で、外界からの抑制がないさまを言っています。「蹌踉として歩む」のも視覚や触覚の知覚作用の不十分さのため暗くて足元が物理的に覚束無いのであって、これが逆に内なる世界を純化させクリアに働かせていくのです。「只頭だけが勝手に働く。それが一層さういふ気分に自分を誘つて行つた。」とは、蠑螈に「飛んだ事をし」、「死んだ蜂」と「あの鼠」の行方を思い、そして「死ななかつた自分」に「喜びの感じ」が湧かず、「生きて居る事と死んで了つてゐる事と、それは両極ではなかつた。」という意識にいっそう至らせるのです。ここはプロットの始まるところ、『范の犯罪』の〈作者〉を抱えて、冒頭の「山の手線の電車に跳飛ばされて怪我をした、」と語り始める所に外ならず、この小説がエピソードは移っても、物語の進展はない、留まって掘り下げられた、「『話』らしい話のない」、「詩に近い」、「絵に近い小説」であることを示しています。「仕舞に殺されて墓の下にゐる、その静かさ」を捉える『范の犯罪』の書かれる場所、日常では識閾下の「自分」を覚醒化し、范は「嫉妬」と「生理的圧迫」で妻を殺し、全的解放＝「快活な心持」を手に入れますが、裁判官と重なる〈語り手〉、ここでは〈作者〉を抱える「自分」が死に親しみ、生と死を等価に捉える認識世界から生きる「感謝」ではなく、「生き物の淋しさを一緒に感じ」、「視覚は」「遠く町端れの灯」を感じ、「頭は」知覚を離れ、識閾下を進むのです。

ここには捉えている客体の対象をそのまま信じる、その意味での「近代的自我」＝「まことの我」という実体的見方はかけらもありません。客体として知覚される対象の認識レベルではなく、客体を捉えている主体の、そのメタレベルの主体がその主体＝〈わたしのなかの他者〉と向き合って、識閾下を抉り出していきます。いや、その抉り出された地平から、自身の致命傷の恐れを経て、改めて、生と死が交換可能な等価であること、そこに生があるための生きることの静かな淋しさに至り着いているのです。前述した通り、「相手のために自分を殺すのと自分のために相手を殺すのは地上の論理・日常の現実世界では、無論、両極」ですが、これが反転可能で一つになるという意味で鷗外の『高瀬舟』（一九一六年）に通底しています。同時代小説『高瀬舟』では兄のために弟が自殺しようとして兄に発見され、兄は弟のために弟を殺すのですが、それによって兄は死んだ弟とともに余人の関われない晴れやかな生を生きる話です。兄の中に弟が共に生きる喜びは、地上の現実で生きることの出来ぬ兄弟が〈超越〉の生のなかで手に入れたものであり、そこでは生と死が両極ではない、「それ程差はない」世界観認識に立っているのであり、相手のために死んだ命はその相手のなかで生きる生命観です。『城の崎にて』の「自分」は『高瀬舟』の喜助が〈愛〉に生きるのと異なり、「生き物の淋しさ」を感じています。

この「お話」を語る語り手、その〈語り手を超えるもの〉＝〈作品の意志〉は「『話』らしい話」を極力排除し、「物語」＝ストーリーは先に進まず、「詩に近い」、「絵に近い小説」を形成しています。ここに物語を克服した近代小説＝〈語り手〉の自己表出という図式・近代小説の一つの極北が誕生しています。『范の犯罪』も范と范の妻が互いに了解不能の《他者》を抱え、これを等価に語る奇跡のごとき〈語り手〉の〈意志〉が生の静かなる「淋しさ」を掘り当てて行きます。小説の持つ《他者》を抱え込んだ、その意味でも、これこそ空中楼閣の深層批評に浮かぶ近代小説の極北の一つだったのです。

＊『城の崎にて』の本文は『志賀直哉全集　第二巻』（岩波書店、一九七三年）に拠る。ただし、漢字は新字体に改めた。

◉村上春樹『レキシントンの幽霊』

『レキシントンの幽霊』における アジア戦争の記憶
——村上春樹〝デタッチメント〟時代の終わりをめぐって

藤井《ふじい》 省三《しょうぞう》

1 ガルシア・マルケス「八月の亡霊」の影

村上春樹は短篇小説『レキシントンの幽霊』ショート・バージョンを文芸誌『群像』一九九六年十月号に発表後、同作ロング・バージョンを同年一一月三〇日刊行の短篇集『レキシントンの幽霊』に収録している。本稿では約八三〇〇字の前者を「ショート版」、一万五九〇〇字の後者を「ロング版」と呼ぶことにして、先ずはショート版にあってロング版にない記述およびその逆の記述の幾つかを検討してみたい。その作業の前に両作共通のプロットを辿ると以下のようになるだろう[注1]。

語り手「僕」は「これは数年前に実際に起こったことである。人物の名前だけは変えたけれど、それ以外は事実だ。」と私小説風に前置きしてから、以下のような回想を始める。「僕」はマサチューセッツ州ケンブリッジに二年ばかり住むあいだに、五十歳過ぎのハンサムな趣味人の建築家（名前はかりにケイシーとされる）と知り合う。彼はボストン郊外のレキシントンにある父親から相続した古い屋敷に、三十代半ばのピアノ調律師ジェレミーと同居しており、半年後にジェレミーの母の病気見舞による帰郷とケイシー自身の出張のため、一週間ほどの留守番を「僕」に依頼してくる。

「僕」はケイシーの父譲りの古いジャズ・レコードの見事なコレクションに惹かれ、留守番を引き受けるが、初日の夜中に二階の客用寝室で目を覚ますと、階下の居間で音楽を鳴らしてパーティーが開かれている様子に気づく。「僕」は居間の扉の前まで進んでから、「あれは幽霊なんだ」と思い当たり寝室に戻り、翌朝目覚めた後に居間に入ってみると、パーティー開宴の形跡は全くなく、二日目以後はパーティーは開かれず、やがてケイシーが帰宅するが、「僕」は「その夜の出来事については口にするまいと心を決めていた。」

半年後ケイシーに偶然出会うと、彼はたいへん「老け込んで」おり、ジェレミーが母の死後に人が変わりもう戻ってこないこと、自分が十歳で母を亡くした時、父が三週間眠り続け、十五年前に父が亡くなった時には自分が二週間眠り続け、現実の世界とは色彩を欠いた浅薄な世界であることを知ったことを語り、「つまりある種のものごとは、別のかたちをとるんだ。それは別のかたちを取らずにはいられないんだ」と父と自分の体験を解釈した後、「僕が今ここで死んでも誰も、僕のためにそんなに深く眠ってはくれない」と微笑むのであった。「僕」は「ときどきレキシントンの幽霊」と「二階の寝室でこんこんと深く眠り続

(注)

1 単行本『レキシントンの幽霊』は一九九六年一一月に文藝春秋から刊行され、九九年一〇月に同社文春文庫に収録された。なおショート・ロング両版からの引用文頁数および両版における細かな差違については、紙幅の関係で注を省きたい。

けるケイシー」らのことを思い出すが、「僕にはそれがちっとも奇妙に思えないのだ」。

ショート・ロング両版はこのようなプロットの中に、幾つもの小道具やエピソードを巧みに配しているのだが、著名な作家と作曲家の三人がショート版で重要な役を演じながら、ロング版からは消されている点は興味深い。作曲家に関しては階下のパーティーで鳴らされる古い楽しげな音楽を耳にした「僕」が、「聞き覚えのある曲だったが、題名は思い出せなかった」ものの「コール・ポーターとか、ジョージ・ガーシュインとかその類の作曲家が、遥か昔に作った曲だ」と語っている。Cole Porter（1891～1964）もGeorge Gershwin（1898～1937）も共にアメリカを代表する作曲家で、前者の「さよならを言うたびに」「ミス・オーティスは残念ながら」、後者の「誰にも奪えない」などの作品は村上のお気に入りである。[注2] それにもかかわらず、ショート版で「その類の作曲家が、遥か昔に作った曲だ」（傍点・引用者）と突き放したように語られているのはなぜだろうか。村上は「僕」とスタンダード・ナンバー作曲家とのあいだに、ある種の距離感を設定したかったのではあるまいか。

そしてロング版で消された小説家とは「その夜、僕はケイシーが用意してくれたモンテプルチアーノの赤ワインを開け、居間のソファに座ってガルシア・マルケスの新刊を読んだ」[注3]というマルケスである。ショート版はこれまで二社の高校国語教科書に収録されているが、[注4]各教科書のマルケスに関する注は主な作品として『百年の孤独』を挙げるのみで、「僕」が読んでいた「新刊」については何も触れていない。村上が『レキシントンの幽霊』を「これは数年前に実際に起こったこと」と私小説風に語り出しているからには、彼がケンブリッジに二年ばかり住んでいた時期、すなわち一九九三年七月から一九九五年五月までのタフツ大学滞在中に刊行されたマルケスの「新刊」に言及すべきであろう。

この期間に出版されたマルケス文学の英訳にはPenguin Booksの〝Strange Pilgrims: Twelve Stories〟（一九九四年九月。邦訳『十二の遍歴の物語』旦敬介訳、新潮社、同年一二月）があり、この短篇集収録の一二の小説は、さまざまなラテンアメリカ人のヨーロッパにおける亡命や漂泊および方向感覚喪失の体験を描いている。そのような短篇の一つが『八月の亡霊』であり、ベネズエラ人作家の友人が購入したイタリア・トスカーナにあるルネッサンス期の城を、語り手の「私」が妻子同伴で訪ねて行く物語である。その友人は「大いなる学芸と戦争の主、自らの不幸の現場となるこの城を建てた人物」ルドヴィーコについて「彼が心の狂気の瞬間に、愛する貴婦人を、愛を交わしたばかりの寝床の上で刺し殺し、それから自分の飼っていた獰猛な闘犬を自分自身にけしかけ、ずたずたに噛みちぎられた……真夜中を過ぎるとルドヴィーコの亡霊が、愛の煉獄での平穏を求めて家の闇を徘徊しはじめるのだ、と本気になって」「私」たちに語る。その夜は一階のひと部屋に「私」と妻が、その隣の部屋に子供たちが寝たのだが、翌朝目覚めると、「私」と妻は三階にあるルドヴィーコの寝室で、「呪われたベッドのまだ暖かい血に濡れたシーツの中」にいたのであった。（注5）

語り手が友人の旧い家を訪ねて怪奇な出来事を体験する、という語りの構造において、『八月の亡霊』

（注）

2 村上春樹、和田誠著訳『村上ソングズ』（中央公論新社、二〇〇七年）97、126、174ページに収録。また和田誠、村上春樹共著『ポートレイト・イン・ジャズ』（新潮文庫、二〇〇四年）56ページでも村上はガーシュインに触れている。

3 ショート版182ページ。

4 『精選現代文』大修館書店、二〇〇四年版。『新編現代文』三省堂、二〇〇四年版。

5 ガルシア・マルケス著、旦敬介訳『十二の遍歴の物語』（新潮社、一九九四年一二月）111～115ページ。

と『レキシントンの幽霊』とは共通しており、村上はショート版執筆に際しマルケス作品からヒントを得たため、マルケスへのリスペクトとしてショート版で特に「ガルシア・マルケスの新刊」を小道具として登場させたのではあるまいか。そしてこの小道具により、「僕」が聴く幽霊たちのパーティーとは、寝がけにイタリア産高級ワインを飲みながらマルケスの魔術的リアリズムを読んだために見た夢、と解釈する余地が残されていると言えよう。ちなみにモンテプルチアーノとは『八月の亡霊』の舞台トスカーナの銘酒である。またショート版の「僕はケイシーが用意してくれたモンテプルチアーノの赤ワインを開け……ガルシア・マルケスの新刊を読んだ」という一文は、ワインと共に新刊書もケイシーが用意し、「僕」を幽霊の夢に導いた、と解釈する余地をも残している。

村上がケンブリッジ転任前の一九九一年初頭から約二年半を過ごしたプリンストン滞在記に『やがて哀しき外国語』（以下『やがて……』）がある。その第六章「スティーブン・キングと郊外の悪夢」は、「平和なるサバービア（郊外地）」であるプリンストンに住む「写真で見るかぎり……どこにでもいる普通の中年のおばさん」の女性が、ホラー作家スティーブンが彼女の家に押し入って『ミザリー』という小説の原稿を盗んだ、と訴え出たという新聞記事の紹介から始まり、自称彼女の甥がキング邸に偽爆弾を持ち込む騒ぎに発展したことまでを語る。そして村上は「郊外の悪夢」について「一軒一軒の敷地が広いぶんだけ、そこには何かしら深い孤独感、孤絶感のようなものがうかがえる」と語り、「そういう〈一見平和でソリッドな普通の場所がその足元に含んでいる恐怖〉こそが、スティーブン・キングが長年にわたって書きつづけてきたこと」とまとめている。（注6）

村上はマルケス『八月の亡霊』にヒントを得て、先ずは村上版アメリカ東部「郊外の悪夢」としてショート版を構想していたのではあるまいか。ところが「悪夢」は次第に深刻化して、ロング版に至ってマルケスの名を消し「買ってきたばかりの新刊の小説」と修整したと推定されるのである。これによりケイシーが用意したワインと新刊書により「僕」が幽霊パーティーを夢見たという解釈は消滅し、ワインはケイシーの贅沢な趣味を、新刊小説は「僕」の作家らしい趣味をそれぞれ示唆する小道具となったのである。

それではロング版はマルケスの名前と一つの解釈の可能性とを抹消することにより、どのような解釈を新たに生み出したのだろうか。この問いに答える前に、「僕」とケイシーとのあいだに横たわる価値観の差違について指摘しておきたい。

2 「僕」のフォルクスワーゲンvsケイシーのBMW

『レキシントンの幽霊』は「僕」によって語られる怪談であるが、これを霊能者とも称すべきケイシーの立場から再構成すると、どのような物語になることだろうか。

「全国的に有名な精神科医」の父と「美しく聡明な人で、誰からも好かれた」母との三人の幸せな暮らしは、ケイシーが十歳の時に母が事故死することで突然終わり、父が母の葬儀後「三週間眠り続け」たため、ケイシーは「広い屋敷の中で、まったくひとりぼっちで、世界中から見捨てられたように感じた」。ショー

（注）

6　村上春樹『やがて哀しき外国語』（講談社、一九九四年。のち、講談社文庫、一九九七年。）引用は、文庫版96、100ページ。

ト版は古屋敷の居間の壁に掛かった幾つかの「ニューイングランドの海岸を描いた愛想のない油絵」により、母の死後のケイシーの孤独を暗示しているが、ロング版はその後の父が再婚せず「母を愛したようには、もう誰のことも愛さなかった」と加筆することで、ケイシーが父の愛に欠乏感を抱いていたことをより明確に語っている。それと共に油絵の描写も「どこかの海岸を描いた油絵……どの絵にも人の姿はまったく見えず、ただ寂しげな海辺の風景があるだけ」と加筆修整して寂寞感をはっきりと描いている。その父もケイシーが三十五歳の頃に亡くなり、ケイシーは母を失った父の長期入眠を追体験する。ケイシーは「僕」に「〔自分は〕精神的にも感情的にも深く父に結びついていた」と語っているが、彼は長期入眠の追体験後にそれを実感し、母の死以来続いたであろう父からの疎外感を克服し、父との和解を果たしたのであろう。

やがてケイシーはジェレミーという友人、あるいは同性愛の恋人を得て同棲を始める——おそらくかつて父が母を「自分の手で獲得」して「深く愛し」たように。だがジェレミーは自分の「母親の具合が悪」いためウェスト・ヴァージニアに帰り、母の死後も戻ってこない。ケイシーが電話で話しても、ジェレミーは「母親をなくしたショックで人が変わってしまった……星座の話しかしない」。ロング版ではジェレミーの話の内容がさらに具体的に「今日の星座の位置がどうで、だから今日は何をしてよくて、何をしてはいけないとか、そんなこと」と加筆されている。ケイシーや彼の父と同様に、ジェレミーも最も愛する人の死に異常なまでに深く反応するという霊能者であり、そのためにこそケイシーは彼に対し愛情を持てたのであろうが、ジェレミーはまさにその霊能者的気質のため自らの母の死に深く反応し、ちょうどケイシーの父が妻の死後「誰のことも愛さな」くなったように、ジェレミーもケイシーを愛さなくなったのであろう。

このようなジェレミーとの別れを予感していたのであろうか、ケイシーは「一人暮らし」の「僕」に親近感を懐いて自宅に招き、留守番を口実にして「僕」の霊との交感能力を試してみるが、「僕」はパーティー会場である居間の両開きの扉の前で立ち止まって深い交感を避け、その後はケイシーを訪ねようとはしなかった。ケイシーは「僕」と偶然再会した機会に、霊能者父子の秘密を明かし、自分の孤独死を預言するのであった。

それにしても、なぜ「僕」はパーティー会場に入らなかったのか。人懐っこいケイシーの飼い犬マイルズがキッチンのねぐらにいなかったのは、パーティー客たちがケイシーとも親しい人々――おそらく時々この屋敷に降霊するケイシーの父母や親戚たち――だったので、そのお供をしてパーティー会場に入っていたから、と「僕」は解釈したことだろう。一人残された「僕」は、「もちろん怖かった。でもそこには怖さを越えた何かがあるような気がした。」と回想するだけで、居間の扉を押さなかった理由を明確には語っていない。

ロング版のこの一文への加筆でも「それは何か妙に深く、茫漠としたものだった」と述べるに留まるのだが、すでに述べたように、幽霊たちが楽しむスタンダード・ナンバーに対する「僕」の距離感が、ショート版の「その類の作曲家が、遥か昔に作った曲」からロング版の作曲家名の抹消へと拡大されている点を想起したい。またロング版が、最初の古屋敷訪問時に「僕」が「緑色のフォルクスワーゲン」で出かけたところ「ドライブウェイには新しいＢＭＷのワゴンが停まっていた」、と二つの車種をめぐる対比的描写を加筆している点も指摘しておきたい。『やがて……』は村上がプリンストンでフォルクスワーゲンを買った理由を「アメリカ車を買おうと思ったのだが、残念ながらデザインが趣味に合わなくて……それでヨーロッパ車を買うことに決めたのだが……プリンストン大学に属して生活している人が高価な目立つ車を運転したりするのは『あまり褒められたことではない』……ぴかぴかのBMWを停めたりしたら、目立ちすぎていささか具合が悪」かったから、と記している。(注7)

ロング版が「僕」のフォルクスワーゲンとケイシーの新しいBMWを対比的に加筆したのは、二人の間の生活感覚上の距離を示すためであったろう。二人が使用するコンピュータにも同様の配慮がなされている。ショート版ではケイシーは「コンピュータを使って建築設計の仕事」をしており、「僕」は留守番時に「ポータブル・コンピュータ」を持参するのだが、ロング版ではケイシーのコンピューターの前に「大型の」の一句が加筆され、「僕」のポータブルは「マッキントッシュ・パワーブック」に修整されている。いずれにせよパソコンにおいても、「僕」のノート型とケイシーの大型との差違が示されているのだ。ちなみに『やがて……』で村上はプリンストンで買った数少ないアメリカ製品の優れものとしてマッキントッシュを挙げている。(注8)

幽霊パーティーに「僕」が参加しなかった理由を、ショート版が「怖さを越えた何か」と曖昧に説明していたのに対し、ロング版は音楽から車、パソコンに至る「僕」とケイシーの趣味や価値観の差を加筆して説明している。しかし「僕」の「何か妙に深く、茫漠とした」感覚は、そのようなライフ・スタイルの差違だけでは説明できないであろう。二人の暮らしの価値観の背後には、歴史の記憶が潜んでいるのではあるまいか。

3　姉妹編としての『トニー滝谷』

ケイシーを主人公として再構成した『レキシントンの幽霊』のプロットからは、霊能者父子の関係およびその息子とパートナーたちとの別れ、というテーマが浮上してくるであろう。実は短篇集『レキシントンの幽霊』の中には同様の構造を持つ作品『トニー滝谷《たきたに》』が収録されているのである。同作は青春期を戦時中の日本占領下の上海でジャズマンとして送った父の滝谷省三郎と、戦後の高度経済成長期の東京で美大生からイラストレーターへと成長した息子のトニーという芸術家父子、およびトニーと妻やアシスタントとの別れの物語である。同作も『レキシントンの幽霊』と同様に、幾度も加筆修整されて複数のバージョンが存在しているが、紙幅の関係で説明は省略したい（注9）。

省三郎という名前は、『論語』の「吾日三省吾身（吾《わ》れ日《ひ》に三《み》たび吾《わ》が身《み》を省《かえ》りみる）」という言葉に因むものだが、彼はその名に反して日中戦争という「歴史に対する意志とか省察」をまったく欠いた人間であり、戦時中は日本占領下の上海で浮かれて暮らし、戦後はアメリカ占領下の日本でお気楽に生きていた。省三郎のような父を持ったトニーもまた、六〇年代末の学園紛争期に「まわりの青年たちが悩み、模索し、

（注）

7　村上春樹『やがて哀しき外国語』講談社文庫、一九九七年、139ページ。

8　村上春樹『やがて哀しき外国語』講談社文庫、一九九七年、237〜238ページ。

9　『トニー滝谷』について詳しくは拙著『村上春樹のなかの中国』（朝日新聞出版〈朝日選書〉、二〇〇七年）第1章を参照。

苦しんでいるあいだ、彼は何も考えることなく黙々と精密でメカニックな絵を描き続けた」のである。戦中戦後の歴史に対し意志も省察も持とうとしなかった父、学園紛争期に「何も考えること」のなかった息子、この父子は経済的に豊かではあっても「心」を失っており、父が戦犯として上海の刑務所で処刑寸前に至る孤独な体験をしたように、トニーも妻も父も失ったのち監獄のような空っぽの衣装室で「本当にひとりぼっち」にならねばならなかった。

戦争体験の忘却という罪を犯した父を持つ息子が、再び社会に対する無関心という罪を犯して孤独という罰を受ける、という父子二代の因果が『トニー滝谷』の物語なのであるが、母不在の中での心の通い合わぬ父子関係、買い物嗜癖の妻との死別、妻と体型を同じくするばかりでなく妻の孤独を感受できるアシスタントとの別離、という人間関係の構造は『レキシントンの幽霊』とほぼ一致する。滝谷父子がケイシーとその父に、買い物嗜癖の妻が占星術を信仰するジェレミーに、そしてアシスタントが「僕」に相当するのである。その意味では『トニー滝谷』と『レキシントンの幽霊』は姉妹編的な関係にあるといえよう。そして『トニー滝谷』において日中戦争の記憶が重要な意味を持っていたように、『レキシントンの幽霊』には日米戦争の記憶が散りばめられているのである。

4　日米戦争およびアメリカの対アジア戦争の記憶

村上は『やがて……』第1章「プリンストン——はじめに」で、一九九〇年の湾岸戦争から九一年の太平洋戦争開戦五〇周年記念時期におけるアメリカの好戦的雰囲気について「愛国的かつマッチョな雰囲気はあまり心楽しいものではなかった。プリンストン大学のキャンパスで学生がガルフ・ウォー何たらかんたらというプラカードを持ってデモをやっていて、『おお、懐かしい反戦集会』と思ってよく見たら、これはなんとプロ・ウォー（戦争支持）のデモだった」と記している。このようなアメリカの愛国主義は、やがて日米戦争の記憶へと転じたという。

しかしなんとかその戦争も終結し、これでやっと一息つけるかと思ったら、今度はパールハーバー50周年記念にむけてアメリカ全土でアンチ・ジャパンの気運が次第に高まってきた……アメリカ経済の長期的な不調に対するフラストレーションのはけ口をみんなが求めていたという要素もあった……。実際にその中に身を置いて暮らしているとこれはかなりきつかった。どうも何となく居心地が悪いというか、まわりの空気の中に刺のようなものをちくちく感じることがよくあった。とくに十二月に入ってからは、必要な買い物以外にはあまり外にも出ず、家の中でじっとしていることが多かった。(注11)

全米で高まるアンチ・ジャパンの気運の中で、「あれこれと気の張る一年」を過ごした村上は、九三年七月にケンブリッジに転勤したあとも、日米戦争について考え続けていたことであろう。前述のとおり、ロング版はショート版の約二倍の長さであり、多くのエピソードや小道具が加筆されている。「僕」の作品がアメリカの雑誌に翻訳され、ケイシーが知的なファンレターを呉れ、亡父のジャズ・レコードのコレク

（注）

10 山根由美恵「絶対的孤独の物語」（『国文学攷』第二〇五号、二〇一〇年三月）はジェンダーという視点から『トニー滝谷』を論じており興味深い。

11 村上春樹『やがて哀しき外国語』講談社文庫、一九九七年、17〜18ページ。

ションを聴きに来ないかと「僕」を誘った……という出会いの一節については、佐野正俊がこの加筆により「僕」が作家で非アメリカ人であることが明確になった、と指摘している。(注12) そしてこの加筆が「僕」とケイシーとの出会いと別れの時間的経過をより明確にしようとして、却って半年間もの時間的錯覚を生じさせた点を、中野和典が指摘している。ロング版は「僕」が初めてケイシーの屋敷を訪ねる日時を「四月の午後」と記し、ケイシーの人柄にも魅了された「僕」がその後も「一月に一度は彼の家に遊びに行」くようになり、「知り合ってから半年ばかりあと」、「仕事の都合でどうしても一週間ほどロンドン」に行かねばならないケイシーが「僕」に留守番を頼み……と語っていくのだが、留守番の二日目の朝に降る「静かな細かい雨」を「春の雨」と回想しているのである。留守番をしたのが最初の訪問から半年後であるのなら、幽霊体験の時期は一〇月であるべきだろう。のちに村上もこの矛盾に気付いたのであろう、二〇〇三年刊行の『村上春樹全作品1990 ~ 2000』第3巻では最初の訪問日を「初秋の午後」に変更している。(注13)

それにしてもロング版執筆に際し、なぜ半年もの時間的錯覚が生じたのか。それは加筆がさまざまな時間と共に、一つの地名にも及ぶ些か複雑な作業であったからであろう。ショート版に比べてロング版は、ケイシーに母の死をめぐる記憶も「父よりも十歳以上年下……美しく聡明な人で……とても綺麗な歩き方をする人だった。背筋を伸ばして、少し顎を前に出して、両手を後ろで組んで、いかにも楽しそうに歩くんだ。歩きながらよく歌を歌っていた」とより詳細に語らせている。このようなケイシーの母は社交ダンスに興じるパーティーではさぞや人気者であったろうが「ある年の秋の初めに、ヨットの事故で死んだ」。このように両親の年齢差や事故死の季節が明示されるのと同時に、「夏の朝の鮮やかな光を浴びながら、ニューポートの浜辺の道を歩いている母の姿」と地名の記憶までもが加筆されているのである。

そもそもショート版にはケイシーの古屋敷のあるレキシントン、ジェレミーの母が住むウェスト・ヴァージニアの地名が登場し、ロング版では更にニューポートが加筆されたのだ。なぜこの三地が登場するのか。ケイシーが村上も以前エッセーで話題にしたことのあるサウス・カロライナ州チャールストンの幽霊旅館(注14)の住人ではなく、古屋敷の同居人ジェレミーの母が南北戦争開戦までウェスト・ヴァージニア州を所属させていたヴァージニア州に住んでいないのはなぜなのか。ケイシーの母が散歩した海岸——おそらく彼女が海難事故死した地——は、なぜ他所のビーチであってはならないのか。マルケスやスタンダード・ナンバー作曲家の名前が消去され、フォルクスワーゲンやBMW、そしてマッキントッシュの名前が加筆されていることを考慮すれば、これらの地名にも注目すべきであろう。

ショート・ロング両版で「僕」は「レキシントンの古い屋敷」を紹介する際には「ボストン郊外」と説明し、ケイシーとジェレミーがジャズよりも「クラシック音楽の愛好者で、小澤の指揮するボストン・シンフォニーのコンサート」には欠かさず出かけていたと紹介しているように、ボストンはケンブリッジに

(注)

12 佐野正俊「村上春樹における小説のバージョン・アップについて——『レキシントンの幽霊』の場合」(『国文学　解釈と鑑賞』二〇〇八年七月号)80ページ。

13 この点については中野和典「物語と記憶——村上春樹『レキシントンの幽霊』論」(『九大日文』第一三号、二〇〇九年三月)が130ページ注1で指摘している。

14 中野和典は村上春樹が『村上朝日堂はいほー!』(文化出版局、一九八九年)でチャールストンの幽霊旅館について語っていることを指摘している(出典は注13に同じ。131ページ)。

隣接するマサチューセッツの州都であり、ボストン茶会事件などアメリカでは古い歴史を誇る文化都市である。そしてレキシントンはアメリカ独立戦争において最初の銃声が放たれた土地であり、マサチューセッツ州はこれを記念して四月一九日を祝日に定めている。ロング版で「僕」の古屋敷初訪問が四月と錯覚されたのも、あるいは村上自身がこの祝日に全米各地の観光客に混じってレキシントンを見物した体験を持つためであろうか。

だがロング版に登場するケイシーらに関わる三地は、日米戦争の記憶を喚起する名称でもあるのだ。レキシントンとは太平洋戦争で活躍したアメリカ海軍航空母艦の名前で（USS Lexington, CV-2）、一九二七年に就役、太平洋戦争開戦後の一九四二年五月珊瑚海海戦で日本空母祥鳳を撃沈し、同翔鶴に大損害を与えたが、自らも日本軍艦載機の攻撃で魚雷二本、爆弾二発を受け大火災を起こし、米軍駆逐艦の魚雷により処分されており、日本海軍が撃沈した最大のアメリカ空母であるという。

このレキシントンの艦名は四三年二月就役の新空母が継承し（USS Lexington, CV-16）、同艦は四四年六月のサイパン攻撃などで活躍、「ブルー・ゴースト」の愛称で知られたという。戦後は訓練空母となり、村上滞米中の九一年一一月に退役、翌年六月に博物館として寄贈され、テキサス州コーパス・クリスティで公開された。この空母レキシントンは映画『トラ・トラ・トラ！』（一九七〇年）に出演して日本海軍空母「赤城」を演じ、映画『ミッドウェイ』（一九七六年）でもアメリカ海軍空母艦を演じている。映画好きの村上がこの二作品を見た可能性もあるだろう。

またジェレミーの母が住むウェスト・ヴァージニアも戦艦名であり（USS West Virginia, BB-48）、日本海軍による真珠湾攻撃により大破しており、同艦が二〇年四月に起工したのはヴァージニア州ニューポート・ニューズの造船所においてであった。もっともケイシーの母が散歩した浜辺とはロードアイランド州のニューポートであろう。同市はボストンの南約一〇〇㎞に位置し、港湾のほか保養地・別荘地としても名高く、アメリカ海軍戦略大学（United States Naval War College）など海軍訓練施設があるほか、一八五三年に黒船を率いて日本に開国を迫ったマシュー・ペリー提督の出身地でもある[注15]。

そして「僕」が古屋敷二階の寝室で聞いた幽霊パーティの「シャンパン・グラスかワイン・グラスがふれ合う、ちりんちりんというかろやかな音」と類似の響きを、かつてベトナムの山中をパトロールしていたアメリカ兵も耳にした、とティム・オブライエンは短篇小説「本当の戦争の話をしよう」で次のように記している。

> ちょっと先の霧の奥でちゃらちゃらしたヴェト《グーク》公のカクテル・パーティーが開かれてるみたいなんだよ、実に。音楽とかおしゃべりとか、そういう奴さ。あほらしいとは思うけどさ、シャンパンのコルクを抜く音まで聞こえるんだぜ。マーティニのグラスが触れ合う音も実際に聞こえるんだ。すごくシックなパーティーだよ[注16]。

オブライエンのベトナム戦争短篇集が村上春樹訳で刊行されるのは、村上渡米直前の一九九〇年一〇月

（注）

15 米国海軍に関しては『Jane's fighting ships』（London:Sampson Low, Marston,1953-54）およびWikipedia（http://ja.wikipedia.org/wiki/%E3%83%AC%E3%82%AD%E3%82%B7%E3%83%B3%E3%83%88%E3%83%B3_(CV-2)）（二〇一〇年八月現在）を参照した。

16 ティム・オブライエン著、村上春樹訳『本当の戦争の話をしよう』（文藝春秋、一九九〇年。のち、文春文庫、一九九八年。）引用は、文庫版124ページ。

のことであった。「僕」がアメリカ東部の古屋敷で、幽霊パーティーと扉一枚で隔てられた時に感じた「何か妙に深く、茫漠としたもの」とは、太平洋戦争から九一年のアンチ・ジャパン現象に至る日米関係史により惹起されたアメリカに対する違和感ではなかったろうか。それは太平洋戦争後も続くベトナムから湾岸までのアメリカの対アジア戦争に対し、あたかも滝谷父子のように無反省・無関心でいるケイシー父子的人々への批判であったかも知れない。

アメリカから帰国して間もない時期、そしてショート版発表の約一年前に行った河合隼雄との対談冒頭で、村上は次のように語っている。

日本に帰ってきていちばん強く感じているのは、日本を出る前といまとでは、ぼくのなかでいろんな問題がずいぶんかわってきてしまったということなんです。……とくにアメリカに行って思ったのは、そこにいると、もう個人として逃げ出す必要はないということですね。……それと、コミットメント（関わり）ということについて最近よく考えるんです。……以前はデタッチメント（関わりのなさ）というのがぼくにとっては大事なことだったんですが。

〝デタッチメント〟から〝コミットメント〟への移行に際し、村上が追及しようとしたものが西洋とは異なる「日本における個人」であり、彼は「歴史という縦の糸を持ってくることで、日本という国の中で生きる個人というのは、もっとわかりやすくなるのではないか(注17)」と考えたという。『レキシントンの幽霊』がショート版からロング版へと改稿される過程とは、まさに村上が〝デタッチメント〟時代を終了するための通過儀礼ではなかったろうか。

ところでレキシントンの古屋敷で悪夢から目覚めた「僕」が最初に聞くのは、青カケスの鳴き声である。

青カケスとは英語でBlue Jay——それは『風の歌を聴け』から『羊をめぐる冒険』まで「僕」の良き理解者であった在日中国人、朝鮮戦争からベトナム戦争までを在日アメリカ軍基地で働きながら体験したあの「ジェイズ・バー」のジェイと同じ名前の鳥なのである。

（注）

17　河合隼雄・村上春樹『村上春樹、河合隼雄に会いにいく』（岩波書店、一九九六年。のち、新潮文庫、二〇〇五年。）引用は、文庫版一三刷14~18、56ページ。

ポスト・ポストモダンの〈読み方〉はいかにして拓かれるか
――あとがきに代えて――

田中《たなか》　実《みのる》

本書は、「読むこと」の原理論《グランドセオリー》、第三項理論に基づいて、一方で近代文学研究の分野に新たな近代文学史の構想を方法論とともに拓き、もう一方で文学教育の分野に革命を実現せんと期するものです。本書のタイトル「文学が教育にできること」とは、「文学研究が国語教育にできること」を意図していますが、それは同時に、「国語教育が文学研究にできること」と裏返すことができます。その両者の相互乗入れを「『読むこと』の秘鑰《ひやく》」とし、既存の〈読まれ方〉の制度を瓦解させ、新たな〈読み方〉を拓き、それによって「夢の読者共同体」を構築することを目指しています。それは現在、日本文学協会国語教育部会が運動としていることでもあり、ここではそれをさらに広げるために、各研究領域でご活躍の研究者の方々にご執筆戴いています。そこには方法論から世界観認識自体の相違がありながら対話の通路が開かれているとわたくしは信じています。

この「あとがきに代えて」は、「I」章ではこれまで編者が述べてきた結論をまとめ、「II」章ではご寄稿いただいた各収録論文へ応答し、今後さらに建設的な論争と対話の契機になることを願っています。

Ⅰ

⑴「読むこと」の混濁、原理論《グランドセオリー》から方法論《セオリー》へ

問題の発端は世界をどう捉えるか、「主体と客体の相関」の問題です。眼前に見える客体の文学「作品」の文章は読書行為において、そもそも実体として実在しているのか、どうかでした。しかし、その受容の歴史は基本の第一歩から認識の陥穽が待っていたのです。七〇年代まで大森荘蔵のような哲学者を除いて、客体の対象の作品が実体であることを明晰に否定する思考はごく少数、「読むこと」は「八〇年代問題」のデッドロックに乗り上げてしまいました。それまでの三好行雄の「作品論」は既に〈批評〉行為によって客体の対象を動かすと考え、構造主義の一面を抱え込んでいました。そこに構造主義とポスト構造主義を峻別しない、むしろ両者が混濁した所謂「テクスト」論という鵺的な理論が黒船に紛れて襲来し、文学研究は混迷を極め、それが文学研究の先端を文化研究にシフトさせる事態となったのです。すなわち、客体の対象の文章は読み手にとって「**容認可能な複数性**」なのか「**還元不可能な複数性**」なのか、これが曖昧で不明のまま、テクニカルタームが飛び交い、「用語の病」が続いて現在のような無法地帯になったのでした。ポストモダンの運動終焉の現在、文学研究の原理論《グランドセオリー》の世界観は七〇年代以前に先祖返りし、思考停止を強いられ、「八〇年代問題」の自意識を失いつつあるとわたくしには見えます（注　拙稿「わが日本文学協会のゆくえ――

再び『八〇年代問題』を今超える——」〈『日本文学』二〇〇七・六〉）。〈読み〉の急所は客体の対象の「作品」に最後には還元出来るとする「物語の構造分析」と、不可能と考える「文学の記号学」を峻別した上で、「読むこと」の〈文脈《コンテクスト》〉をどう認めるかどうか、この矛盾をどう超えるか、このアポリアが四半世紀続いているのです。

　わたくし個人は日本文学協会に入会して間もなく、そこで出会った先生方、益田勝実・広末保・杉山康彦・伊藤博之・難波喜造・伊豆利彦らの方々の議論を傍で聞いていただけですが、あれから三〇年、改めて、〈読み〉は「文化共同体」の所産、あらゆる既存の〈読み〉を「制度」として相対化し、読み手に生じた〈文脈《コンテクスト》〉を一旦は徹頭徹尾、「記号」に破砕・解体させなければ、「文学の擁護」自体があり得ないと考えます。それはいつも例に出すのですが、ちょうど一九一七年、マルセル・デュシャンが独立芸術家協会展に、正体を隠して「泉」と題した「男性用小便器」を出展して拒否され、同展実行委員長を辞任したことが思い出されます。芸術の〈いのち〉を完璧に抹殺することが芸術の〈いのち〉を創造する契機だったというパラドックスです。ロラン・バルトの「テクスト」それ自体が「生命の《尊重》」をまったくの「不要」とするものであり、その「テクスト」はデュシャンの「男性用小便器」に外なりません。記号に解体する〈読み〉とは「読むこと」の拒否という袋小路、バルトは最晩年にさらにこれを再転換して、『小説の準備』（筑摩書房、二〇〇六・一〇）を講義し、ずっと我々に親しめるように変転しますが、わたくしたちは日本語の文学作品を読むことでわたくしたちの「『読むこと』の秘鑰《ひやく》」を手に入れ、そこから新たに蘇生した「作品論・教材論」の方法論の実践へと向かいます。

(2)原理論《グランドセオリー》〈原文〉・〈本文〉・〈自己倒壊〉・〈宿命の創造〉

わたくしは哲学の第一歩を先に見たように、「私と世界の関係」、その「主体と客体の相関」をどう考えるかにあると考えています。その結果、世界は主体と客体の二項では成立しない、主体と主体の捉えた客体の文章と客体そのものとの三項で成立していると考えています。例えば、鷗外の『舞姫』そのものは鷗外当人を含め、誰も捉えられません。みんなそれぞれの『舞姫』の〈読み〉があるだけです。それは『舞姫』がもともとあるから、それぞれの〈読み〉があるということです。つまり、**文学作品そのものは誰も捉えられないアナーキー、永遠に捉えられないブラック・ボックスでありながら、その第三項の存在自体は疑うことができません。**客体そのものは捉えられない、この当たり前に過ぎる出来事が実は神学論争の要、「『読むこと』の秘鑰《ひやく》」です。ここではそれに踏み込みませんが、客体そのものを、今、**オリジナル・センテンス**、〈**原文**《げんぶん》〉と呼び、我々の眼前の文字の羅列として現れている客体の対象を**パーソナル・センテンス**、〈**本文**《ほんもん》〉と呼んでおきましょう。これはその〈原文《げんぶん》〉の〈**影**〉が〈**形**〉として現れた読み手個々の現象であります。つまり、「読むこと」とは我々が捉えた〈本文《ほんもん》〉を我々自身が分析し、解釈して批評しているのです。それが読み手の〈いのち〉の鼓動と響き合い、内奥を抉るかどうか、そこに文学の秘密の扉が隠されている、とわたくしは考えています。

〈本文《ほんもん》〉を「読むこと」とは「還元不可能な複数性」に止まるのでなく、読み手自身の現象を読み手が読み、解明する作業です。この当たり前のことがわたくしたちをポストモダンの迷路から解放させます。第三項の〈影〉が〈形〉として現れていた出来事を読むこと、その意味を捉えることが「読むことの相対主義」（ポストモダン）の混濁を払拭させたのです。すなわち、**文学の〈いのち〉の抹殺が「文学の擁護」という逆説《パラドックス》に陥っていた「ロラン・バルト」・「蓮實重彦」の袋小路を抜けさせ、ポスト・ポストモダンの入口に立たせたのです。**つまり、こうです。

　文学作品を「読むこと」とは、客体の文章が読み手の捉えた文章と客体そのものの文章に分離することに外なりません。「読む」とは客体そのものの文章を読むのでなく、読み手に現象した〈本文《ほんもん》〉を読み手自身が読むことであり、〈本文《ほんもん》〉を読むこととは、客体の対象の発見が自己発見へ、自己発見が対象の発見へと反転する往復・反復を辿ることでした。それは「読みの制度」との相克、葛藤である〈**自己倒壊**〉を齎しながら、読み手自身の〈宿命の発見〉を辿ることになります。すなわち、「読むこと」の極意とは、〈宿命の発見〉なのであります。そこでは世界観認識が問われ、生きる意味あるいは意義が問われます。**文学作品を「読むこと」は「愛と認識」＝倫理を問題化するのです。**

　わたくしにとっての文学教育とは、〈宿命の発見〉を〈**宿命の創造**〉に転換させることだったように思います。因みに、〈教室〉という社会で文学教材を「読む」とは、知識や技術の獲得ではなく、〈**自己教育作用**〉に外なりません。

(3) 方法論《セオリー》へ（「近代小説」の誕生／伝統的「物語」との決別）

さて、眼前の文学作品である物語・小説を「読むこと」とは、読み手のなかの現象を読み手自身が読むことであり、それは客体の対象（文字群）を叙述されている出来事と叙述している主体との相関として捉えることであります。ならば、その〈語り—語られる〉、〈語り—聴かれる〉時空間を読み、拓くとは、生身の読者が虚構の作品を相対化し読むことでその読者となることですが、そうなると、その読者はもはや読み手として、作中を生きることになります。

ところで、〈近代小説〉は近代国家成立の要請とともにあります。それは伝統的「物語」文学の〈語り—聴く〉共同体《コミュニティ》の場の崩壊に対応しています。〈語り手〉に対する〈聴き手〉の違和に基づくと言ってもよいでしょう。〈語り手〉は語っていることを対象化し、そこに潜む虚偽・欺瞞を自身で超えなければならないのです。これまでのお話、物語文学ではなく、その話・物語を「主体と客体の相関」における世界観認識の真偽のなかで問い直すのです。すなわち、〈近代小説〉は三人称客観描写という形式を雛型にし、〈向こう〉という《他者》、観測出来ないブラック・ホールを浮上させ、この難題《アポリア》を超えんとするのです。

人は本来、相手の内側から語るなどできないし、自分の捉えた相手を相手だとして語るしかありません。ところが、「近代小説」の虚構の〈語り〉は三人称客観描写の形式によって、Aの内面を語れば、Bのそれは語れないアポリアを克服し、実現したのです。この不可能性は如何にして克服され、誕生したかが問われます。

「近代小説の誕生」とは知覚される領域を合理的科学的に捉えるリアリズムをベースにしながらも、そこからさらに〈超越〉する地平を必要としました。それは所謂浪漫主義とは違います。イメージの領域ではありません。「近代文学史」は根底からの変転、パラダイム転換を求められています。自然主義小説は「リアリズム」の精神である実証主義、合理主義、科学主義、これらを「近代の物語」文学とする立場です。ファンタジー（幻想）の文学も「文学的想像力」を拠点にした「近代の物語」、想像力の範疇にあり、「近代小説」の真髄はその想像力の源泉である主体を超えることを条件にしています。**「近代の物語」文学と「近代小説」の違いは〈語り手〉がその「物語」に吸収されるか否か、〈超越〉に急所があり、その誕生・成立は困難を極め、二葉亭四迷に小説執筆を中断させ、坪内逍遙に断念させました。**語り手の語りそれ自体が虚偽と気付くことの困難さです。〈近代小説〉誕生を遂げた『舞姫』とは〈近代〉が獲得した「まことの我」を潜りぬけてこれを否定し、主体の虚妄、その廃墟から手記が叙述されます。例えば、芥川はこれを正しく継承、後年、識閾と識閾下の乖離との直接対決を展開し、保吉物、「私小説」の形式で既存の「私小説」否定の〈近代小説〉を展開します。自然主義小説から所謂「私小説」の流れとは全く別、〈超越〉とか〈向こう〉側を問題にした傑作『白』はここから誕生します（注　拙稿「『白』の行方―近代文学は『愛と認識のからくり』―」〈『国文学論考　第47号』都留文科大学国語国文学会　二〇一一・三〉）。

わたくしは二〇一一年八月六日、日本文学協会国語教育部会第63回夏期研究集会での「基調報告」（注　拙稿「改めて、〝価値相対主義〟を超え、夢の読者共同体に向かい、三度『〈原文〉と〈語り〉をめぐって』を問う」〈『日本文学』二〇一一・一二〉）にも触れたのですが、「読むこと」は奥田靖雄の反映論の克服を必須としています。そのための肝心なことは大森荘蔵が「真実の百面相」（『流れとよどみ—哲学的断章—』産業図書、一九八一・五）で説くように、世界観認識の真偽を「動物的でありまた極めて文化的分類でもある分類」でなすのでなく、その時その時の出来事の現れを「真実」とする世界観認識を受け入れることです。これを前提にしない限り、「動物的」「文化的」分類でしかない文学のリアリティは囲い込めないし、ポスト・ポストモダンの「読み」と文学史も拓かれないとわたくしは考えます。難しく聞こえますが、そうではありません。客体そのものは捉えられない、世界は主体の捉えた客体として現われるしかないのです。したがって主体が消えれば世界は消えます。そこではリアリズムの真実は成立しません。世界は〈**わたしのなかの他者**〉でしか現象しないのです。近代文学の自然主義から大江健三郎まで、客体を実体と捉える主体的自己を信じ、「文学的想像力」に依拠してきたのです。この「動物的であり文化的でもある分類」のカテゴリーにあり、鷗外の『舞姫』から漱石・芥川・横光・賢治・川端・三島らの傑作、村上春樹の『風の歌を聴け』・『1Q84』まで、知覚する主体を超えて、〈超越〉を潜って、叙述されています。それらはストーリーで読まれることをある時点で拒否します。あるいはストーリーと同時にそのメタレベルの〈語り手〉との相関を読むのです。これを読むには、意識的にプロットの因果を読むのですが、それにはこのプロットをプロットたらしめる〈**メタプロット**〉を追い、〈**作品の**

意志〉に促され、感動の源泉を探っていきます。読みの正しさとは主体の出来事が客体の対象そのものの出来事に一致するのでなく、読み手自身に一致することを目指し、自身の深層を掘り起こしていきます。読むとは注釈することでもあり、**注釈とは〈本文〉の〈文脈《コンテクスト》〉になされるもの、客体そのものに施す作業ではありません。**

⑷評価へ

文学作品の価値に対する評価は読み手の恣意に任せるしかない、アナーキーな領域なのでしょうか。評価の基準はそもそも不可能なのでしょうか。

「完璧な文章などといったものは存在しない。完璧な絶望が存在しないようにね。」とは村上春樹のデビュー作の冒頭の文章ですが、「完璧な絶望」が存在しない限り、「完璧な文章」も存在しません。「完璧な絶望」も「完璧な希望」も観念の所産であり、両者は裏表、観念それ自体の境界線を超えない限り、観念はその時その時の恣意によって、動揺します。〈超越〉とか、〈向こう〉側が〈近代小説〉には必須な所以です。伝統的「物語」を〈批評〉するメタレベルでの表現、「語り手の自己表出」が浮上します。村上春樹はこの「近代小説」の枠組みを超えるべく「神話の再創成」を目論みます（注　拙稿「村上春樹の『神話の再創成』――『void=虚空』と日本の『近代小説』――」〈『〈教室〉の中の村上春樹』ひつじ書房、二〇一一・八　所収〉）。

編者の意図の一つは、伝統的「物語」文学の枠組みと〈近代小説〉を峻別することです。例えば、草稿の研究において、周知の通り芥川龍之介の『羅生門』は柳川龍之介の署名で、初出の『帝国文学』では「下人は、既に、雨を冒して、京都の町へ強盗を働きに急ぎつゝあつた。」、初版単行本『羅生門』では「下人は、既に、雨を冒して、京都の町へ強盗を働きに急いでゐた。」、単行本『鼻』で定稿となり、「下人の行方はだれも知らない。」との変遷を辿りますが、これらをそれぞれ等価とする生成論をわたくしは取りません。『羅生門』に限らずわたくしの支持する生成論は〈本文〉を探り、決定せんとする価値論を要するものであってアナーキーなポストモダンに留まるのでなく、それらにベクトル、〈作品の意志〉を読みこむのです。定稿を書き上げた芥川には単行本初出との決定的な相違がよくわかっていました。『羅生門』定稿は伝統的「物語」をメタレベルで批評することに成功し、文学に価値の基準を創出したのです。

そこで生成論の現在は全ての伝統的物語作品の言説を一旦等価にするカノン批判を潜り抜け、もう一度、新たな価値づけを要求しています。太宰治『走れメロス』の場合、その疾走の場面は、神に愛され、太陽より速く、躍動させるような魅力をわたくしに感じさせます。しかし、この作品全体をわたくしが評価することが出来ないのは、これを語る〈語り手〉がメロスの徹底した英雄ぶりと人並みの人情を兼ね備え、無自覚に信義・信頼を糊塗してしまう破綻に陥るのはよいとして、それを批評し得ない〈語り手〉の「迂闊」さは看過することができません。神に愛され友との信義を全う出来たメロスは、形式ではなく内面の動きこそ恥じねばならなかったのです。〈語り手〉は、「古代ローマ」の物語を語ることも「近代小説」にすることも出来なかったのです。

『走れメロス』は太宰治一代の失敗作、それが安定教材として読み継がれているのは、「近代小説」を物語のストーリー、筋で読むことと誤解されてきたからであり、「読むこと」とは人物と人物の関係のみならず、人物と語り手の相関を捉えるのであり、「語ることの虚偽」を超えるよう世界観認識との対峙を強いるのです。（拙稿「『読みの背理』を解く三つの鍵テクスト、〈原文〉の影・〈自己倒壊〉そして〈語り手の自己表出〉」を参照。『国文学　解釈と鑑賞』二〇〇八・七）

Ⅱ　個々の論文

小林幸夫「既成認識と生成認識――夏目漱石『こゝろ』における書くこと――」は近代文学研究状況の先端の一つを極めてシンボリックに見せています。氏は「『こゝろ』の研究は、漱石の思想を読み取ることから始まり、作者と作品を切り離して作品の構造や作品の内容の自立性を意味論的に読むところまできた。そして今、その精緻さと新しい読みが競われているように、論者には見える。それはそれで行き着くところまでゆくのであろうが、研究としてすこし窮屈な感じがする。」と批判し、「そこで」それとは「別の角度」、「構文や、一文が包蔵している論理から見えてくるもの」へとアプローチする立場に立ちます。小林氏の「別の角度」への移行は現在の「読むこと」の方法論の臨界の一つを露出させています。**安藤宏『「走れメロス」」**は小林氏の「窮屈」に対して（もちろんそう書いているわけではありませんが）、「小説を一個の表現機構として――言葉の構造体として――読み解いていく」と宣告します。氏の編著『展望　太宰治』（ぎょうせい、二〇〇九・六）も恐らくその意図で編集され、そこには本書の共同編集者須貝千里氏の「『悪い夢』問題――『走れメロス』受容史の焦点×国語科教育の課題」が収録されています。須貝論文は拙稿「メタプロットへ――『走れメロス』――」（『都留文科大学研究紀要38』一九九二・三）を広く「八〇年代問題」、「〈物語〉と〈小説〉」問題として取り上げ、国語教育界に巣食う〈読みの制度〉を内破しようとする画期的で戦闘的な論文とわたくしには見えましたが、本書にお寄せいただいた安藤論文の評価は真っ向からこれを否定し、わたくしは私見を述べる義務を負うことになりましたが、本書の企画自体が安藤氏の「表現機構」と対話的関係になっていると思われます。

藤井省三「『**レキシントンの幽霊**』**におけるアジア戦争の記憶――村上春樹〝デタッチメント〟時代の終わりをめぐって**」はわたくしなどの全く知らない、『レキシントンの幽霊』の比較文学的な周辺の情報を教えてくれます。なお、拙稿「『一〇〇%の愛』の裏切り――村上春樹『レキシントンの幽霊』の深層批評」（『文科の継承と展開』勉誠出版、二〇一一・三）では、この小説の「数年前」と「ついこのあいだ」、パジャマとセーターのことなど、いかにパラレル・ワールドをなしているか、そのポストモダン的状況が漱石に接近してポスト・ポストモダンであることを論じました。

大塚美保「**豊太郎の母〈諫死〉説の再検討**」が論じることは細部に限定するかに見えて〈語り論〉にとってはきわめて示唆的論点、『舞姫』論の重要課題の一つです。ここでは研究史を適切に整理し、問題点を浮かび上がらせ、当時の状況を本論文で知ることが出来て有益です。ただ論点の急所に関して、わたくしは相沢謙吉の就職斡旋の手紙が届いたタイミングから、豊太郎の母の死を「自然死」と読むことはできません。詳細は「『舞姫』の恐るべき先駆性――近代文学研究状況批判／〈語り手〉の語らない自己表出――」（清田文武編『森鷗外『舞姫』を読む』勉誠出版、二〇一三・四）で述べました。

＊　＊

髙野光男「中島敦『山月記』の新しい『学習の手引き』に向けて――『読むこと』の共通理解を形成するための前提条件」は、ポストモダンの相対主義をいかに超えるかという課題に正面から立ち向かって、「『読むこと』をめぐる大勢が今どのような状況にあるかといえば、旧態依然とした『正解主義』に居直るか、『読者論的な読み』にとどまってエセ相対主義に埋没するか、『読むこと』を荷厄介なものとして『言語技術教育』に『読み』を限定するかのいずれかでしかない。ともに、相対主義を超える方途としての『読むこと』の原理の探求を断念、回避しているといわざるをえない」と整理、あたかも先の小林氏の「すこし窮屈に対応するかのごとく、ここは近代文学研究と国語教育研究の状況が見事に呼応しています。『山月記』に限らず、「近代小説」を読む急所は語られた出来事である物語空間に〈語り手〉が組み込まれ、そこをいかに相対化し、いかに批評するか、です。それには〈わたしのなかの他者〉・了解不能の《他者》をどう捉えるか、旧来の反映論を克服し、伝統的「物語」と「近代小説」とをどう差別化するかにかかっています。

丸山義昭「芥川龍之介『羅生門』の語りをどう読むか」は、科学的「読み」の授業研究会（通称・読み研）にとって一つの事件であり、氏は読み研の固定的な実体論の限界を明確に打破しています。まずかつて「人間誰しも、規範や周囲の呪縛を無視して、感情のままに、本能のままに、自己の生のエネルギーをそのまま肯定して、野性的に爽快に生きてみたいと思う。そうした生き方は、限りなく私たちを誘惑する。しかし、一方で、そうした生き方は、底知れぬ恐ろしさや不安のある世界を現出させる。」という伝統的「物語」文学を読む〈読み方〉をしていたと言います。そこから氏は「語りを読みこむ方向に私は舵を切った」と宣言し、その前提である〈他者〉の問題を浮上させ、「他者と出会うことはなぜ難しいのか」との問いの前に立ちます。無論アポリアです。さらにこれを氏は具体的に、「下人は、自身の内に対立・葛藤を抱えながら、同時に、老婆と出会い、老婆との対立・葛藤を繰り広げながらも、老婆の言動の向こう側にある世界・生き方には出会わずに、『自分』にだけ出会う。」と、作中人物の世界を囲い込みます。その後、それを語る〈語り手〉のまなざしと語られている人物のそれとを峻別し、〈他者論〉に踏み込みます。

　思うに、問題の核心は認識という行為それ自体のメカニズムをいかに相対化するかにあります。老婆は悪をその極限で許容せざるを得ず、にきびのうずく若い下人は、その老婆の言動の意味を自己化してしか捉えられない自身に気付くことは全くできません。老婆の悪を許容する論理を下人は自分流に読み変えているのです。しかし、それは若いとか未熟とかに関わりなく、世界を認識するとは客体そのものでなく、客体の影しか捉えられないという制約の下にあります。下人の行方が知れないのは夜の闇で視覚的に見えなくなったからではなく、世界を認識し、〈他者〉を捉えること、それ自体が陥穽を強いていたからです。丸山氏の〈読み〉はここに到っています。物語ることの虚偽、これとの対峙、ここに「近代小説」を読む入口、世界とは何か、「近代小説」が伝統的「物語」文学を語るのとは違う、世界観認識を問題化せざるを得ない決定的事情があるとわたくしは考えています。

そこで、例えば小学校の超安定教材『ごんぎつね』は伝統的「物語」文学か「近代小説」かをめぐって、**馬場重行「『ごんぎつね』試論――『物語』による共生」**があります。馬場氏は、「小説」か「物語」かを論の正面に立て、一連のこの論争を整理し、一般に流布し、教科書に採用されている鈴木三重吉版『ごん狐』ではなく、スパルタノート版と呼ばれている新美南吉の『権狐』を「物語」であるゆえに優れていると論証して極めて有効です。この作品は貧しさのなか、神仏を敬う信仰心厚い村落共同体に伝承された昔話、これを広く共通の読者共同体とすることをわたくし個人は馬場氏と共に願います。人も狐も共に〈いのち〉を掛けて互いの心を求めあっていますが、その心の底には母が生きているのです。

角谷有一「『少年の日の思い出』、その〈語り〉から深層の構造へ――『光』と『闇』の交錯を通して見えてくる世界」はそのタイトル通り、『少年の日の思い出』の〈語り〉からこの短編小説の深層の構造を明らかにしています。

この作品は物語空間のなかの主人の「私」が客の「ぼく」の少年時代の長い「思い出話」を聴き、それを作中の見えない〈聴き手〉に語る構成になっています。角谷氏はここでこの小説の構造、その〈ことばの仕組み〉をはっきり了解しています。大人の「ぼく」は今、「私」

と向き合って少年時代の「ぼく」のことをかろうじて、主人の「私」に語ることはできますが、その〈語り〉から自身を相対化出来ずにいます。これを「私」から聞かされることで、初めて、自身の物語を相対化する可能性を手に入れるのです。その意味で、「私」が一番語りたい相手である〈聴き手〉を「ぼく」なるものとすることで、〈私〉が語り直す「少年の日の思い出」は鮮やかな形をとります。

因みにここでは、全国生活指導研究協議会（全生研）を率いる竹内常一氏から提起されていた疑問、「田中はその内容を良心問題としているのにたいして、私は『善を犯したことよりも美を壊した』ことを重くとらえていたからである。いったいどこですれ違うことになったのだろうか。」（『読むことの教育——高瀬舟、少年の日の思い出』山吹書店、二〇〇五・三）にお応えしておきましょう。

この作品のプロットは確かに「ぼく」の美へのただならぬ情熱が、末尾、やむなく、美の対象を自ら破壊させる形で終わっていますが、それにどのような意味があるのかは、その〈語り〉の構造が明らかにするはずです。「美を壊した」ことで「ぼく」はそれまでの人生を損なってしまいましたが、〈聴き手〉だった「私」がこれを語り直すことで、少年の「ぼく」とエーミールとのかつての相関関係が作品内読者＝〈聴き手〉に新たに見えてきます。「ぼく」もエーミールもともに〈わたしのなかの他者〉の世界に閉じられたまま、相手を憎みあっています。その双方の世界を見渡せるのが「私」で、この「私」がこの物語を「ぼく」なるものに語り直すことで、「ぼく」はその閉じられた憎しみの牢獄から抜け出せるのではないでしょうか。世界をどう捉えるか、他者をどう捉えるか、という愛と認識の問題がこの小説の核心であろうと思われます。

このヘルマン・ヘッセの短篇は一旦了解されると分りやすい構造性を示していますが、これに対し、宮澤賢治の〈語り〉は極めて難解と言わざるを得ません。

鎌田均「**『オツベルと象』――その語りを読む**」は、なかでもことさら解明しにくいこの〈小説童話〉に挑んでいます。氏はまず〈語り手〉の「牛飼ひ」が直接この話を見聞きして語っているのでなく、「完全なる創作」か「再構築され物語化された意図的な物語」と捉えます。次に「白象」に同情が傾くように語ると読みながら、にも拘わらずオツベルを「大したもんだ」と字義通り賞賛し、共感してしまう我々現代人の感覚に注目します。それを「この語りは撃」つべく語っているのだと指摘、鋭利と言わざるを得ません。「『ある牛飼ひ』は語り手としてニュートラルではない。オツベルの内面にやや近いところからこの物語を語り、批評の矛先はオツベルへと向けられ、白象という無垢な存在が却って際だつように語っているように読める。」と的確、適切に読み取っています。一方、**山元隆春**「**鏡のような物語／『紙くづのやうになつた』顔の語り手――宮澤賢治『注文の多い料理店』論**」は、登場人物の「二人の若い紳士」の体験と〈語り手〉とを重ね、そのうちの一人を〈語り手〉と捉えるという独自の立場に立って注目されます。「語り手が見て体験してきたことを、聞き手に向けて語っているという風景を想定しながらこの作品を読むことによって、『山猫軒』で『紳士』たちが味わった恐怖は読者にとってこの上ない真実味を帯びることになるだろう。」と読みます。山元氏はこの童話を「宮澤賢治その人の戯画化《カリカチュアライズ》された鏡像」として、「その姿は読者の鏡像でもある。まるで作中の山猫が紳士の鏡像であったかのように。しかし『注文の多い料理店』はもちろん実物の鏡ではない。鏡のような物語なのである。」と発展していきます。

それでは山元さんに問いましょう。紳士たちの欲望は何故欲望それ自体の拡大ではなく、山猫という恐怖を生みだし、何故紳士のその顔を今もくしゃくしゃのままにさせているのでしょうか。山元さんは当初死んだ犬があとで「うしろから」飛び込んでくる体験を紳士と語り手が一体となって体験をしているのだから、それを語ることは「不可思議なことではなくなる」と捉えますが、その体験自体が常識では不思議。紳士たちは恐怖を語ることはできても、その恐怖の意味、その理由を語ることはいささかも出来ないはずです。〈語り手〉は少なくとも語る意図を持って周到緻密に語っています。紳士を〈語り手〉に重ねることは〈語り―語られる〉という〈語り〉のメカニズムの基本を看過した理解とわたくしの立場からは言わざるを得ません。仮にこれを一見あたかも「古風な童話としての形式」と見、「引用」「ずらし」「再構成」と見るなら、そのレベルに紳士たちの物語りの虚偽、その内側が完膚無きまでに批評されています。『オツベルと象』の〈語り〉同様、〈言語以前〉を介在させ、物語りの虚偽を批評している、わたくしはそう考えます。

村上呂里「『故郷』（魯迅）における二重映しの〈月〉の風景と〈無〉の思想」もまた〈語り手〉にして主人公の「私」を第二の〈月〉が「『私』のオリエンタリズムを静かに、そして深く撃ちつづける。」と論じて独自な論です。

〈語り手〉の「私」が閏土という名を母から聞いて、「紺碧の空に金色の丸い月」を背景に「十一、二歳の少年」の姿を思い出す場面と末尾のやはり「紺碧の空には、金色の丸い月がかかって」閏土が登場しない場面との二つを対比し、後者の「『閏土』の不在＝〈無〉は、『希望』の〈無〉と響き合う語りになっている。」と説き、さらに「〈月〉の風景の二重映しのプロットが、『閏土』と『希望』の二重の〈無〉を響き合わせていることにこそ、『故郷』の〈ことばの仕組み〉の核心を見出すことができるだろう。」と論じています。

第二の閏土の不在＝〈無〉は「希望」の消失でもあり、これが「根源的な批評を孕むがゆえに豊饒」と力強く説き、魅力的な論です。

私見は別稿にしますが、「座談会『故郷』の〈文脈〉を掘り起こす」（出席者　中村龍一、藤井省三、高木まさき、田中実／司会　馬場重行、『日本文学』二〇一〇・八）でも既に述べたとおり、〈語り手〉はその二重の月の場面をルネ・マグリッドの絵のごとく、昼にして夜という「不思議な場面」＝パラレルワールドで構成しています。何故かというと、それが末尾の有名な「希望」、その極限を生みだすからです。「希望」はこの世の〈向こう〉、〈言語以前〉から生じます。「動物的」「文化的」分類からは生じません。〈語り手〉が革命を目指し、その結果、捉えた客体の〈向こう〉、了解不能の《他者》、その絶対性と対峙するこの世界観認識を得て、パラレル・ワールドを通して語っているのです。

村上氏とも、対話の契機になることを願います。

助川幸逸郎「『父』のいない楽土——寓話として『一つの花』を読む」はこの童話の批判

を五点に整理し、これを自ら反論する形をとり、非リアリズムの作品、寓話としてこの作品を再生させようとした好論であります。

服部康喜「『おにたのぼうし』の〈語り〉とプロット——ポストモダンの入口と出口」は改めて「読むこと」の原理を服部氏自ら独自に遡り、読者に「読むこと」の意味・意義を見せて有意義、こうした仕事はさらに他の研究者にも必要ではないでしょうか。氏はあまんきみこの『おにたのぼうし』の〈語り〉を『ごんぎつね』のプロットと対比して再検討し、その他者性を捉えます。「多様な〈文脈〉が生成する可能性がある」として、「そして私たちのコード（背後の体系）の改変もそこに成就するはずなのである。」という末尾の指摘が特に重く、心に残ります。

最後に今日、求められていることは、まずは原理論《グランドセオリー》であることを繰り返しておきます。研究論文には残念ながら旬があり、緩やかな賞味期限があります。何より本書の出版発行が予定より大幅に遅れ、締切通り御寄稿いただいた先生方から、あれは本当に出るのか、という当然のご質問までいただきました。携わった編者の責任です。心よりお詫び申し上げます。原理論《グランドセオリー》から方法論《セオリー》及びジャンル論への道程は従来の文学研究・国語教育を再生させると期待しています。

執筆者

須貝 千里　山梨大学
服部 康喜　活水女子大学
馬場 重行　山形県立米沢女子短期大学
助川 幸逸郎　横浜市立大学（非常勤）
山元 隆春　広島大学
鎌田 均　京都産業大学附属中・高等学校
角谷 有一　大谷中・高等学校
安藤 宏　東京大学
村上 呂里　琉球大学
丸山 義昭　新潟県立柏崎高校
高野 光男　東京都立産業技術高等専門学校
小林 幸夫　上智大学
大塚 美保　聖心女子大学
田中 実　都留文科大学（名誉教授）
藤井 省三　東京大学

著者略歴

田中　実
（たなか　みのる）

1946年福岡県柳川に生まれる。立教大学大学院博士課程満期退学。都留文科大学名誉教授。近代文学を専攻。著書に『小説の力 — 新しい作品論のために』（1996 大修館書店），『読みのアナーキーを超えて — いのちと文学』（1997 右文書院），編著に『「読むことの倫理」をめぐって — 文学・教育・思想の新たな地平』（2003 右文書院），共編著に『「これからの文学教育」のゆくえ』（2005 右文書院），『これからの文学研究と思想の地平』（2007 右文書院）などがある。

須貝　千里
（すがい　せんり）

1950年東京都板橋区に生まれる。法政大学文学部日本文学科卒業。山梨大学教授。主に国語教育史，文学教育論を研究対象としている。近年は文学作品の教材価値の研究に関心をもち，文学研究と文学教育研究の相互乗り入れという立場から，宮澤賢治の作品の研究に挑む。共編著に『文学の力×教材の力』シリーズ全10巻（2001 教育出版），『〈新しい作品論〉へ、〈新しい教材論〉へ』シリーズ全14巻（1999 ～ 2003 右文書院），『「これからの文学教育」のゆくえ』（2005 右文書院）などがある。

文学が教育にできること —「読むこと」の秘鑰〈ひやく〉—

2012年3月31日　初版第1刷発行
2014年2月10日　初版第2刷発行

編著者　田中実　須貝千里
発行者　小林一光
発行所　教育出版株式会社
101-0051　東京都千代田区神田神保町2-10
TEL 03-3238-6965 ／ FAX 03-3238-6999
URL http://www.kyoiku-shuppan.co.jp

装丁　伊藤久美
DTP　スペースアクト
印刷　藤原印刷
製本　上島製本

ISBN978-4-316-80325-8　C3037